U0619113

·区域国别学丛书·

国际区域组织手册

杨延龙　高梓菁 ◎ 编著

世界知识出版社

图书在版编目（CIP）数据

国际区域组织手册 / 杨延龙，高梓菁编著 . —北京：世界知识出版社，2025.3

ISBN 978-7-5012-6733-0

Ⅰ . ①国… Ⅱ . ①杨… ②高… Ⅲ . ①国际组织—手册 Ⅳ . ①D813-62

中国国家版本馆CIP数据核字（2024）第021634号

书　　名	**国际区域组织手册** Guoji Quyu Zuzhi Shouce
作　　者	杨延龙　高梓菁
责任编辑	罗庆行
责任出版	李　斌
责任校对	张　琨
出版发行	世界知识出版社
地址邮编	北京市东城区干面胡同51号（100010）
网　　址	www.ishizhi.cn
电　　话	010-65233645（市场部）
经　　销	新华书店
印　　刷	北京中科印刷有限公司
开本印张	710mm×1000mm　1/16　23⅝印张
字　　数	430千字
版次印次	2025年3月第一版　2025年3月第一次印刷
标准书号	ISBN 978-7-5012-6733-0
定　　价	88.00元

版权所有　侵权必究

前　言

在区域国别研究中，有关国际区域的研究居于重要的地位。世界—区域—国家构成一个整体结构，国际区域是一种客观存在，其地位和功能是不可或缺的。第二次世界大战后，世界有两个重要的发展：一是全球化，得益于全球性国际组织大力推动世界的开放与规则制定；二是区域化，得益于国际区域组织大力推动区域的开放与规则制定。

国际区域以地缘连接为基础，是域内国家的共处之地、共同利益所在。每个国家的首要对外联系都是相邻国家，各国之间相互交叉的联系构成相互连接的区域关系网络。国际区域关系既有好的关系，也有不好的关系。区域为各国带来的，有有利的因素，也有不利的因素。因此，开展区域合作有着内在的需求和基础，通过开展合作，进行区域治理，可以趋利避害，创建良好的共处和发展环境。

建立国际区域组织是开展合作、进行有效国际区域治理的优先选择方式。国际区域组织是相关国家通过合作在区域层次上成立的机构，现代国际区域组织的基本特征是：在国家自愿、平等参与的前提下合作构建；具有运行和行使职能的组织架构；赋予一定的超国家治理合法性与功能，自愿与平等参与是一个前提。国际区域组织的构建往往先由几个国家发起，逐步扩大，进而深化和完善。当然，国际区域并非单一的整体，在大区内还有次区域，在次区域内还有小区域，不同层次的区域合作具有不同的定位和方式。总的来看，只有大区和次区域的合作才具有综合构建和治理的特征。

作为国际区域组织，其基本的组织架构是决策机制和职能机制，如理事会、领导人会议；执行机制，如部长会议、高官会议；常设运行机制，如秘书处或者功能更为完备的职能机构等。保障国际区域组织的运行，需要可靠与可持续的资金保障，既可以设立公共财政，也可以建立专项基金。就国际区域组织的功能而言，大体可分为综合治理与功能性治理，前者治理的领域较广，涉及政治、安全和经济社会，以构建合作、和平与发展的区域为目标；后者是指专门领域的合作，以问题为导向，以应对挑战和解决存在问题为目的。

国际区域组织的合法性在于参与国家的授权与认可，有些通过组织条约或章程的方式加以规定，有些则通过签署合作协议予以确认。国际区域组织发挥效能的方式不同，有的主要通过组织自身机构行使职能，有的主要通过共识基础上的成员落实。尽管方式不同，国际区域组织的共同特征是在合作基础上的区域性治理，也就是说是面向那些共同性的问题。现代区域组织之所以得到很大的发展，正是因为能为各国所接受，并且能为各国带来实际的利益。从本质上说，国际区域治理不是国家治理权力的让渡或削减，而是国家治理权力的延伸或增加，各方都能够从参与区域合作中获得利益。

政府间合作组织是国际区域组织的主要形式，就组成与运行方式而言，大体可分为三类。其一，实体性组织，是具有独立的超国家治理职能的国际区域组织。在这类国际区域组织中，无论是组织形式，还是运行形式和治理效果，都有很大的差别。比如，欧盟设有从决策、管理到立法、议会等完备的组织架构，在治理上行使诸多领域的区域性承载职能。非盟在组织架构上与欧盟类似，尽管其治理功能远不如欧盟，但在机构设置方面还是比较完备的，包括首脑会议，执行理事会，非盟委员会，泛非议会，非洲法院，和平与安全理事会以及经济、社会和文化理事会。非盟设定了长远目标，要在非洲实现自贸区、统一货币，以及建立联合防御力量。东盟是一个具有区域治理职能的协作性国际区域组织，尽管有从领导人会议到部长会议、高官会议的协作机制，但没有履行治理职能的机构，秘书处规模也很小，落实区域治理议程主要靠成员行动，即便建立东盟共同体，也没有增设组织内职能机构的打算，还是要保持协作（association）特征。其二，非实体性组织，具有组织、协调和讨论地区事务的功能。这类组织也具备许多区域治理的功能，涉及诸多领域，如政治安全、经济发展、社会文化、生态保护等。亚洲相互协作与信任措施会议（亚信）的主要功能是通过召开领导人和高官会议，就和平与发展问题进行讨论，推动共识和区域合作，其本身并不具备实施治理的功能。类似的还有跨区域的亚欧会议、东亚—拉美合作论坛、东盟地区论坛等。其三，功能性机构或合作机制，可以分为两大类。一类是实体机构，如地区金融机构，像地区性开发银行、亚投行等，为地区发展融资；另一类是功能性机构，如自贸区，成为推动区域经济开放合作的主要形式，具有常设性合作机制。功能性机构还包括合作性金融货币合作机制，如清迈倡议。

非政府的区域性组织大多以国别非政府组织为基础，以非实体的形式构建区域合作框架，开展民间区域治理活动，主要涉及环境、社会、人文等领域。在许多情况下，它们以灵活的形式参与官方构建的区域组织的活动，承担治理职能。就区域合作而言，之所以称为治理，一个重要的标志是非政府组织的参与。

国际区域组织在运行上也会遇到许多挑战和问题，比如，如何协调国别与区域治理之间的关系，如何进行治理上的分工与协调，特别是在涉及国家内部问题的时候，如何得到当事国的认可与支持，以免产生矛盾。在国际区域组织职能比较弱的区域，开展区域治理往往会遇到很大的困难，其中重要的原因是区域国家缺乏高度的区域认同和对合作治理的支持。此外，在区域治理与国别之间存在国别利益与区域利益的协调、参与者的责任与担当的问题。

我从事国际问题研究几十年，重点研究国际区域问题，地理上从欧洲到亚太、东亚，有理论研究，也有政策实践参与。基于这样的背景和知识积累，我对构建作为交叉学科门类的区域国别学学科建设情有独钟。为此，我在积极推动构建区域国别学学科建设的同时，利用山东大学国际问题研究院和东北亚学院的平台，规划组织了多个区域国别学理论研究项目，策划了"区域国别学丛书"，旨在出版有关区域国别学的系列著作。2022年初，山东大学出版社出版了由我主编的《国际区域学概论》，这是国内外首部关于国际区域学的理论性专著，其他著作将陆续出版。这本《国际区域组织手册》是规划中的一本，希望本书的出版能为读者全面了解国际区域问题提供帮助。

张蕴岭

2024 年 11 月 16 日

国际区域组织的分类

国际区域组织是国际社会的基本行为体之一。国际区域组织在推动区域一体化发展、加强国际区域治理方面发挥着重要的作用。关于国际区域组织的概念界定，国内外学界已有较为成熟的探讨。

张蕴岭认为，国际区域组织是相关国家通过合作在区域层次上成立的机构。现代国际区域组织的基本特征有三个：其一，在国家自愿、平等参与的前提下合作构建；其二，具有运行和行使职能的组织架构；其三，赋予超国家治理的合法性与治理功能。就国际区域组织的主体分类来看，大致可分为政府间的合作组织（主要形式）、非政府的区域性组织两大类。张蕴岭在《国际区域学概论》中进一步指出，作为一种自然存在，国际区域主要是一定范围的地缘范畴和自然要素的连接；作为一种客观存在，国际区域主要是各国间政治、经济、社会、文化有别于其他区域的相互联系。由此可见，国际区域组织是主要基于国际区域的自然属性和客观属性的国家利益联系而构建的各类形式的合作机制、区域治理制度。

从国际法层面来看，国际区域组织介于主权国家与全球组织中间，是根据区域和地缘特征划分的一种特定的国际组织类别。这代表国际区域组织具有国际组织的大部分特征。第一，国际区域组织由主权国家组成，属于国际法主体。国际区域组织具有直接承担国际法的权利和义务的能力，可以直接与其他主权国和其他国际组织开展外交往来。第二，国际区域组织具有条约主体，享有缔约权，拥有一定的立法权。国际区域组织一般采用缔结条约或进行立法的方式，对其成员形成一定程度的约束力。在一些情况下，国际区域组织会采用决议、建议、决定等形式，对各成员的外交行为进行各种形式的间接指导，并发挥一定的指导作用或进言、劝诫性的效力。第三，国际区域组织具有一定的外交地位，作为独立的国际行为体，可以独立地进行外交活动。国际区域组织的常驻代表及其成员享有外交特权，其参加国际会议的临时观察员所享有的外交特权原则上与常驻代表相同。

国外学者认为国际区域组织包含了国际成员并在运作上涉及超越单一民族国家的地缘政治实体。但国际区域组织和国际组织在成员资格上有明显的边界，这些边界是以特定的地理边界或地缘政治为特征的。国际区域组织的建立是为了促进国家或实体在有限的地理范围内的合作以及实现政治经济一体化的发展。还有学者认为，国际区域组织的成员具有某种意义的同质性和内聚力，从而构成了具有内部相似性和连续性且有一定界限的共同体。这些国际区域组织在有关地区的经贸合作、政治稳定和安全保障方面发挥着日益重要的作用。区域力量的增长是国际区域组织发挥作用的现实基础。"亚洲的事情由亚洲人管控"，"非洲的事务以非洲的方式处理"。有学者指出，国际区域组织将作为集体社会行为的本体能够建构其自身的"组织身份"，组织身份的确认有助于组织定义自身的利益，从而确定目标和战略，以及制定和实施区域内的共同政策。

鉴于此，本书认为，国际区域组织（区域性国际组织）是在特定区域内，由若干主权国家按照特定的组织规章制度，为了一致性的发展目标和共同利益而自愿建立的国际组织。这些国家在地缘、政治、安全、经济、历史、文化等方面具有特定的联系，而且在和平解决争端、维护本地区和平与安全、保障共同利益及发展经济文化关系等方面可以进行广泛合作、协调一致、共同行动，并有结成永久合作机制的需求。

随着国际区域组织逐渐成为促进区域经济发展与问题治理的重要实体，组织数量大幅增加，出现了一定程度上的机制重叠现象，这为地区国家通过多成员身份在各个国际区域组织中盘旋迂回，争取国家利益最大化创造了灵活空间。本书依据地域范围、宗旨职能、是否设立常设机构和与联合国的关系这四个不同标准，对国际区域组织进行了分类。

一、按照地域范围分类

大多数国际区域组织是基于地理要素和政治、经济、人文等要素划分的地域范围而构建的合作机制。从传统的洲际地缘角度出发，可以对全球各大洲的主要国际区域组织进行划分，具体包括亚洲/大洋洲区域组织、欧洲区域组织、非洲区域组织、美洲区域组织以及跨区域组织这五种类别。

（一）亚洲/大洋洲区域组织

亚洲的区域组织数量众多，但缺乏横跨整个大洲的组织，导致亚洲大陆的一体化水平较低。大部分亚洲区域组织只具有区域性质和次区域性质，且组织活跃度与紧密度较低。造成这种现象的原因与亚洲整体的发展水平不齐、地缘政治问题交织、宗教文化各异、历史问题复杂等因素密不可分。依据亚洲六大区域划分，可进一步观察亚洲区域组织发展情况。亚洲区域组织中，由东亚国家主导和构成的主要有东亚峰会、上海合作组织、中日韩合作、亚洲博鳌论坛等，主要由东南亚国家主导建立和构成的主要有东盟、东盟地区论坛、澜沧江—湄公河合作、大湄公河次区域经济合作等，主要由西亚国家主导和构成的主要有阿拉伯国家联盟、阿拉伯石油输出国组织、阿拉伯议会联盟、海湾阿拉伯国家合作委员会等，主要由南亚国家主导和构成的主要有南亚区域合作联盟等，主要由中亚国家主导和构成的主要有中亚区域经济合作等。

大洋洲国家数量较少，且发展水平参差不齐，成立的国际区域组织也较少。其中，具有代表性的国际区域组织是太平洋岛国论坛。

（二）欧洲区域组织

欧洲政治经济一体化程度高，且具有深厚的发展历史。欧洲的区域组织数量较少，但紧密性高。区域内以涉及经济、货币、贸易领域的国际组织居多，跨区域组织以涉及安全领域的国际组织为主。其中，最具代表性的欧洲区域组织是欧盟。

（三）非洲区域组织

相比于亚洲大陆，非洲大陆既有全洲域性质的国际组织，也有区域性、次区域性的组织。由于第二次世界大战后泛非主义再度兴起，民族解放运动有力推动了非洲一体化进程，寻求政治独立和共同利益成为非洲国家的共识。而在东西方阵营对立的冷战格局下，非洲国家加强团结合作，一大批国际区域组织应运而生并蓬勃发展。覆盖整个非洲大陆的非洲联盟是其中的代表。其他区域和次区域性质的非洲区域组织则主要包含西非国家经济共同体、南部非洲发展共同体、西非经济货币联盟、东非共同体等，主要以经济发展为组织宗旨和目标。

（四）美洲区域组织

美洲地区小范围的、区域性以及次区域性的组织分布广泛。由于拉美国家独立较早，政治上不存在争取民族解放、国家独立的要求，同时经济上欠发达，决定了其以经济性质的组织居多，如美洲开发银行、拉丁美洲经济体系、美洲国家组织等。

（五）跨区域组织

跨区域组织打破了传统周边地缘的限制，相对于以大洲为区域划分标准更加多元化，因而范围更广、数量更多、涉及宗旨职能更多样化。例如，围绕着大洋沿岸建立起来的跨区域组织有亚太经合组织、太平洋共同体、太平洋联盟、环印度洋联盟等；主权国家与地区、地区与地区之间建立起来的论坛性质的组织有中国—中东欧国家合作、中国—拉美和加勒比国家共同体论坛、东亚—拉美合作论坛等；为共同利益、安全目标或发展目标而建立的跨区域组织有亚太经合组织、经济合作与发展组织、北约、独联体集体安全条约组织、亚洲基础设施投资银行等；以相同语言建立起来的区域组织有法语国家组织、葡萄牙语国家共同体等；另外，作为国际治理主体的各类国家集团均是跨区域组织，如七国集团、二十国集团、七十七国集团等。

二、按照宗旨职能分类

国际组织数目众多，通常以解决政治、安全、经济等领域的问题为主。按照国际组织的设立宗旨职能来看，涉及领域较广泛的组织可以称为综合性国际组织；涉及领域聚焦于安全、经济、人文等个别或专门领域的组织称为专门性国际组织。如果再加上区域性这一地域特征，则又可分为综合性国际区域组织和专门性国际区域组织。

（一）综合性区域组织

综合性区域组织指职能范围较为广泛的区域组织。随着全球化不断发展，共同体职能范围不断扩大，国际和区域性治理议题急剧增加，国际区域组织的职能范围也随之扩大，不仅覆盖了传统的政治和安全等高政治领域，还扩展到经济、文化、科技、教育、气候治理等低政治领域。为了维护共同利益和采取一致行动，增强区域一体化进程，综合性区域组织应运而生。其中，国家联盟和共同体组织是主要的综合性区域组织。有代表性的综合性区域组织有欧洲联盟、东南亚联盟、阿拉伯国家联盟、非洲联盟、南美国家联盟、加勒比共同体、安第斯共同体等。综合性区域组织在促进区域和平稳定与一体化发展过程中发挥了重要作用。

（二）专门性区域组织

专门性区域组织指功能单一且专业性强的国际组织。随着全球化的发展，国家之间涉及区域安全、经济合作、人文交流、气候治理等专门性议题的需求急剧增多。在区域一体化进程中，面临集体行动困境的羁绊，国际社会出现了大量专门针对某一或者特定问题而设立的国际组织。专门性区域组织在地区事务中发挥着关键作用。从目前国际社会上存在的专门性区域组织来看，以政治、安全和经济为议题的三大区域组织类别为多。

以政治或安全为主要议题和组织目标的国际区域组织，其建立宗旨主要是缓和地区紧张局势，实现区域集体安全。比如，欧洲安全与合作组织（欧安组织）成立的主要使命便是为成员就欧洲事务，尤其是安全事务进行磋商提供平台。通过安全合作实现安全防御的国际区域组织与政治型国际区域组织相比，其最大的不同便是除了通过召开会议等政治方式，还采取组建部队、开展演练等共同军事行动实现安全目标。例如，北约作为目前全球最大的安全型区域组织，自成立伊始便明确了自身的军事职能与安全诉求，广泛参与地区性安全事务，是西方重要的军事力量。经济型国际区域组织是以实现共同经济利益为主要目标，从事经济活动的区域性国际组织。在当前各类区域组织中，经济型国际区域组织的数量最多。这也说明全球化的当下，推动经济合作和实现区域经济一体化发展是各国面临的主要议题。

三、按照常设机构分类

国际区域组织的常设机构涉及联系、管理、会议、表决、执行、处理等具体问题，是否设立积极高效的常设机构是判断是否为正式国际组织的重要标志之一，同时决定了组织的协调运作能力、持续性与稳定性以及成员之间的紧密程度。根据是否设立常设组织机构，可将国际区域组织分类如下。

（一）设立常设机构的区域组织

通常，相较于未设立或正在组建常设机构的国际区域组织而言，有常设机构的区域组织更具机制化与程序化。为此，国际区域组织的成员往往会积极推动常设机构的设立，以便保障组织具体职能的高效履行。组织的紧密性越高、成员发展需要越迫切、历史发展时间越久、外部不利影响因素越小，越有利于推动组织常设机构的设立。设有常设机构的国际区域组织有国家联盟、各类经济合作组织、安全合作组织等。

（二）未设立常设机构的区域组织

未设立常设机构的国际区域组织机构相对松散，对成员的制度约束力弱，组织工作职能和程序规范不够具体，在一些议题上发挥作用较小。这类组织常为国家集团、领导人峰会和论坛等，如七国集团、二十国集团、七十七国集团、不结盟运动、东亚峰会等，都是未设立常设机构的国际区域组织。

四、与联合国的关系

国际区域组织与联合国的关系一定程度上可被视为区域化与全球化之间的关系。1919年出台的《国际联盟盟约》中提到了"区域协商"，但没有关于国际区域组织的明确条款。1945年的《联合国宪章》则以专门条款承认了国际区域组织的法律地位及其同联合国的特殊关系。一方面，国际区域组织凭借地缘性的特点，在解决地区争端、推动区域合作、参与国际治理等方面具有天然优势，是对《联合国宪章》精神的积极响应和良好补充；另一方面，由于自身局限性，国际区域组织并不能完全消除内部成员间的冲突，在外力的作用下，一定程度上还会加深各成员间的矛盾，从而掣肘联合国调节作用的发挥。

此外，在机制设立方面，联合国与国际区域组织也存在着联系。通过直接在经济社会理事会设立五大区域委员会，联合国在经济合作领域发挥协调作用。以亚洲及太平洋经济社会委员会（简称"亚太经社会"）为例，亚太经社会是联合国在亚太地区唯一的政府间综合性经济社会发展组织，是主要经济和社会发展事务的论坛。亚太经社会开创了地区合作的先河，多年来为开展区域和次区域合作、促进亚太地区的经济社会发展作出了积极贡献。

国际区域组织也对联合国发挥积极作用起到了良好的补充辅助作用。《联合国宪章》把国际区域组织纳入联合国维持国际和平与安全的体制。根据《联合国宪章》第八章规定，联合国会员在把地方争端提交联合国安理会之前，应通过区域组织力求争端的和平解决；国际区域组织应协助联合国安理会实施依照安理会权力而采取的强制行动，此项行动必须以安理会的授权为限。这意味着联合国并不排除"用以应付关于维持国际和平及安全而宜于区域行动之事件"的区域协定或区域机构的存在，但这类协定或机构及其工作须"与联合国之宗旨及原则符合"；凡与联合国宗旨及原则相符的国际区域组织，一概予以认可，并鼓励会员国充分发挥国际区域组织的作用。

当今绝大多数国际区域组织对联合国的影响同时具备协作与挑战两种特征。某些带有联盟性质的以实现共同安全为目标的国际区域组织，常常在安全议题上与联合国的宗旨和原则相违背。《联合国宪章》规定，会员国在遭到武力攻击时，在一定条件下可行使单独或集体自卫的权利。国际区域组织为维持国际和平及安全所进行的活动，不论何时均应向安理会做充分报告。但北约这类军事型国际区域组织多次绕过联合国安理会的授权，在世界上多个地区开展"先斩后奏"式的军事行动，一定程度上损害了联合国集体安全机制的权威。严格意义上说，带有军事集团特征的国际区域组织不仅不能辅助联合国发挥安全职能，反而严重妨碍联合国开展正常的调节功能。这类不符合《联合国宪章》精神的组织，不能视为现代国际法意义上的国际区域组织。

区域治理是全球治理的重要组成部分，国际区域组织在区域事务中起着非常重要的作用。迄今，还没有一本全面介绍国际区域组织的著作。《国际区域组织手册》一书是我们对主要国际区域组织初步探索的成果，该书围绕近100个主要国际区域组织展开，介绍了其发展历程、组织机构、发展成果等基本概况。

在本书编写过程中，非常感谢张蕴岭教授给予的指导。他对本书的写作给予了热情的支持和鼓励，从题目的选取到研究框架的搭建，都亲力亲为，严格把关。本书也得益于我们学生的积极参与，他们是巩浩宇、关歆悦、胡雨蒙、李晨希、鲁嘉懿、毛嘉铭、孟霞、牛萌悦、孙小茹、王艇戈、王志丽、谢婷、杨晏乙、赵怡雯、周帝言。

本书为了解国际区域组织提供了基础读本，以此为基础，我们将进一步深入研究有关国际区域组织的理论与相关问题。

杨延龙、高梓菁

2024 年 11 月 26 日

目　录

一、亚洲／大洋洲区域组织

五、跨洲际区域组织

六、联合国区域委员会、主要自贸区和国家集团

一、亚洲 / 大洋洲区域组织

一、北海人文学刊編纂縁起

阿拉伯国家联盟

一、组织概览

阿拉伯国家联盟（League of Arab States，LAS）简称"阿盟"，成立于1945年，是阿拉伯地区最早建立的最大国际组织之一。

（一）成员国

阿盟有22个成员国：阿尔及利亚、阿联酋、阿曼、埃及、巴勒斯坦、巴林、吉布提、卡塔尔、科威特、黎巴嫩、利比亚、毛里塔尼亚、摩洛哥、沙特、苏丹、索马里、突尼斯、叙利亚、也门、伊拉克、约旦、科摩罗。

（二）宗旨和目标

阿盟致力于密切成员国间的合作关系，协调彼此间的政治活动，捍卫阿拉伯国家的独立和主权，促进阿拉伯国家的整体利益，推动各成员国在经济、财政、交通、文化、卫生、社会福利、国籍、护照、签证、司法等方面进行密切合作。

（三）通讯信息

总部设在埃及首都开罗；官网：http://www.lasportal.org。

二、发展历程

1945年3月22日，在埃及倡议下，埃及、伊拉克、约旦、黎巴嫩、沙特、叙利亚和也门7个阿拉伯国家代表在埃及首都开罗举行会议，通过了《阿拉伯联盟宪章》，阿盟正式成立。1950年4月，阿盟成员国签订《联合防御和经济合作条约》，条约于1952年3月生效。根据该条约规定，缔约国依据联盟公约和联合国宪章的原则及目的，为实现共同防御和维持安全和和平而合作。因此，阿盟除作为政治、经济联盟外，兼有军事联盟的特点。

2000年10月，在埃及首都开罗召开的第11次特别首脑会议，决定每年定期举行阿拉伯国家首脑会议。从第13届阿拉伯国家首脑会议（2001年3月）起，阿盟首脑会议机制化。原定于2020年在阿尔及利亚举行的第31次首脑会议因新冠疫情推迟。2021年3月3日，阿盟外长理事会第155次例会在开罗举行。会议主要讨论了巴勒斯坦问题及阿拉伯国家在政治、经济、安全和文化等多个层面共同面临的问题，并就地区热点问题和阿盟对外合作计划进行了协调。会议通过了《阿盟外长理事会第155次例会决议》。

三、主要功能

阿盟在促进阿拉伯国家独立，参与解决地区内争端，建立专门的组织以促进区域内经济和社会的发展，代表阿拉伯国家参加各种国际论坛和组织上发挥了重要功能。

四、组织机构

阿盟的组织机构主要包括首脑级理事会、部长级（外长）理事会、联合防御理事会、专项部长理事会、经社理事会和秘书处等。

（一）首脑级理事会

最高权力机构是首脑级理事会，负责商讨地区性重大问题，可应成员国要求召开特别首脑会议或紧急首脑会议。2000年10月在开罗召开的第11次特别首脑会议决定每年定期举行首脑会议，由成员国轮流主持。

（二）部长级（外长）理事会

部长级（外长）理事会由全体成员国外长组成，负责讨论、制定和监督执行阿拉伯共同政策，制定阿盟各机构的内部条例并任命阿盟秘书长。每年3月和9月举行例会，也可以应两个以上成员国的要求随时召开特别会议或紧急会议。协商一致通过的决议对所有成员国均有约束力。财政和管理问题获三分之二多数通过后即对全体成员有效。

（三）联合防御理事会

联合防御理事会由成员国外长和国防部长组成，其任务是统一各成员国的防务计划，为加强军事力量而开展合作。

（四）专项部长理事会

共有13个专项部长理事会，由成员国相关部长组成，定期召开会议，负责制定有关领域的阿拉伯共同政策和加强成员国间的协调与合作。它们分别是新闻、内政、司法、住房、运输、卫生、社会事务、青年与体育、环境、通信、旅游、电力及水力部长理事会。

（五）经社理事会

经社理事会由成员国有关部长或其代表组成，致力于实现阿盟在经济和社会发展方面制定的目标，并有权建立或取消任何专项组织，负责监督其运作情况。其属下有19个专门组织和机构。

（六）秘书处

秘书处是阿盟的常设行政机构和理事会及各专项部长理事会的执行机构，由秘书长领导，助理秘书长及适量其他官员协助秘书长工作。

五、发展成果

阿盟是反映阿拉伯国家间关系的晴雨表和折射阿拉伯世界与外界关系风云变幻的风向标。自成立以来，阿盟在争取和维护阿拉伯国家的民族独立、支持巴勒斯坦人民的正义斗争、反对以色列的扩张主义和超级大国对中东事务和阿拉伯世界的干涉等问题上以及推动阿盟各国的政治、经济和文化教育合作等方面，都作出了重要贡献。

阿拉伯马格里布联盟

一、组织概览

阿拉伯马格里布联盟（Union du Maghreb Arabe，UMA）简称"马盟"，于1989年2月在马拉喀什成立。马格里布是北非地区阿拉伯国家的代称。

（一）成员国

马盟有5个成员国：阿尔及利亚、利比亚、毛里塔尼亚、摩洛哥、突尼斯。

（二）宗旨和目标

马盟在尊重各成员国的政治、经济和社会制度的前提下，充分协调经济、社会方面的立场、观点和政策，大力发展经济互补合作；在外交和国际领域协调立场，进行合作；优先实现经济一体化，最终实现阿拉伯统一。

（三）通讯信息

秘书处设在摩洛哥；电子邮箱：sg.uma@maghrebarabe.org；官网：https://maghrebarabe.org。

二、发展历程

1964年在突尼斯举行的马格里布经济部长第一次会议设立了阿尔及利亚、利比亚、摩洛哥和突尼斯之间的马格里布常设委员会，以协调四个国家的发展计划以及区域间贸易和与欧盟的关系，但未得到落实。1988年6月，阿尔及利亚、利比亚、毛里塔尼亚、摩洛哥和突尼斯的国家元首在阿尔及尔举行会议，审议建立阿拉伯马格里布联盟的问题。1989年2月16—17日，摩洛哥、阿尔及利亚、突尼斯和利比亚四国元首在摩洛哥马拉喀什举行会议,签署了阿拉伯马格里布联盟条约,宣布成立阿拉伯马格里布联盟,其后毛里塔尼亚加入该联盟。

三、组织机构

马盟的组织机构主要包括元首委员会、外长理事会、后续工作委员会、部长专门委员会、秘书处、咨询委员会、法院以及投资和外贸银行,后四者为常设机构。

(一)元首委员会

元首委员会是最高决策机构,由成员国元首组成,每年举行1次例会。会议主席由元首轮流担任,在委员会休会期间任马盟执行主席。

(二)外长理事会

外长理事会由各成员国外长组成,负责审议后续工作委员会和各部长专门委员会提交的工作报告,为元首会议做准备,并列席元首委员会例会。

(三)后续工作委员会

后续工作委员会由成员国负责马格里布事务的国务秘书组成,负责落实元首委员会的决议。

(四)部长专门委员会

马盟设有粮食安全、财政经济、人力资源和基本建设4个专门委员会。

(五)常设秘书处

常设秘书处原为总秘书处,由各成员国的1名代表组成。1990年,元首委员会改为常设秘书处。秘书处的秘书长任期3年,可连任1届。

(六)咨询委员会

咨询委员会是马盟议会,设在阿尔及利亚,由成员国的各20名立法代表组成。咨询委员会的主要职责是对元首委员会形成的决议、做出的计划提出意见,并就马盟活动和实现目标提出建议。

（七）马盟法院

马盟法院由成员国的各2名法官组成，设在毛里塔尼亚。

（八）马盟投资和外贸银行

马盟投资和外贸银行旨在促进成员国间商业贸易和投资，总部设在突尼斯。

四、发展成果

在区域合作方面，自1990年马盟与法国、意大利、西班牙、葡萄牙和马耳他5国建立"5+5"对话关系以来，在地区安全稳定、经济一体化、社会与人文等方面展开合作，取得了《突尼斯宣言》《奥兰宣言》等成果。在经济发展方面，各国在促进经济可持续发展方面展开合作，加强与欧盟合作，深化成员国之间的区域内贸易，扩大贸易伙伴，改善经济结构。在安全问题上，成员国渐渐取得了国内和平、安全与稳定的局面。同时，马盟成员国在应对地区安全威胁，打击恐怖主义、毒品走私、有组织犯罪等问题上展开合作，维护了地区稳定。

阿拉伯石油输出国组织

一、组织概览

阿拉伯石油输出国组织（Organization of Arab Petroleum Exporting Countries，OAPEC）是1968年1月9日由利比亚、沙特、科威特在贝鲁特成立的石油组织。阿拉伯石油输出国组织认识到石油对于成员国收入的重要作用，积极倡导成员国合作，赞助合资企业对成员国资源的有效利用，关注世界石油工业的发展和繁荣，并且认为建设一体化石油工业是阿拉伯国家未来经济一体化的基石。

（一）成员国

阿拉伯石油输出国组织有11个成员国：阿尔及利亚、巴林、埃及、伊拉克、科威特、利比亚、卡塔尔、沙特、叙利亚、阿联酋、突尼斯。

（二）宗旨和目标

阿拉伯石油输出国组织致力于加强和密切成员国在石油工业方面的关系与合作，维护其在石油领域的个体和整体权益，协调各成员国的行动，以公平、合理的份额向消费市场供油，为石油工业吸引资金和技术创造良好环境。

（三）通讯信息

总部设在科威特城；电子邮箱：oapec@oapecorg.org；官网：http://www.oapecorg.org。

二、发展历程

1968年1月9日，石油输出国组织成立。1973年石油危机是该组织的一个转折点。1973年10月，中东战争中，阿拉伯石油输出国组织组织其成员国采取禁运、减产、提价和国有化等措施打击以色列及其支持者，夺回了制定油价和控制石油生产的权利，使石油价格大幅度稳步上涨。这使得阿拉伯石油输出国组织认识到石油禁运是谋取政治利益的重要筹码。1983年11月，阿拉伯石油输出国组织成立由突尼斯、巴林、科威特和沙特4国石油部长组成的委员会，拟订了该组织1985—1989年的工作计划，同时与拉美国家能源组织建立联系。1985年5月，阿拉伯石油输出国组织与阿拉伯经社发展基金会、阿拉伯工业及阿拉伯矿藏资源组织等联合召开能源会议，讨论了能源多样化、阿拉伯石化工业产品的销路以及如何协调石油政策等重大问题。1985年11月27日，巴格达会议讨论并通过阿拉伯国家和欧洲共同体在石油领域进行合作的计划。2014年12月21—23日，第十届"阿拉伯能源会议"召开，围绕"石油和天然气市场现状及对阿拉伯能源产业带来的影响"这一主题展开广泛的讨论和交流。2023年12月11—12日，该组织在卡塔尔多哈举办第十二届"阿拉伯能源会议"。

三、主要功能

阿拉伯石油输出国组织常常协调成员国的石油经济政策，在一定程度上协调成员国行动中应遵循的法律机制，尽可能为成员国公民提供培训和就业机会，利用成员国的资源和潜力参与石油工业项目，并负责承办四年一届的"阿拉伯能源会议"。

四、组织机构

阿拉伯石油输出国组织的组织机构主要包括部长理事会、执行局、秘书处和裁决法庭等。

（一）部长理事会

部长理事会是最高权力机构，由各成员国石油部长或相应官员组成，每年召开两次会议，负责制定宏观政策和管理规章，指导各项工作。理事会主席由各国石油部长或相应官员轮流担任。

（二）执行局

执行局由各成员国的一名代表组成，每年至少召开3次会议，主席由各国轮值。执行局协助部长理事会指导该组织的活动，审议预算草案，处理有关协议的执行及其相关事务，制定部长理事会的日程安排。

（三）秘书处

秘书处是常设机构，设秘书长一职，每3年改选一次，可连选连任。秘书处按理事会和执行局制定的政策处理日常事务。秘书处下设能源、经济与技术、信息与资料、财政与公共管理等部门。

（四）裁决法庭

裁决法庭由正副5名主席和5名法官组成，负责调解成员国之间或成员国与有关石油公司发生的纠纷。该法庭亦负责提供咨询服务，其裁决对成员国具有约束力。

五、发展成果

阿拉伯石油输出国组织与阿拉伯国家联盟、海湾合作委员会等地区政府间组织，欧盟、欧佩克、联合国开发计划署、联合国环境规划署、联合国贸发会议、伊斯兰发展银行等国际组织以及国际能源机构等非政府组织建立了联系，参加各种形式的讨论会，并与非阿拉伯国家组织举办了多次讨论会，推动成员国与工业化国家及发展中国家开展石油合作。同时，阿拉伯石油输出国组织在研发能源领域新的科学技术方面作出重要贡献。阿拉伯石油输出国组织成员国在全球石油和天然气市场中发挥着重要的作用。

阿拉伯石油输出国组织成立以来，对内加强横向联合，对外采取共同立场，与西方石油公司展开斗争，为维护阿拉伯产油国的权益作出贡献，改变了国际石油市场的格局。

阿拉伯议会联盟

一、组织概览

阿拉伯议会联盟（Arab Inter–Parliamentary Union, AIPU）又称"阿拉伯各国议会联盟"，1974年6月21日建立。

（一）成员国

阿拉伯议会联盟有22个成员国：约旦、阿联酋、巴林、突尼斯、阿尔及利亚、科摩罗、吉布提、沙特、索马里、苏丹、叙利亚、伊拉克、阿曼、巴勒斯坦、卡塔尔、科威特、黎巴嫩、利比亚、埃及、摩洛哥、毛里塔尼亚、也门。

（二）宗旨和目标

阿拉伯议会联盟致力于加强阿拉伯议会间的往来和交流；协调、统一阿拉伯各国议会的行动；加强同其他地区议会联盟和国家议会组织的交往；促进阿拉伯国家立法的协调和统一；研讨阿拉伯世界的共同性问题，促进阿拉伯民族事业的发展。

（三）通讯信息

总部设在黎巴嫩贝鲁特（临时）；电子邮箱：arab.ipu@gmail.com；官网：http://www.arabipu.org。

二、发展历程

1974年6月19—21日，阿尔及利亚、阿联酋等阿拉伯国家议会的代表在大马士革举行阿拉伯议会联盟制宪大会，宣布成立阿拉伯议会联盟。截至2024年10

月，阿拉伯议会联盟大会共举行过37次会议。2018年4月5日，阿拉伯议会联盟第27次大会在埃及举行。会议重点就巴勒斯坦、反恐、有关国家干涉阿拉伯国家内政等问题进行了讨论。2020年2月8日，阿拉伯议会联盟第30次会议在约旦首都安曼举行，20个阿拉伯国家的议会代表参会。会议反对美国所谓的"中东和平新计划"，通过并发布了相关声明。2022年5月21日，阿拉伯议会联盟第33次紧急会议在埃及开罗举行。会议就保护阿克萨清真寺及其他宗教圣地等进行讨论，通过并发布了相关声明。

三、组织机构

阿拉伯议会联盟的组织机构主要包括大会、理事会和秘书处等。

（一）大会

联盟大会每年第一季度召开，必要时可举行紧急会议。大会由各成员国议会组织派代表团参加。东道国议长任大会主席。

（二）理事会

理事会通常每年开会两次，必要时可举行紧急会议。各成员国议会组织各派一名议员任代表，议会联盟主席兼任主席。

（三）秘书处

秘书处由秘书长领导，秘书长每两年由理事会选举产生。

四、发展成果

阿拉伯议会联盟自建立以来，针对地区冲突等安全问题，通过召开紧急会议等方式，反应迅速，在维护地区和平与安全方面发挥了积极作用。同时，它在推动阿拉伯世界共同发展、阿拉伯世界统一的问题上作出了贡献。

博鳌亚洲论坛

一、组织概览

博鳌亚洲论坛（Boao Forum For Asia，BFA）是一个非官方、非营利性、定期、定址国际组织，于2001年2月在海南省琼海市博鳌镇正式宣布成立。

（一）成员国

论坛现有29个成员国：澳大利亚、孟加拉国、文莱、柬埔寨、中国、印度、印度尼西亚、日本、伊朗、哈萨克斯坦、吉尔吉斯斯坦、老挝、马来西亚、蒙古国、缅甸、尼泊尔、巴基斯坦、菲律宾、韩国、新加坡、斯里兰卡、塔吉克斯坦、泰国、土库曼斯坦、乌兹别克斯坦、越南、以色列、新西兰和马尔代夫。

（二）宗旨和目标

论坛立足亚洲，促进和深化本地区内和本地区与世界其他地区间的经济交流、协调与合作；为政府、企业及专家学者等提供一个共商经济、社会、环境及其他相关问题的高层对话平台；通过论坛与政界、商界及学术界建立的工作网络为会员与会员之间、会员与非会员之间日益扩大的经济合作提供服务。

（三）通讯信息

秘书处设在中国北京；地址：北京市朝阳区建国门外大街1号国贸大厦A座42层；电子邮箱：bfa@boaoforum.org；官网：https://www.boaoforum.org。

二、发展历程

1998年9月，澳大利亚总理霍克、日本首相细川护熙和菲律宾总统拉莫斯倡议成立一个类似达沃斯世界经济论坛的亚洲论坛。2000年11月，20多国代表在海南省博鳌举行了"博鳌亚洲论坛专家学者会议"，完成了有关基础文件的起草工作，原则提出了拟提交论坛筹委会通过的各项基础性文件。2001年2月，博鳌亚洲论坛成立大会在中国海南博鳌举行，大会宣布博鳌亚洲论坛正式成立，通过《博鳌亚洲论坛宣言》《博鳌亚洲论坛章程指导原则》等纲领性文件。2003年9月，博鳌亚洲论坛国际会议中心正式启用。11月，博鳌亚洲论坛与世界银行达成协议，双方共同开展对亚洲区域经济合作的研究。2006年4月，以色列和新西兰被追加为博鳌亚洲论坛的发起国。2014年4月，博鳌亚洲论坛2014年年会创立"亚洲青年观察家圆桌会"机制。2016年3月，马尔代夫被追加为博鳌亚洲论坛的发起国。2019年8月，博鳌亚洲论坛秘书处宣布在博鳌亚洲论坛框架下设立"全球经济发展与安全论坛"。2020年7月，博鳌亚洲论坛和亚洲金融合作协会举行在线圆桌会并发布报告，从普惠金融生态体系的视角梳理了亚洲各国普惠金融发展经验，并首次推出"亚洲普惠金融生态体系指标"。

三、主要功能

博鳌亚洲论坛的主要功能包括：第一，召开年会、研讨会以及其他学术讨论会，讨论亚洲和世界的经济与社会发展问题；第二，提出地区性或全球性的倡议，促进和加强各国政府与商业实体之间在商贸和投资方面的合作关系；第三，跟踪影响全球和地区经济的动向；第四，甄别可能影响贸易、金融和社会发展的各种问题；搜集和发布相关信息；第五，增进区域内外企业间联系；第六，创建和成为具有国际影响力的研究及培训中心，为商业团体提供先进的管理经验和技术；第七，独立或合作开展有助于实现论坛宗旨的会议展览、信息交流、经济评估、教育培训、电子商务等各类活动。

四、组织机构

博鳌亚洲论坛的组织机构主要包括会员大会、理事会、咨询委员会、秘书处和研究培训院等。

（一）会员大会

会员大会为论坛的最高权力机构，每年举行一次。会员大会由论坛秘书处负责筹备，有关会议事宜提前一个月通知所有会员。

（二）理事会

理事会为会员大会的最高执行机构。理事会负责论坛工作的总体监督和指导，每年举行一次会议。它由19名成员组成，成员由会员大会选举产生，可连选连任，但任期不超过两届，不得有4位以上理事来自同一国家或经济体。论坛秘书长和东道国首席代表为理事会当然理事，其余理事从各国特别是亚洲国家中具有影响力的前政要、高级官员、专家学者、企业界领袖等人士中选出。

（三）咨询委员会

咨询委员会在论坛年会期间举行会议，或不定期就与论坛事务相关的重大问题提出咨询和意见。咨询委员会成员有19名，从曾经担任过理事并对论坛工作作过积极贡献的人士以及其他各界知名人士中选举产生。咨询委员会从其成员中选举产生1名主席并视情选举产生若干副主席。咨询委员会成员任期3年，可连任，但不得超过两届。

（四）秘书处

秘书处是博鳌亚洲论坛的常设执行机构，负责具体开展论坛的各项活动。秘书长为论坛的法人代表、首席执行官并领导秘书处，任期3年，经理事会批准可延任，但任期不超过两任。论坛设副秘书长若干名，副秘书长由秘书长提名，并由理事会任免。

（五）研究培训院

研究培训院是论坛重要的智力支持机构。研究培训院的主要职能包括：分析世界经济，提出年会主题和议题；组织起草并发表与论坛业务相关的经济预测；提供人力资源培训；建立工作网络及信息交流中心。

五、发展成果

博鳌亚洲论坛已成为亚洲以及其他大洲有关国家政府、工商界和学术界领袖就亚洲以及全球重要事务进行对话的高层次平台。秉持着促进亚洲经济一体化、为亚洲和世界发展凝聚正能量的初衷，论坛为全球发展与繁荣积极贡献智慧。

进入21世纪后，为促进区域合作，共同应对亚洲金融危机，成立博鳌亚洲论坛的倡议得到了各国积极响应。自那时起，论坛年会便成为最受全球关注的会议之一，来自亚洲及世界各地的政界领袖、企业精英和专家学者齐聚一堂，共谋发展大计。同时，论坛为全球治理提供了自己的思路。

论坛坚持以经济发展为主线，同时为适应不断出现的新经济业态，积极向科技创新、健康、教育、文化、媒体五大领域拓展，为促进亚洲发展繁荣，推动构建人类命运共同体发挥了重要作用，成果丰硕。

大湄公河次区域经济合作

一、组织概览

大湄公河次区域经济合作（Greater Mekong Subregion Economic Cooperation，GMS）是1992年由亚洲开发银行发起的地区性合作倡议。亚洲开发银行是大湄公河次区域经济合作的发起者、协调者和主要筹资方。

（一）成员国

大湄公河次区域经济合作有6个成员国：中国、缅甸、老挝、越南、柬埔寨、泰国。

（二）宗旨和目标

大湄公河次区域经济合作旨在加强成员国间经贸联系与减贫合作，力求实现域内经济社会发展，致力于打造发展、公平、繁荣的大湄公河次区域，进而提高大湄公河次区域在经济全球化下的区域竞争力。

（三）通讯信息

亚洲开发银行总部设有一个部门，与大湄公河次区域国家秘书处协调，为大湄公河次区域计划提供秘书处的全面支持；官网：https://www.greatermekong.org。

二、发展历程

（一）合作初级阶段（1992—2001年）

大湄公河次区域经济合作成立后的合作初期，参与方主要通过召开部长级会议对基本问题进行磋商，就合作框架、领域及优先项目等相关问题达成共识。大湄公河次区域经济合作逐步正常运转，并取得了初步成效。

（二）合作全面展开阶段（2002—2011年）

进入这一时期，大湄公河次区域经济合作进入快速全面发展的新阶段。将举办领导人会议机制化是这一时期大湄公河次区域经济合作发展的重要标志。领导人会议上各领域合作文件得到签署，使得大湄公河次区域经济合作的合法性和制度性不断提升。

（三）合作深化阶段（2012年至今）

这一时期，随着世界与区域政治经济格局的调整，大湄公河次区域经济合作与东盟经济共同体建设的协调性增强，注重对接"一带一路"等合作倡议，地区资源优势转化为经济增长潜力。就其本身而言，大湄公河次区域经济合作的机制更为成熟，区域整合度迈向新阶段。

三、主要功能

（一）政治交往功能

大湄公河次区域经济合作为域内各国提供了政治磋商的机制平台，推动各成员国在其框架下开展多边外交，促进成员国间理解，促成良好的周边关系。其次，该机制有促进区域一体化和共同区域认知形成的功能。

（二）经济合作功能

大湄公河次区域经济合作自成立之初就以促进区域内成员国经济社会发展水平提升为己任。该机制通过加强成员国间相互经贸往来、基础设施建设、共同参与域外竞争提升了区域竞争力。

（三）区域治安功能

随着成员国经济社会的不断发展，大湄公河次区域经济合作越来越注重对域内传统安全与非传统安全问题的关切。该机制针对有关安全问题设置了相互协作的治安管理处。

四、组织机构

大湄公河次区域经济合作的组织机构主要分为领导人会议、部长级会议、高官会议和工作组及专题论坛四级机构。大湄公河次区域经济合作采取协商一致原则，所有决议必须在部长级会议以上机构进行磋商通过，各国一致通过的决议才具有法律效力。

大湄公河次区域经济合作领导人会议每三年举行一次，负责确立合作目标、框架、措施等纲领性发展方向。部长级会议基本一年举行一次，主要负责执行具体的合作方案。部长级会议下设高官会议、工作组和专题论坛协助自身。专题论坛主要有经济走廊论坛、省长论坛、工商论坛，主要负责在域内经贸活动中发挥桥梁纽带作用，促进相互间的市场信息交换。

五、发展成果

域内最初的几个世界欠发达经济体发展为如今跻身于亚洲高活力的中等收入经济体。大湄公河次区域经济合作各成员国经济总量差距缩小，区域对外开放程度提高，参与经济全球化的竞争力上升。区域基础设施不断完善，贸易投资便利化程度不断提升。

大湄公河次区域经济合作孕育了自主、和平、平等的合作精神。主体合作机构不断完善，分工明细提高了机制运行效率。同时，该组织为区域内经济合作建构起制度安排，与其他区域合作框架兼容协调能力不断提升。

东盟地区论坛

一、组织概览

东盟地区论坛（Association of Southeast Asian Nations Regional Forum，ARF）成立于1994年7月25日，是亚太地区重要的官方多边安全对话与合作平台。

（一）成员

东盟地区论坛有27个成员：缅甸、泰国、老挝、越南、柬埔寨、马来西亚、新加坡、文莱、菲律宾、印度尼西亚、东帝汶、中国、日本、韩国、朝鲜、蒙古国、俄罗斯、印度、巴基斯坦、孟加拉国、斯里兰卡、美国、加拿大、澳大利亚、新西兰、巴布亚新几内亚、欧盟。

（二）宗旨和目标

东盟地区论坛旨在促进各成员就具有共同利益与共同关切的政治与安全问题展开建设性对话磋商与相关合作，实现亚太地区和平、繁荣与稳定。近期目标：通过加强各国对话与磋商，逐步增进信任关系，培养安全合作习惯。中期目标：共同商定符合域内实际的相关规范与准则，通过集体施压的方式约束相关各方的行为，从而实现对潜在的威胁与冲突的可控。长远目标：在亚太区域构建一个安全共同体。

（三）通讯信息

秘书处设在印度尼西亚雅加达；地址：70A Jalan Sisingamangaraja, Jakarta, Indonesia；电子邮箱：ARFUnit@asean.org；官网：http://aseanregionalforum.asean.org。

二、发展历程

（一）成立初期（1994—1997年）

在组织建构上，东盟地区论坛成立初期基本完成总体组织机构框架的设置，并根据组织发展目标有意识地专门成立了负责建立相互信任的"信任措施闭会期间支助小组"。在组织工作上，东盟地区论坛逐渐有意识地注重对上一年的工作进行总结，并制订下一年的工作计划。在指导思想上，东盟地区论坛提出并以文件形式通过了组织核心概念。在组织成员上，东盟地区论坛成员不断增加，成员准入标准不断清晰。同时，在组织作用上，东盟地区论坛就信任对话和安全合作取得了初步成效，于1997年第四届东盟地区论坛会议上认定东盟地区论坛已发展成为一个具有广泛影响力的地区多边安全对话与合作的重要论坛。

（二）完善时期（1998—2009年）

这一时期，在组织建构上，基于总体的组织框架，东盟地区论坛积极与东盟对接，在行政部门方面与东盟建立联系；同时，不断完善行政结构与职权分配，注重两大轨道的关系协同，并成立基金会和建立官方网站。在组织议题上，东盟地区论坛与时俱进地将安全议题讨论扩展至经济、社会、反恐等领域。在指导思想上，东盟地区论坛提出在建立第一阶段的"相互信任"取得积极成果的同时，开始推进第二阶段的"预防性外交"建设，以实现相互信任与预防性外交的共同发展。在组织工作上，通过了《东盟地区论坛年度安全展望》《东盟地区论坛愿景声明》等关键性工作文件。在组织成员上，东盟地区论坛正式名副其实地实现了对"东盟十国"的囊括，并且成员逐渐扩展至亚太地区。在组织作用上，东盟地区论坛于2003年的十周年会议上认定论坛已经为世界经济发展、维护本地区的和平安全与合作作出了重要贡献。

（三）成熟时期（2010年至今）

这一时期的组织建构上再没有出现大的变化，可见东盟地区论坛的组织机构与权责关系设置已趋于成熟。在组织议题上，在与时俱进的基础上，安全议题逐渐与东盟共同体建设产生呼应，在议题讨论上共同体意识不断增加。在指导思想上，基于两大阶段共同推进的跨越方案，开始逐渐向"探讨对待冲突的方式"的第三阶段努力进取。在组织工作上，东盟地区论坛通过《东盟地区论坛愿景声明河内行动计划（2010—2020）》和《第二项行动计划（2020—2025）》，总体工作计划的连贯性也是东盟地区论坛成熟的标志之一。在组织成员上，东盟地区论坛成员基本实现对亚太地区主要国家的全覆盖。在组织作用上，更加成熟且更加制度化的东盟地区论坛正在为亚太地区未来的和平与安全提供有力而持续的保障。

三、主要功能

（一）信任对话功能

建立"区域内各成员间相互信任"既是东盟地区论坛的阶段性目标，也是其不断取得成果的现实功能。自成立以来，东盟地区论坛一直就不断变化的国际和区域安全局势展开有益讨论与磋商，如关注朝鲜半岛局势，呼吁多方展开对话；呼吁以对话磋商方式合理处理巴以冲突和伊核问题等。随着东盟地区论坛的不断发展，讨论的议题逐渐深入成员的内政问题上。例如，对柬埔寨、缅甸、东帝汶、印尼等国内部的政权更迭都进行了讨论与磋商。目前，东盟地区论坛建立"区域内各成员间相互信任"的目标已取得阶段性成果，使得东盟地区论坛的交流对话、增进相互理解的功能日益增强。

（二）安全合作功能

在成立初期，每届东盟地区论坛基本都就核不扩散和裁军问题进行磋商探讨。随着全球化的发展，新兴的非传统安全问题逐渐成为论坛讨论与合作的焦点问题。东盟地区论坛不断就亚洲金融危机后的经济安全问题、"9·11"事件后的遏制防范恐怖主义合作问题、日益猖獗的亚太海盗和海上航道安全问题、海洋环境污染等生态问题、人口流动产生的跨国犯罪问题、自然灾害的协调救济问题、网络安全的共同维护问题等非传统安全议题展开大量多方多层级的探讨与合作。东盟地区论坛已成为亚太地区极为重要的安全合作机制平台。

四、组织机构

东盟地区论坛组织机构包括官方的第一轨道和非官方的第二轨道。其中第一轨道设有论坛主席、外长级会议、高官会、会间会；而第二轨道主要由东盟战略与国际研究所等民间智库和亚太安全合作理事会等非政府组织组成。

（一）论坛主席

论坛主席由当年东盟主席国担任，东盟副主席国任东盟地区论坛副主席国。论坛主席是第一轨道和第二轨道之间的主要纽带，两大轨道的所有活动都需通过论坛主席通知东盟地区论坛。其职能主要包括：每年主持召开东盟地区论坛外长级会议；接受参与国申请并与各方协商讨论是否存在接纳新参与者的共识。

（二）外长级会议

外长级会议是东盟地区论坛框架下最高级别的会议和机制，会议轮流在东盟主席国举行，每年举行一次，会议内容主要是讨论地区内具体的安全议题和共同关注的最新国际和平安全问题，会后由论坛主席国发表主席声明。

（三）高官会

高官会主要由各成员外交部副部长级别的高级外交官组成。高官会主要内容是提前就外长级会议拟定的相关安全议题进行讨论，并向外长级会议提出切实可行的政策建议。为协助高官会闭会期间的相关工作，特别成立"信任措施闭会期间支助小组"。

（四）会间会

会间会主要是由各成员级别较低的基层官员组成，会议主要针对具体领域的问题进行讨论。会间会是官方层面最活跃、召开次数最多的会议，被视为各成员相互沟通的基本渠道。会间会职能涵盖维和行动、灾害救济、推进相互信任建立等方面。东盟地区论坛所有活动提议首先在会间会进行讨论，再提交至高官会予以批准，然后提交外长级会议审议。

（五）第二轨道机构

第二轨道机构主要以东盟战略与国际研究所和亚太安全合作理事会为代表，主要由相关领域的学者和研究员、退休官员等组成。第二轨道机构的讨论范围更为广阔，议题更加围绕热点和敏感问题，被看作第一轨道对话的补充和撬动对话的杠杆。

五、发展成果

首先，从结果看，东盟地区论坛完成了成立时的最初目标，对加强域内域外大国小国间政治与安全对话磋商、促进各成员国的军事透明度与相互信任程度、维护东南亚地区与亚太地区和平稳定作出重大贡献。其次，从性质看，东盟地区论坛是历史上第一个成功在最大范围内吸纳了国力参差不齐且双边关系复杂的各成员的国际安全机制。再次，从过程看，东盟地区论坛讨论磋商与开展有关安全合作的议题范围不断扩大，敏感程度不断深入，从传统安全问题到非传统安全问题都展开密切合作，一些安全问题的讨论逐渐从国际层面深入国内层面；同时，在维护和平安全的过程中，东盟地区论坛也逐渐拥有更大的自主权，日益成为制约平衡大国在东南亚地区权力争斗的缓冲者。最后，从意义看，东盟地区论坛通过塑造地区包容性规范为国际和平与安全提出了"东盟方式"，为国际关系安全合作提供了东盟方案。

东南亚国家联盟

一、组织概览

东南亚国家联盟（Association of Southeast Asian Nations，ASEAN）简称"东盟"，成立于1967年8月8日。

（一）成员国

东盟共有10个成员国：缅甸、泰国、老挝、越南、柬埔寨、马来西亚、新加坡、文莱、菲律宾、印度尼西亚。东帝汶是候选国；巴布亚新几内亚是观察成员国。

（二）宗旨和目标

东盟本着平等的伙伴关系精神，通过共同努力，加速本区域的经济增长、社会进步和文化发展，进而加固东南亚国家繁荣与和平社区的基础；在区域内的国际关系上，遵守《联合国宪章》的原则，尊重正义和法治，以此促进地区和平与稳定；在具有共同利益的经济、社会、文化、技术、科学和行政领域事务上积极促进合作与相互帮助；在教育、专业、技术和行政领域上以培训和提供研究设施为形式进行相互帮助；展开更有效的合作以便更高效服务工农业，扩大贸易，研究国际贸易问题，改善运输和通信设施以及提高人民的生活水平；促进关于东南亚的研究；与符合目的和宗旨的其他现有国际和区域组织保持密切而有益的合作，并为彼此之间更加紧密的合作探索一切途径。

（三）通讯信息

秘书处设在印度尼西亚雅加达；地址：70A Jalan Sisingamangaraja, Jakarta；电子邮箱：public@asean.org；官网：http://asean.org。

二、发展历程

（一）初期阶段：松散的东盟（1967—1975 年）

冷战初期，东盟实际上偏属政治性组织，《曼谷宣言》中的经济文化合作更多代表了各国的主观意愿。东盟主要促成了马菲恢复外交关系（1967年）、发表《和平、自由和中立区宣言》（1971年），表达冷战背景下不愿受外部强权干涉的愿景。这一时期，由于各国主要聚焦国内事务以及彼此之间的历史遗留问题、东盟缺乏协调机制等问题，合作十分松散。

（二）发展阶段：合作的东盟（1976—1991 年）

这一时期，东盟逐步在经济、政治、外交等领域取得实质性进展。1976年签署的《东南亚友好与合作条约》《东盟协调一致宣言》加强了东盟内部的政治合作基础并促成了柬埔寨问题的和平解决。1977年签署的《东盟特惠贸易安排协定》等贸易互惠协定，为区域内经贸合作、经济要素流通提供了便利条件。1975年，东盟国家间的贸易额为66亿美元，到1990年，东盟国家间贸易额已高达253亿美元。东盟为加强对外联系，自1979年起开启了西方国家外长参与东盟外交部长会议的通道。因而在这一时期，国际社会越来越认可东盟作为区域性国际组织的成就。

（三）成熟阶段：构建大东盟（1992—2001 年）

大东盟设想逐步在经济、政治、外交等方面走向现实。经济一体化趋势更加明显，构建东盟自由贸易区计划提上议程并获得执行；东盟经济合作框架不断完善；区域内的经济合作随着东盟成员国的增加扩展到全东南亚地区，辐射到各行各业。政治互信不断加强，1994年首届东盟地区论坛成功召开，越南、老挝、柬埔寨先后加入，涵盖了整个东南亚地区的东盟更加实至名归。合作机制通过外交上日益紧密的联系外溢。例如，成立东盟与中日韩（10+3）合作，加入亚太经合组织，参与欧亚首脑会议，东盟的影响力逐渐从东南亚走向亚太，靠近国际舞台的中心。

（四）深化阶段：东盟共同体（2002年至今）

在这一阶段，建设东盟共同体的目标正式在2003年第九届东盟首脑会议上提出，标志着东盟进入崭新的历史发展时期。这一时期东盟已经发展到新的高度，也迎来改革发展时期。政治上，在原先基础上更进一步强调了共同应对非传统安全威胁；经济上，致力于进一步加快区域一体化进程和发掘东盟经济共同体潜力，加强经济互补性；社会交往上，提高东南亚人民对东盟的认同感，激励东南亚社会主体参与到东盟社会文化共同体中来；组织机构上，创新完善原有组织机构，加强东盟领导力培养，促进各个部门间职能分工完善协同。

三、主要功能

（一）政治交往功能

东盟是一个各成员国相互沟通、增进共识、促进理解的平台，东盟各国在各个会议中可坦诚交流、表达诉求、解决分歧、凝聚团结，发挥着增加东盟统一性、建设东盟共同体的作用。同时，东盟也是东盟成员国发展对外关系的桥梁，通过东盟合作机制扩大了成员国的外交接触面，扩展了外交"朋友圈"。

（二）经济合作功能

东盟虽然最初是一个政治性组织，但随着经济全球化和区域一体化浪潮的推进，东盟成员国通过良好的政治关系进而实现次区域内经济要素自由流动、产业迁移与转型升级，形成相辅相成的经济合作关系，同时加强了东南亚地区同亚太、欧洲、南亚等区域的经济联系，扩大了东南亚区域合作的经济利益。

（三）人文交流功能

依托东盟的机制框架，各成员国之间人文交流密切，涉及文化、教育、社会等方方面面。东盟帮助东南亚地区形成民心相交的民间交往局面，增进了各成员社会间传统友谊。同时，它联通了东南亚地区与其他地区人民亲诚交往、社会相互友好的道路，为区域和平稳定、人类社会和谐繁荣贡献了积极力量。

四、组织机构

东盟的组织机构主要包括东盟峰会、协调理事会、共同体理事会、部长级会议、秘书长和秘书处、常任代表委员会以及附属机构等。

（一）东盟峰会

东盟峰会是东盟的最高决策机构，主要由各成员国的国家元首或政府首脑组成。每年各成员国轮流担任主席国。东盟峰会每年举行两次，由主席国主持，必要时可召开特别会议或临时会议。东盟峰会根据部长级会议的推荐，委任秘书长；设立与解散其他东盟机构，在紧急情况下直接采取适当应急行动。东盟峰会主要就涉及东盟宗旨的关键议题、事关成员国利益的重要事宜及交由各个下设机构处理的所有议题进行商议并做出决定以提供政策指导。

（二）协调理事会

协调理事会由东盟各国外交部长组成，每年至少举行两次会议。协调理事会需要相关高级官员的协助。协调理事会根据秘书长的推荐，批准委任与撤销副秘书长。协调理事会筹备东盟峰会的各项会议；协调并执行东盟峰会达成的协议与决定；与共同体理事协调合作履职；斟酌秘书长的工作报告。

（三）共同体理事会

共同体理事会按照共同体的内涵分为政治安全共同体理事会、经济共同体理事会以及社会文化共同体理事会。各共同体理事会下设相关领域和事务的部长级机构。各共同体理事会每年至少举行两次会议，会议由东盟主席国的部长主持，其他成员国派遣国家代表参加。共同体理事会负责确保东盟峰会的相关决定得以实施；协调下设各部门和三大共同体理事会间工作；向东盟峰会提交报告和建议。

（四）部长级会议

部长级会议是主要负责执行各项事务的机构，下设相关高级官员和附属机构负责执行。部长级会议要执行东盟峰会达成的相关协议与决定；加强个别领域的合作，促进支持东盟一体化与共同体建设；向共同体理事会提交报告和建议。

（五）秘书长及秘书处

秘书长由东盟峰会委任，任期五年，且不得连任，并轮流从东盟成员国的国民中选出。秘书长是东盟行政长官，配备四名副部长级的副秘书长协助其展开工作并对秘书长负责。秘书长代表东盟参与外交会议，代表东盟立场观点；有权推荐建议副秘书长人选，并提交东盟协调理事会批准；各成员国尊重秘书长及其委任的人员以东盟为中心的职责，不得影响秘书长履行职能。

东盟成员国各自成立东盟国家秘书处，作为国家协调的中心和事关东盟事务的国家信息库。秘书处从成员国层次协调东盟相关决定的执行；协调协助东盟会议准备工作；促进成员国对东盟的认同；致力于建设东盟共同体。

（六）常驻代表委员会

常驻代表委员会由东盟各成员国委任的大使级常驻代表组成，各成员国代表派驻雅加达。常驻代表委员会职能：协助共同体理事会和部长级会议的工作；与东盟国家秘书处及其下设机构协调；就有关工作事项，同秘书长和秘书处联系；促进东盟和外部伙伴的合作；执行协调理事会的决定。

（七）附属机构

人权机构是为实现东盟宪章中促进和保护人权基本自由的宗旨和原则而成立的机构，根据外交部长会议确立职权范围。

基金会主要负责协助秘书长，提高成员国对东盟的认同感，促进民间各界交流，与相关的东盟机构合作，共同为东盟共同体的建设提供协助；向秘书长负责，基金运作情况作为秘书长报告的一部分提交东盟峰会。

五、发展成果

东盟成功黏合了东南亚各国的团结，凝聚了多个弱小的发展中国家力量，使东盟成为当今国际社会不可忽视的重要地区力量，搭建起发展中国家间南南合作、南北对话的样板组织。

东盟自贸区建设完成，"10+X"合作机制不断成熟，东盟首倡的《区域全面经济伙伴关系协定》正式签署，东南亚相对低廉的生产成本引得世界产业的转移，使东盟作为一个经济体的经济实力不断增强。

东盟组织机构不断完善，各级组织间协同性增加，很多机构从摆设走向运行。随着东盟实践的不断深化,《东盟宪章》起草完成，增加了东盟的约束力和领导力。

东亚峰会

一、组织概览

东亚峰会（East Asia Summit，EAS）成立于2005年12月14日，是与东盟峰会同期举行的地区性年度领导人会议机制，由东盟轮值主席国主办和主持，其模式由东盟和东亚峰会参加国共同审议，具有开放性、包容性、透明性和前瞻性。东亚峰会以能源与环保、金融、教育、公共卫生、灾害管理、东盟互联互通为重点合作领域，主要通过外长及高官会晤就未来发展方向交换意见。

（一）成员国

东亚峰会有18个成员国：文莱、柬埔寨、印尼、老挝、马来西亚、缅甸、菲律宾、新加坡、泰国、越南、中国、日本、韩国、印度、澳大利亚、新西兰、俄罗斯、美国。

（二）宗旨和目标

东亚峰会秉承开放、包容、透明的理念，遵循循序渐进、由易及难、优势互补的合作原则，坚持合作发展，坚持领导人引领的战略对话论坛性质，在各领域开展实质性合作，为推动区域经济一体化进程作出积极贡献。

（三）通讯信息

秘书处设在印尼首都雅加达；地址：70A Jalan Sisingamangaraja, Jakarta, Indonesia；电子邮箱：eas.admin@asean.org；官网：http://eastasiasummit.asean.org。

二、发展历程

东亚峰会机制成立之后，健全了组织机构，完善了配套设施，确定能源与环保、金融、教育、公共卫生、灾害管理、东盟互联互通等重点合作领域，并初步形成经贸、能源、教育部长的定期会晤机制。2005年12月14日，首届东亚峰会在马来西亚首都吉隆坡举行，东盟十国、中国、日本、韩国、印度、澳大利亚和新西兰的国家元首或政府首脑参加了会议，与会各国领导人签署了《东亚峰会吉隆坡宣言》。2011年11月17—19日，第六届东亚峰会在印度尼西亚巴厘岛举行，通过《东亚峰会互利关系原则宣言》《东亚峰会关于东盟互联互通的宣言》。2016年9月8日，第十一届东亚峰会在老挝万象举行，发表《东亚峰会促进东亚基础设施发展合作万象宣言》。2023年3月1日，首届东亚峰会大使会议在雅加达召开。

三、主要功能

（一）政治领域

东亚峰会为其参与国提供了一种新的政治合作模式，突破了传统的将区域合作集中在一定地域的方式，而是以更强的包容性、开放性和国际性吸纳东亚国家和与东亚地区有密切联系的域外国家，为相关国家在共同框架下就共同关心的政治问题或地区事务交换意见、达成共识提供平台。

（二）经济领域

东亚峰会通过集聚不同发展水平、不同产业结构、不同资源禀赋的参与国，协调相关国家间的经济关系，在清除关税及非关税壁垒、推行非歧视性待遇等方面扩大共识，促进地区经济合作和发展。

（三）其他领域

东亚峰会不仅关注传统合作领域，还涉足非传统安全领域，推动相关国家商讨防灾减灾、公共卫生和气候变化等有关事宜并展开优先合作。

四、组织机构

东亚峰会主要是由领导人引领的战略论坛。峰会每年举行一次，由东盟轮值主席国主办。东亚峰会已初步形成经贸、能源、教育部长的定期会晤机制，但仍主要通过外长工作午餐会或非正式磋商以及高官特别磋商，就峰会后续行动以及未来发展方向交换意见。

五、发展成果

（一）机制扩容

东亚峰会不仅在首次会议中吸纳了澳大利亚、新西兰两个域外国家，而且在发展过程中吸纳印度这一南亚大国和俄罗斯、美国两个重要的域外大国，参与国数量不断增加，反映出东亚峰会合作机制的显著成效，同时有效规避了在发展过程中被边缘化的风险。

（二）议题拓展

东亚峰会的议题领域在发展中不断开拓。第一届东亚峰会主要涉及经贸、金融和能源领域，第二届峰会则包括能源、金融、教育、减灾和公共卫生五大主题，第三届峰会在前几届的基础上又增加了气候变化和可持续发展问题，第四届及后续峰会相继增加了粮食安全等议题。东亚峰会的议题逐渐由传统的政治经济领域向非传统安全领域拓展，开放性和灵活性不断提升。

古阿姆民主与经济发展组织

一、组织概览

古阿姆民主与经济发展组织（GUAM，名字由各个国家的第一个字母组成，简称"古阿姆"），前身是"古阿姆集团"。古阿姆集团原是由独联体内五个国家在2001年组成的区域性集团，其成员国包括格鲁吉亚、乌克兰、乌兹别克斯坦、阿塞拜疆、摩尔多瓦。2005年4月，乌兹别克斯坦退出。2006年5月23日，格鲁吉亚、乌克兰、阿塞拜疆及摩尔多瓦四国领导人在乌克兰首都基辅举行峰会，会议一致决定将古阿姆集团升级为古阿姆民主与经济发展组织，标志着其成为一个正式的地区性国际组织。

（一）成员国

古阿姆民主与经济发展组织有4个成员国：格鲁吉亚、乌克兰、阿塞拜疆和摩尔多瓦。

（二）宗旨和目标

古阿姆民主与经济发展组织致力于加强成员国在民主、稳定和安全领域的合作，促进成员国的社会和经济发展。

（三）通讯信息

秘书处设在基辅；地址：Sofievska Str2-A 01001, Kiev, Ukraine；电子邮箱：secretariat@ guam-organization.org；官网：http://www.guam-organization.org。

二、发展历程

（一）协调机制时期（1997—2000年）

1996年，在维也纳召开的关于《欧洲常规武装力量条约》的谈判上，阿、格、乌、摩四国开始由最初的谋求军事合作拓展到其他领域，就各种国际、区域及相关领域问题交流磋商，并发表联合声明。1997年10月10日，在法国斯特拉斯堡参加欧洲委员会首脑会议时，格鲁吉亚、乌克兰、阿塞拜疆和摩尔多瓦四国领导人发表联合公报，即古阿姆倡议，决定成立古阿姆联盟这一非正式地区联盟。1999年4月24日，乌兹别克斯坦总统在华盛顿参加北约50周年庆典期间，宣布加入古阿姆组织，成为第五位成员。2000年9月6日，在纽约联合国千年首脑会议上，古阿姆组织成员国总统发表了《纽约备忘录》，五国一致同意在古阿姆框架内推进和发展多层次、全方位、多领域的多边合作。

（二）正式地区组织时期（2001—2005年）

2001年6月7日，古阿姆五国总统于乌克兰的雅尔塔召开最高级别会晤古阿姆组织首脑会议，五国领导人共同签署了《雅尔塔宪章》，这标志着古阿姆这一非正式的地区性组织成为正式的地区联盟。2002年7月20日，古阿姆组织在雅尔塔举行了成为正式地区性组织以来的首次峰会，此次峰会为成员国在安全领域合作打下了基础。在经济方面，古阿姆组织率先提出在区域内打造自由贸易区的倡议，进一步深化古阿姆组织成员国之间的经济交流与合作，促进成员国贸易自由化进程。

（三）民主与发展组织时期（2006年至今）

2006年5月23日，格鲁吉亚、乌克兰、阿塞拜疆和摩尔多瓦四国总统在基辅举行首脑峰会，一致决定将古阿姆地区联盟升级为古阿姆民主与经济发展组织。四国领导人关于该组织的未来发展、地区关系等问题进行了交流，并签署了关于成立古阿姆民主与经济发展组织的联合宣言、联合公报、组织活动章程和实施建立自由贸易区协议的议定书等一系列文件。

2008年7月1日，古阿姆民主与经济发展组织峰会在格鲁吉亚巴统市举行，与会各方共同签署了《巴统宣言》。宣言指出，各方将继续致力于深化发展地区合作，开展多种形式交流，巩固和发展同美国、波兰、日本等国家的伙伴关系。

三、主要功能

古阿姆民主与经济发展组织主要维护民主价值观、维护法治和尊重人权；确保可持续发展；加强国际和地区安全与稳定；提高成员国地缘政治力量，创造共同安全空间，扩大经济和人道主义合作；发展社会经济、交通、能源、科技和人道主义能力；在共同关心的领域加强政治协作和务实合作。

四、组织机构

古阿姆民主与经济发展组织的机构设置分为各级别会议机制，包括国家首脑会议、外长会议和国家协调委员会会议等，以及常设办事机构为设立在基辅的古阿姆组织秘书处。

（一）会议机制

1. 国家首脑会议

国家首脑会议是古阿姆民主与经济发展组织的最高领导机构，原则上每年举行一次，成员国按照国名俄文字母顺序依次担任举办国，举办国领导人担任会议主席，任期一年。国家首脑会议的职能主要为讨论宏观议题，决定重大事项，制定大政方针，协调各方利益，奠定组织基调。

2. 外长会议

外长会议是决策机构，每年举行两次。在每年的国家首脑会议之前举办一次外长会议以筹备国家首脑会议，会议主席为举办国外长，任期一年。外长会议的主要职责包括制定议程草案、讨论通过财政预算和落实领导人共识等。

3. 国家协调委员会会议

国家协调委员会会议每三个月召开一次，如有特殊情况，成员国也可请求召开特殊会议。国家协调委员会由各国外长任命的一名代表组成。国家协调委员会的主要职能为协调组织内部活动、筹备国家首脑会议和外长会议工作。

（二）常设机构

1. 秘书处

秘书处是常设机构，设立在乌克兰首都基辅。秘书处主要负责推进组织的活动、项目等的开展及落实，提供经济、技术等保障，编制预算，统计保管组织内部官方文件等。

2. 专门工作小组

专门工作小组是根据合作领域搭建对应小组开展工作，各司其职、互不影响。逐步建立起不同领域的7个小组，分别为经济与贸易工作组，能源合作工作组，交通运输工作组，电信工作组，文化、科学和教育工作组，旅游工作组和打击恐怖主义有组织犯罪及毒品扩散工作组。

五、发展成果

在政治方面，通过四国合作，有效防止了域外大国以地区冲突为借口进行政治讹诈和霸权主义，有利于维护地区稳定，通过对话机制有效协调一致、磋商解决。在经济方面，加强能源合作，互联互通，恢复欧亚运输走廊，作为欧亚连接的重要地区，促进欧亚联通，同时推进成员国贸易自由化。在军事安全方面，加强双边军事合作，联合行动反对恐怖主义、毒品走私等，并取得一定成效。

海湾阿拉伯国家合作委员会

一、组织概览

海湾阿拉伯国家合作委员会（Cooperation Council for the Arab States of the Gulf，GCC）简称"海合会"，由阿联酋、阿曼、巴林、卡塔尔、科威特、沙特6个海湾阿拉伯国家组成，于1981年5月25日在阿联酋阿布扎比正式成立，是海湾地区的第一个区域性组织，也是海湾地区历史上最重要的政治、经济、军事地区合作组织。

（一）成员国

海合会正式成员国为阿联酋、阿曼、巴林、卡塔尔、科威特、沙特。2001年12月举行的海合会第22届首脑会议批准也门先加入海合会下属的卫生、教育、劳工和社会事务4个理事会。2012年11月第125届外长理事会分别与约旦、摩洛哥就建立"战略伙伴关系"达成为期5年的"共同行动计划"。

（二）宗旨和目标

海合会致力于加强成员国在各领域的协调、合作和一体化；加强和密切成员国人民间的联系、交往与合作；推动成员国发展工业、农业、科学技术，建立科学研究中心，兴建联合项目，鼓励私营企业间的经贸合作。

（三）通讯信息

总秘书处设在沙特首都利雅得；电子邮箱：Site@gccsg.org；官网：http://www.gcc-sg.org。

二、发展历程

（一）第一阶段（1981—1991年）

1979年霍梅尼领导的伊斯兰革命推翻了巴列维王朝，建立了政教合一的伊朗伊斯兰共和国，并对外输出伊斯兰革命，伊朗周边的君主立宪制国家内部发生动乱，严重威胁国家统治和社会稳定。1980年两伊战争爆发，伊朗与伊拉克开战，海湾六国于1981年成立海合会，并在政治、经济与军事上积极支援伊拉克。两伊战争结束不久后，伊拉克对科威特发动闪电战并占领科威特，海合会与以美国为首的多国联盟组成反伊拉克联盟，一同解放了科威特。

（二）第二阶段（1992—2010年）

在这一阶段，海合会的合作领域不断拓展，经济一体化取得一定成效，军事合作进一步增强，在一些地区性政治问题上达成共识。在经济方面，2002年在首脑会议上通过《多哈宣言》，宣布成立并启动"海湾关税同盟"。2008年，海湾共同市场正式启动，这标志着海合会成员国朝经济一体化目标迈出了重要一步。在军事方面，海合会国家高度重视军事合作，提升"半岛盾牌"部队战斗力，在第21届海合会首脑会议上签署军事合作协定。"9·11"事件后，海合会在非传统安全方面着力反对恐怖主义，2004年5月成员国签署《海合会国家联合反恐安全协议》，努力构建一个有效的反恐机制。在地区性政治问题方面，21世纪以来，海合会也开始采取更加灵活的外交政策，寻求更广泛的国际空间。

（三）第三阶段（2011年至今）

在这一阶段，海合会在复杂的地区形势和国际环境中发展。自2010年底开始的"阿拉伯之春"在短短时间内横扫几乎整个阿拉伯地区，海合会国家为了维护君主制政权和地区稳定进行改革，采取政治镇压、经济补偿等措施来应对危机、平息暴乱，作用凸显。海合会决定走经济多元化道路，加大对加工业、金融和服务业的投资力度，形成新的经济增长点，并加快自由贸易谈判，签订了一系列贸易合作和投资协议。目前，海合会不断为经济合作发展聚集更多动能，努力推动海合会经济融合。

三、主要功能

（一）促进政治协调

在涉及海湾六国利益的重大国际问题上，各成员国的立场必须接近或一致，才有可能采取适当而持久的共同行动。为此，最高理事会与外长理事会上各成员国的领导人频繁接触反复协商，各成员国都能超越某些观点上的分歧，采取共同的立场与一致的行动，使海湾六国形成一个统一的整体。

（二）保障海湾地区安全

由于地理位置的重要与石油资源的丰富，海湾地区安全与否在很大程度上影响着世界局势。20多年来，这个地区经历了诸多风雨，海湾六国成立安全委员会，保证各成员国的集体安全，组成了统一战线，把军事上的合作列为首先要考虑的重要问题。

（三）实现经济一体化

2002年12月海合会首脑会议通过了"多哈宣言"，宣布海湾关税联盟成立。2008年正式成立海湾共同市场，极大地促进了海湾国家人口、资源、商品的流动和贸易的流通。2008年12月的《马科斯特宣言》通过了关于成立货币联盟的方案，计划发行统一货币。此外，海合会在工农业、跨国贸易、经济合作、出入境管理等方面都有深入的发展。

四、组织机构

（一）最高理事会

最高理事会是海合会的最高权力与最高决策机构，每年定期举行一次会议。由成员国元首组成，主席由各国元首按国名字母（阿拉伯文）顺序轮流担任，任期一年。最高理事会的主要职能有：确定海合会利益范围；制定海合会基本发展纲要；审查和批准外长理事会提交的报告和建议；审查秘书长提交的研究报告；任命秘书长；修订海合会宪章等。

（二）外长理事会

外长理事会由成员国外交部长组成，每3个月召开一次常务会议。部长理事会通常由担任上一届最高理事会主席的成员国代表主持。部长理事会主要负责筹备举行最高理事会并编制议程，向最高理事会提交报告、议案、建议等，并根据大政方针制定具体行动规划、法规政策，落实行动项目，促进成员之间的协调合作、交流互鉴。

（三）秘书处

秘书处是海合会的常设办事机构，设在沙特首都利雅得，由秘书长及8名助理秘书长组成。秘书长由最高理事会任命，任期3年，可连任一届。助理秘书长分别负责经济、政治、军事、安全等领域职能。秘书处主要负责撰写与合作、规划及协调行动有关的研究报告，定期编写工作报告，落实项目进展，并负责安排筹备部门会议。

五、发展成果

（一）建立完善的决策机制

海合会结合海湾六国实际情况对决策机构及职权进行划分，设立了三个决策机构，分别为最高理事会、外长理事会和秘书处。同时，海合会在决策程序和方式上也有自身的优势，海合会成员国均为君主制国家，具有专制集权的显著特点，命令自上而下发布后，执行非常迅速。同时，海合会实行定期举行会议制度，能够确保各国密切联系，及时沟通议题，解决问题。在这样的决策机制下，海合会成员国能够在国际和地区问题上共同应对、协商一致，不断增强影响力和话语权。

（二）建立自贸区和关税同盟

2003年1月1日，海合会关税同盟正式成立和启动。关税同盟规定，海合会六国将统一税率，对进口基本商品和其他商品统一征收5%的税率，成员国之间的商品免除关税流动，为建立统一市场、实现经济一体化奠定了重要基础。2008年1月1日，海湾共同市场正式启动，这意味着海湾六国公民在其中任何一国工作、投资均享受同等待遇，促进了六国间劳动力的流动与贸易、投资的发展。2009年6月7日，沙特、科威特、卡塔尔、巴林等国于利雅得签订了货币同盟协定，希望在2010年最终实现海合会国家货币的统一。

（三）成立"半岛盾牌"部队，强化集体安全机制

海合会在1984年决定依靠成员国的集体军事力量成立联合军事指挥部，并于次年成立"半岛盾牌"部队，部队的职责是防止地区动荡及战争对海湾六国造成威胁，它的存在有效增强了海合会的军事打击能力。同时，海合会提升了"半岛盾牌"部队的规模和战斗力，建立第二层和第三层防卫体系，并定期举行联合军事演习。

澜沧江—湄公河合作

一、组织概览

澜沧江—湄公河合作（Lancang-Mekong Cooperation, LMC）简称"澜湄合作"，是中国与柬埔寨、老挝、缅甸、泰国、越南共同发起和建设的新型次区域合作机制，也是首个由澜湄流域六国共同创建的专门合作平台，于2016年3月23日在海南三亚正式启动。

（一）成员国

澜湄合作有6个成员国：中国、柬埔寨、老挝、缅甸、泰国、越南。

（二）宗旨和目标

澜湄合作致力于深化澜湄六国睦邻友好和务实合作，促进沿岸各国经济社会发展，打造澜湄流域经济发展带，共建澜湄国家命运共同体，增进各国人民福祉，助力东盟共同体建设和地区一体化进程，为推进南南合作和落实联合国2030年可持续发展议程作出新贡献，共同维护和促进地区持续和平和发展繁荣。

（三）通讯信息

老挝、中国、泰国和柬埔寨建有澜湄合作国家秘书处，缅甸和越南建有澜湄合作国家协调机构。澜湄合作中国秘书处设在北京；地址：中国北京市朝阳区朝阳门南大街2号；电子邮箱：lmc-china@mfa.gov.cn；官网：http://www.lmcchina.org。

二、发展历程

（一）酝酿期（2012年至2016年3月）

2012年，泰国提出澜沧江—湄公河次区域可持续发展倡议，中国政府给予积极回应。2014年11月，李克强总理在第十七次中国—东盟领导人会议上倡议建立澜沧江—湄公河合作机制，得到湄公河五国积极响应。2015年，六国两次召开澜湄对话合作外交高官会，开始探讨澜湄合作概念文件，明确了澜湄合作机制的基本目标。2015年11月，澜湄合作首次外长会发表了《澜湄合作概念文件》和《首次外长会联合新闻公报》，宣布澜湄合作机制正式建立。2016年3月23日，澜湄合作首次领导人会议发表了《澜沧江—湄公河合作首次领导人会议三亚宣言》和《澜沧江—湄公河国家产能合作联合声明》两份重要文件，正式宣告澜湄合作机制诞生。

（二）发展培育期（2016年4月至2017年）

澜湄合作机制建立后，中方"因地制宜"提出了多层会议领导机制的设想，搭建起领导人会议、外长会、高官会、工作组会等一整套立体式的沟通机制。在此期间，围绕澜湄合作举办了一次领导人会议、两次外长会、一次高官会。在合作领域，中国积极推进首次领导人会议确定的"3+5"合作框架，在政治安全、经济和可持续发展、社会人文三大支柱，互联互通、产能、跨境经济、水资源、农业和减贫五大领域开展合作，全面推进澜湄合作发展。六个成员国在2017年先后成立了澜湄合作国家秘书处（老挝、中国、泰国和柬埔寨）或澜湄合作国家协调机构（缅甸、越南）。同时，还成立了澜湄水资源合作中心、澜湄环境合作中心和全球湄公河研究中心三个辅助性机构，三个机构在政策对话、生态保护、项目合作、跨境安全等方面为澜湄合作机制提供了有力支撑。此外，澜湄合作六国还对机制建设进行了探索，第二次外长会上通过的《优先领域联合工作组筹建原则》使合作机制渐趋成熟。

（三）发展成长期（2018年至今）

2018年1月10日召开的澜湄合作第二次领导人会议发布了《澜湄合作五年行动计划（2018—2022）》和《澜湄合作第二次领导人会议金边宣言》两份重要合

作文件，标志着澜湄合作已从"培育期"进入"成长期"。六国在巩固"3+5"合作框架的基础上，拓展数字经济、环保、卫生、海关、青年等领域合作，逐步形成了"3+5+X"合作框架。2018年12月17日，澜湄合作第四次外长会在老挝琅勃拉邦举行，六国外长一致同意开始讨论建设澜湄流域经济发展带具体方案，推动高质量产能合作，推动在教育、青年、地方等领域进行更深入合作，实现互惠互利和共同繁荣。2020年8月24日，澜湄合作第三次领导人视频会议举行，会议将澜湄合作同"国际陆海贸易新通道"对接，并在澜湄合作专项基金框架下设立公共卫生专项资金。会议发表了《澜沧江—湄公河合作第三次领导人会议万象宣言》和《澜沧江—湄公河合作第三次领导人会议关于澜湄合作与"国际陆海贸易新通道"对接合作的共同主席声明》。2022年7月4日，第七次外长会在缅甸蒲甘举行，会议进一步落实深化合作进程，发表了关于深化海关贸易安全和通关便利化合作、农业合作和保障粮食安全、灾害管理合作、文明交流互鉴四份联合声明，发布了《〈澜湄合作五年行动计划（2018—2022）〉2021年度进展报告》和《2022年度澜湄合作专项基金支持项目清单》，用翔实的数据展示了澜湄合作的丰硕成果。

三、主要功能

（一）促进经济可持续发展

澜湄合作机制着力推动基础设施的互联互通，调整产业结构，保障贸易通畅，推动金融一体化，加强信息和通信技术、科技创新、环保、可持续能源生产和利用、农业竞争力和减贫、农村协调发展等领域合作；在基础设施互联互通建设方面，加速推进中老、中泰、中缅之间的铁路、公路、航道等建设，推进昆曼公路老挝段的高等级化，打造国际黄金航道；在跨境经济合作方面，澜湄合作六国通过工业园区建设，构建跨境产业集群，开展产业链优势互补，打造跨境经济合作示范项目；在贸易合作方面，加强与湄公河国家对接，共建"丝绸之路经济带"，扩大产业联通，加快编制跨境经济合作五年发展规划，加强"多国多园"合作。

（二）深化政治和安全合作

澜湄合作机制着力加强政治互信，推动成员国高层互访与议会、政党、民间等团体交流，加强对边境地区管理与应对非传统安全威胁方面的合作。在政治互信方面，拓宽沟通渠道，积极搭建成员国交流、商讨的机制和平台，建立了领导人会议、外长会、高官会、优先领域联合工作组会议等四个层次机制；在跨境安全合作方面，建设新型合作区域内政治—安全机制，并成立澜湄综合执法安全中心，六国合作共同打击跨国犯罪，维护边境与航运秩序，并派出医疗队协助湄公河下游国家解决公共卫生问题，加强运河航行巡逻，严厉打击非法走私与毒品贩卖，从而营造和平安宁的次区域环境。

（三）加强社会与人文交流

澜湄合作成员国互设文化中心，加强文化政策信息共享，促进文化对话，努力落实《澜湄文化合作宁波宣言》。各成员国间开展多形式、多领域、多层面的文化交流活动，弘扬本地区优秀文化传统；加强教育资源、职业发展等多领域交流合作；推动次区域旅游产业发展，推动召开澜湄国家旅游城市（三亚）合作论坛，发布"2016澜湄国家旅游城市合作备忘录《三亚合作愿景》"，共同推动次区域旅游产业发展；加快实施减贫试点项目，打造减贫示范点，开展减贫论坛、减贫研修班、村官交流等多种形式的澜湄减贫合作活动。

四、组织机构

澜湄合作机制是一个由上而下、覆盖多层级的互动机制，澜湄合作的顶层对话机制以领导人会议为主，辅之以外长会、高官会，再由各国的秘书处或协调机构负责机制内的行政性事务及对上述会议相关决议的落实，建立了一套较为完备的区域合作框架体系，落实"领导人引领、各部门参与"的合作架构。

（一）领导人会议

领导人会议机制是澜湄合作机制的顶端，也是澜湄区域权力结构体系下区域合作最重要的一环，会议每两年举行一次，旨在共商合作大计，引领合作方向。倘若有必要，在协商一致的基础上可举行临时领导人会议。

（二）外长会

外长会在澜湄合作机制中具有举足轻重的地位。外长会每年举行一次，主要落实领导人会议共识，评估合作进展，提出合作建议，推动合作倡议落地，并为领导人会议的召开做准备。

（三）秘书处和协调机构

澜湄合作各国秘书处和协调机构统一设在外交部。秘书处和协调机构主要负责在各相关部门、地方政府和湄公河流域各国间扮演沟通协调的角色，推进合作项目的开展、落实。

（四）项目工作组会议

项目工作组会议是在国际合作过程中摸索出来的一种新的合作形式，根据合作领域搭建对应的项目工作组，各项目工作组各司其职，互不影响。即使某一个项目推进遇到困难、停滞不前，也不会影响其他项目，项目的顺利推进还会起到先进示范作用。在工作组级别，逐步建立起互联互通、产能、跨境经济、水资源、农业和减贫等六个联合小组，并成立水资源合作中心、环境合作中心和全球湄公河研究中心，在政策对话、人员培训、项目合作、联合研究等方面提供支撑。

五、发展成果

（一）合作框架不断升级

澜湄合作机制在成立之初设立的"3+5"合作框架推出了一系列合作倡议和举措，落实了200多个务实合作项目。随着"3+5"合作框架的日渐成熟和完善，2018年1月，在第二次澜湄合作领导人会议上，澜湄流域六国在签署的金边宣言中强调，继续加强现有的五个合作领域的同时，积极拓展新的合作领域。由此，"3+5"合作框架升级为"3+5+X"合作框架，进一步拓展数字经济、环保、卫生、海关和青年合作领域，形成了涵盖政治、经济、社会、人文、安全、环境等各个方面的框架体系，推动澜湄合作机制深入发展。

（二）机制平台逐步健全

澜湄合作形成了以领导人会议为主，外长会、高官会为辅的顶层对话机制，各国秘书处或协调机构负责机制内的行政事务及对各个会议相关决议的落实，形成了一套严谨且相对完善的决策与执行体系。除了政府之间的常设性交流机制，澜湄合作还成立或举办了澜湄文化论坛、环境合作圆桌对话、澜湄次区域国家商品博览会等非常设性交流平台。这些平台或活动的参与者乃至主办方以民间个人或团体为主，是真正意义上的民间交流平台，既填充与完善了澜湄合作的制度架构，也有效促进了澜湄国家间的"民心相通"。

（三）重大项目发展有序推进

澜湄合作在第一次领导人会议上提出的45个早期收获项目和第二次外长会上中方提出的13个倡议已取得实质进展。中国承诺的优惠贷款、优惠出口买方信贷和产能合作专项贷款逐步落地，支持了湄公河五国在经济、人文、社会、水资源等领域多个大型基础设施项目和工业化项目的建设。在澜湄合作专项基金的支持下，中国已先后与柬埔寨、老挝、缅甸、泰国分别签署了两轮项目协议，为数百个中小型项目提供了资金支持。

（四）人文交流有声有色

澜湄合作机制聚焦教育、卫生、文化、减贫等民生领域合作，在老挝、缅甸、柬埔寨等国贫困地区开展教育医疗、减贫开发、环境保护等一系列利民惠民的社会公益活动，使民众真正参与、受益其中，也使中国与有关国家的关系发展真正落到实处、惠及民生。

湄公河委员会

一、组织概览

为保证湄公河流域水资源可持续发展，继承和发扬"湄公河精神"，湄公河流域四国老挝、泰国、柬埔寨、越南于1995年4月5日在泰国清莱签署了《湄公河流域可持续发展合作协定》，在湄公河临时委员会的基础上成立了新的下湄公河流域河流组织——湄公河委员会（Mekong River Commission，MRC），简称"湄委会"，在湄公河流域的开发治理上迈出了历史性的一步。

（一）成员国

湄公河委员会有4个成员国：老挝、泰国、柬埔寨、越南。

（二）宗旨和目标

湄公河委员会重申并扩展了1957年创立的"湄公河合作精神"，采用共同接受和公平合作的目标和原则，力图实现水资源和湄公河流域相关资源的可持续发展，保护湄公河流域生态环境，造福下游地区和人民。

（三）通讯信息

秘书处设在老挝万象；官网：https://www.mrcmekong.org。

二、发展历程

1995年4月，老挝、泰国、柬埔寨和越南签署《湄公河流域可持续发展合作协定》，湄委会成立。1996年7月，中国、缅甸与湄委会举行第一次对话会议，中国和缅甸成为湄委会对话伙伴。2000年，湄委会理事会通过了性别政策和战略以及洪水管理和减灾战略，为两大战略树立了政策基石。2003年，理事会通过了用水检测程序，有效促进湄公河流域水资源的可持续发展。2005年，建立区域洪水管理和减灾中心，为区域洪水管理和减灾提供了保障。2008年，中国签署相关协议，对湄委会增加汛期水文资料供应，增进了中国与湄委会之间的关系。2011年，理事会通过《2011—2015年湄公河流域发展战略》，促进了湄公河流域水资源的综合管理。2016年，理事会通过了《湄公河委员会2016—2020年战略计划》，阐述了湄委会此后五年的发展计划。2019年，理事会发布《2018年流域状况报告》，评估了湄公河流域的状况以及开发和利用水及有关自然资源所产生的积极和消极影响。2021年，调整了《2021—2030年流域发展战略》和湄委会《2021—2025年战略计划》，促进了湄公河流域可持续发展。

三、主要功能

湄委会在流域内水资源利用、防洪减灾、促进可持续发展、开展科学研究等方面发挥了重要作用。

（一）水资源利用

农业是下湄公河地区最重要的经济活动，湄委会通过整合资源促进了流域内农业灌溉、渔业资源和水电开发的发展。湄委会通过制定规划，加强与成员国农业和水利部门的合作，提供指导与建议，致力于提高沿岸居民鱼类保护意识，促进社会团体参与到渔业项目中。

（二）防洪减灾

湄公河不定时的洪水泛滥严重影响沿岸居民的生命和财产安全，防洪减灾一直是湄委会的重要工作。2003年，洪水和减灾中心成立，洪水和减灾项目正式实施。其具体工作包括建立洪水监测和预警系统，为防洪减灾提供对话合作平台，加强跨界合作等方面。

（三）促进可持续发展

合理、公平、可持续地使用湄公河河水系统成为衡量湄委会工作的必要尺度和重要原则。委员会将水资源开发利用类型分为干流开发和支流开发，一个国家境内的支流开发计划仅需通告其他成员国，但主流开发计划必须启动通知—事先协商—同意程序。

（四）开展科学研究

为了获得全面准确的湄公河水文信息资料，自1947年下湄公河调查协调委员会设立开始，委员会在沿岸国家建立了大批水文观测站。湄委会发布的大量研究报告为成员国开发湄公河提供了理论依据。委员会对流域内的鱼类资源、地理水文信息、各国农业动态、航道及航运、生态环境等进行了科学研究，成为各方信息共享的平台。

四、组织机构

作为政府间河流流域组织，湄委会还建立了实施《湄公河流域可持续发展合作协定》实质性条款的体制机制，其中最重要的部门包括理事会、联合委员会、秘书处，由它们负责决策和开展广泛的活动。

（一）理事会

理事会是湄委会最高权力机构，专司制定政策、解决争端的职权，负责监督湄委会的所有活动。各成员国派一名部级干部参加理事会，每年至少举行一次理事会会议。

（二）联合委员会

联合委员会由成员国代表组成，专司执行理事会制定的政策和决议，监督秘书处的活动。各成员国派一名厅级干部参加联合委员会，每年至少举行两次联合委员会全体会议。

（三）秘书处

在联合委员会的监督下，秘书处向理事会和联合委员会提供技术支持和行政服务。秘书处的组织框架和常设办事机构的位置由理事会决定。其职权范围由联合委员会编定并经理事会批准。秘书长可提名助理一名，并经联合委员会主席批准。

（四）其他机构

其他机构有赞助者咨询团体和国家湄公河委员会。赞助者咨询团体作为湄委会官员与国际赞助者之间沟通的渠道，每年都会召开会议。在会议中，赞助国与湄委会官员相互交换意见，赞助国也在此宣布赞助承诺、协调彼此之间的赞助行为、讨论湄委会的政策与活动。

五、发展成果

自成立以来，湄委会为流域内各国利益协调、资源开发和环境保护作出了重要贡献。首先，设立监测站，更新水位、水文、水质数据等，发布洪灾旱灾预警。其次，制定并推广流域水资源开发利用和保护标准，协调水资源开发管理。再次，确立"事前通知，协商一致"原则调解上下游矛盾，协调大型水电项目建设。最后，开展人力资源培训，提高成员国水资源开发利用水平。

南亚区域合作联盟

一、组织概览

南亚区域合作联盟（South Asian Association For Regional Cooperation，SAARC）简称"南盟"。1985年12月7日，孟加拉国、不丹、印度、马尔代夫、尼泊尔、巴基斯坦和斯里兰卡七国在孟加拉国首都达卡发表《达卡宣言》，根据《南亚区域合作联盟宪章》创立该互助合作组织。2005年11月，阿富汗加入南盟，成为第8个成员国。目前，南盟已接纳中国、日本、韩国、缅甸、美国、欧盟、澳大利亚、伊朗、毛里求斯作为南盟观察员。

（一）成员

南盟成员国有孟加拉国、不丹、印度、马尔代夫、尼泊尔、巴基斯坦、斯里兰卡、阿富汗，观察员有中国、日本、韩国、缅甸、美国、欧盟、澳大利亚、伊朗、毛里求斯。

（二）宗旨和目标

南盟的宗旨和目标是促进南亚各国人民的福祉并改善其生活质量；加快区域内经济增长、社会进步和文化发展，为每个人提供过上体面生活和实现全部潜能的机会；促进和加强南亚国家集体自力更生；促进相互信任和理解及对彼此问题的了解；促进经济、社会、文化、技术和科学领域的积极合作和相互支持；加强与其他发展中国家合作；在国际场合就共同关心的问题加强合作。

（三）通讯信息

南盟常设秘书处位于尼泊尔首都加德满都；地址：G.P.O. Box 4222, Tridevi

Sadak, Kathmandu, Nepal；电子邮箱：saarc@saarc-sec.org；官网：http://saarc-sec.org。

二、发展历程

1985年12月7日，第一届南盟首脑峰会在孟加拉国举行，七国首脑签署《南亚区域合作联盟宪章》，南盟正式成立。1986年11月，第二届首脑峰会在印度班加罗尔举行，峰会通过《班加罗尔宣言》，制订了关于发展旅游、货币交换及进行学术交流等内容的合作计划。第六届首脑峰会在斯里兰卡首都科伦坡举行，通过《科伦坡宣言》，决定成立地区消除贫困委员会和发展基金。1997年5月，第九届首脑峰会在马累举行，七国首脑一致同意在各成员国之间建立非正式磋商机制。峰会通过《马累宣言》，决定2001年建成南亚自由贸易区。2004年1月，第12届首脑峰会在巴基斯坦举行，通过《伊斯兰堡宣言》，签署《南亚自由贸易协定框架条约》《南盟打击恐怖主义公约附加议定书》等文件。2005年11月12日，第13届首脑峰会在孟加拉国首都举行，通过《达卡宣言》，签署关于避免双重征税等内容的三个协议，同意吸收阿富汗为新成员，接纳中国和日本为观察员。2014年，第18届南盟峰会在尼泊尔加德满都举行，通过《加德满都宣言》，强调加快推动区域一体化建设。2020年4月25日，巴基斯坦总理卫生特别助理米尔扎主持召开南盟卫生部长视频峰会，讨论了信息共享、医疗物资供应、合作研发、加强与世界卫生组织合作等议题。2020年11月25日，南盟规划部长第一次会议召开，会议的主题是"实现南亚可持续发展目标：塑造南盟2030年愿景"。

三、主要功能

（一）政治功能

在不审议有争议问题的前提下，南盟坚持尊重主权平等、领土完整、政治独立、不干涉别国内政和互利原则，加强南亚地区各国相互信赖和理解，南盟也力图促进各成员国在协商一致的基础上做出各级决议。同时，南盟也力图促进南亚地区自立，加强与其他发展中国家、其他具有相似目标和宗旨的国际性和地区性组织的合作。

（二）经济功能

南盟旨在通过促进地区经济合作，推动地区各国经济增长和人民幸福，提高各国人民生活水平。

（三）其他功能

除上述政治经济功能外，南盟还旨在加快地区社会和文化发展，促进各成员国在社会、文化交流和科技领域的合作，维护地区和平与安全。

四、组织机构

南盟最高权力属于南盟峰会，下设部长理事会、常务委员会、技术委员会和秘书处四个部门；技术委员会下设7个分管不同领域的技术委员会和5个工作组。

（一）南盟峰会

南盟峰会掌握南盟的最高权力，原则上每年举行一次，必要的情况下可以随时召开。峰会主席为东道国元首或政府首脑。2014年，第18届南盟峰会决定每两年举办一次峰会。根据南盟宪章，如果有任何一个成员国拒绝参加，峰会不能举行。

（二）部长理事会

部长理事会组成人员为各成员国外长，负责制定政策、审查区域内的合作进展情况、决定新的合作领域，并决定秘书长人选。每年召开两次部长理事会。

（三）常务委员会

常务委员会负责全面监察和协调各项计划，核准项目和方案以及筹资方式。

（四）技术委员会

按照"南盟一揽子行动纲要"，成立农业与农村发展、卫生与人口活动、妇青幼、环境与林业、科技与气候、人力资源开发、运输七个技术委员会，下设信息与通信技术、生物技术、知识产权、旅游、能源五个工作组。

（五）秘书处

南盟秘书处为南盟常设办事机构，位于尼泊尔加德满都，负责南盟会务、成员国间及南盟与其他国际组织的交流与合作，协调和监督南盟各项活动的实施。

五、发展成果

（一）组织扩容

南盟在发展过程中增加新的成员国，接纳国际观察员，推动组织规模不断扩大，影响力逐步增强。南盟在2005年11月正式吸纳阿富汗为第8个成员国，并于2005年起先后接纳中国、日本、美国、韩国、欧盟、毛里求斯、伊朗、澳大利亚、缅甸等为国际观察员，促使组织的地区网络由南亚次大陆地区向周边拓展，活动范围和影响力由南亚地区拓展到国际社会。

（二）组织机制不断健全

在原有的以南盟峰会为中心，下设部长理事会、常务委员会、技术委员会和秘书处四个部门分管不同事务的基础上，南盟根据在实践过程中产生的新需求不断丰富完善组织框架。例如，南盟技术委员会下设7个分管不同领域的技术委员会和5个工作组，细化组织分工，提高了业务的专业化水平和针对性。通过专业化和多元化的组织分工，南盟组织机制不断成熟，很大程度上为其进一步发展奠定了基础。

（三）成员国合作深化

自1985年建立以来，南盟各成员国在互动中不断深化互信，强化利益共识，拓展区域合作领域。当前，南盟各成员国间的合作不断向经济、文化、气候等多领域深化拓展。

上海合作组织

一、组织概览

上海合作组织简称"上合组织"，是由哈萨克斯坦、中国、吉尔吉斯斯坦、俄罗斯、塔吉克斯坦、乌兹别克斯坦六国于2001年6月15日在中国上海宣布成立的永久性政府间国际组织，其前身是"上海五国"机制。上合组织是历史上第一个由中国倡导、在中国成立、用中国城市命名的地区合作组织，也是目前欧亚大陆最大的一个国际组织。

（一）成员

上合组织有10个成员国：印度、伊朗、哈萨克斯坦、中国、吉尔吉斯斯坦、巴基斯坦、俄罗斯、塔吉克斯坦、乌兹别克斯坦和白俄罗斯。上合组织有2个观察员国：阿富汗、蒙古国。它还有14个对话伙伴：阿塞拜疆、亚美尼亚、巴林、埃及、柬埔寨、卡塔尔、科威特、马尔代夫、缅甸、尼泊尔、阿联酋、沙特、土耳其、斯里兰卡。

（二）宗旨和目标

上合组织的宗旨和目标是加强各成员国之间的相互信任与睦邻友好；鼓励成员国在政治、经贸、科技、文化、教育、能源、交通、旅游、环保及其他领域的有效合作；共同致力于维护和保障地区的和平、安全与稳定；推动建立民主、公正、合理的国际政治经济新秩序。上合组织对内遵循"互信、互利、平等、协商，尊重多样文明、谋求共同发展"的"上海精神"，对外奉行不结盟、不针对其他国家和地区及开放的原则。

（三）通讯信息

上合组织秘书处设在北京，在塔什干设有地区反恐怖机构执行委员会；官网：http://chn.sectsco.org。

二、发展历程

冷战后不久，世界面临着巨大的国际形势变化。中国、俄罗斯、哈萨克斯坦、吉尔吉斯斯坦、塔吉克斯坦五国为加强睦邻互信与友好合作关系，加紧就边界、裁军和安全等问题举行谈判。此后，五国元首年度会晤形式也被固定下来，由于首次会晤在上海举行，该机制被冠以"上海五国"的称谓。

2001年6月14—15日，五国元首在上海举行第六次会晤，乌兹别克斯坦以完全平等的身份加入"上海五国"。15日，六国元首举行会议并签署了《上海合作组织成立宣言》，上合组织正式成立。此次峰会上还签署了《打击恐怖主义、分裂主义和极端主义上海公约》。2002年，在上合组织圣彼得堡峰会上签订了《上海合作组织宪章》，文件于2003年9月19日生效。这是一份章程文件，规定了组织的宗旨与原则、组织架构、主要活动方向。2017年6月8—9日，上合组织元首理事会阿斯塔纳会议做出历史性决定，给予印度和巴基斯坦成员国地位。这也是上合组织首次扩员。2023年上合组织新德里峰会正式批准伊朗加入，上合组织迎来第9个成员国。2024年，白俄罗斯加入，上合组织成员国增加至10个。

三、主要功能

上合组织通过加强成员国间的相互信任和睦邻友好等措施，发挥了政治安全合作功能；通过共同打击一切形式的恐怖主义、分裂主义和极端主义等措施；发挥了维护区域安全功能；通过鼓励开展政治、经贸、文化等领域合作，促进区域经济发展，发挥了经济合作功能。

四、组织机构

上合组织的主要组织机构包括国家元首理事会、政府首脑理事会、部长级会议、秘书处和地区反恐怖机构执行委员会等。

（一）国家元首理事会

国家元首理事会是上合组织最高领导和决策机构，负责研究、确定合作与活动的战略、优先领域和基本方向，通过重要文件。该会议每年举行一次，通常由成员国按国名俄文字母顺序轮流举办，就组织内所有重大问题做出决定和指示，会议举办国担任组织轮值主席国。

（二）政府首脑理事会

政府首脑理事会每年举行一次会议，讨论本组织框架下多边合作和优先领域的战略，决定经济及其他领域的原则性和重要问题，通过组织预算。

（三）部长级会议

部长级会议设有议会领导人会议、安全会议秘书会议、外长会议、国防部长会议、紧急救灾部门领导人会议、经贸部长会议、交通部长会议、文化部长会议等。

（四）秘书处

秘书处具有为上合组织的活动提供协调、信息分析、法律和组织技术保障；协调本组织同观察员国和对话伙伴合作，就涉及组织活动的问题同其他国家和国际组织联系，以及经成员国同意，就上述目标缔结相关文件；同上合组织框架下的非政府机构开展合作等职能。秘书处由秘书长领导。秘书长由国家元首理事会会议根据外交部长理事会会议的推荐任命。秘书长由成员国公民按其国名俄文字母排序轮流担任，任期三年，不得连任。

（五）地区反恐怖机构执行委员会

地区反恐怖机构执行委员会遵循上合组织宪章，打击恐怖主义、分裂主义、极端主义上海公约，上合组织地区反恐怖机构条例及其他上合组织框架内通过的文件和决议的规定。委员会主任是反恐机构执行委员会的最高行政官员，由反恐机构理事会从成员国公民中提名、成员国元首理事会任命，任期三年。

五、发展成果

上合组织自2001年正式成立以来，在政治、经济、文化、能源、交通、教育、对外交往等各个领域均取得很大的成就，在维护地区和平与发展方面发挥着独特而重大的作用。在政治上，解决了历史遗留的边界问题，建立了军事信任机制，巩固了成员国间政治互信和睦邻友好关系；在对外交往上，作为一种新型区域合作模式，奠定了新型国家关系的健康基础，为发展中国家开展区域合作提供了新模式，有助于国际新秩序的建立；在地区安全上，是最早打出反恐旗帜的国际组织之一，沉重打击了"三股势力"，维护了中亚地区的稳定与安全，是实行新安全观的典范，丰富和发展了合作安全机制；在经贸上，各成员国贸易规模迅速扩大，贸易投资便利化程度进一步增强，大大推动了区域经济合作和经济发展；在教育上，成立"上海合作组织大学"并确定区域学、生态学、能源学、IT技术和纳米技术等五个专业为优先合作方向，并遴选出项目院校；在国际司法合作上，设立"中国—上海合作组织国际司法交流合作培训基地"，为上合组织成员国的司法、执法部门官员以及律师、反恐维稳界人士的业务交流、研究提供基础。除上述领域外，上合组织在文化、环保、紧急救灾、能源等领域的合作进展顺利，取得积极成果。

太平洋岛国论坛

一、组织概览

太平洋岛国论坛（Pacific Islands Forum）前身为南太平洋论坛，成立于1971年，总部设在斐济首都苏瓦，2000年10月改为现名，论坛每年举行一次首脑会议。太平洋岛国论坛是南太平洋国家政府间加强区域合作、协调对外政策的区域合作组织。论坛自1989年亚太经合组织成立时即为其观察员。1994年起，论坛成为联合国观察员。

（一）成员

太平洋岛国论坛有18个成员：澳大利亚、新西兰、斐济、萨摩亚、汤加、巴布亚新几内亚、瓦努阿图、密克罗尼西亚联邦、所罗门群岛、基里巴斯、瑙鲁、图瓦卢、马绍尔群岛、帕劳、库克群岛、纽埃、法属波利尼西亚、法属新喀里多尼亚；2个联系成员：托克劳、瓦利斯和富图纳；11个特别观察员：英联邦、联合国、亚洲开发银行、中西太平洋渔业委员会、世界银行、非加太集团、美属萨摩亚、关岛、北马里亚纳自由联邦、东帝汶、国际移民组织；21个对话伙伴：加拿大、中国、古巴、欧盟、法国、德国、印度、印度尼西亚、意大利、日本、韩国、马来西亚、菲律宾、西班牙、泰国、土耳其、英国、美国、新加坡、智利、挪威。

（二）宗旨和目标

论坛加强成员间在贸易、经济发展、航空、海运、能源、旅游、教育等领域及其他共同关心问题上的合作和协调，以及在政治、安全等领域的对外政策协调与区域合作。论坛希望建立一个和平、和谐、安全、包容、繁荣的太平洋地区，以使所有太平洋岛国人民过上自由、健康、富裕的生活。论坛重视并依赖海洋和岛屿资源的完整性，珍视太平洋的多样性和历史性，并寻求一个使文化、传统和宗教信仰得到重视、尊重和发展的包容的未来。论坛拥护善政，充分遵守民主和法治的价值观、捍卫和促进人权与两性平等，致力于公正社会。论坛致力于建设和平、安全和稳定的社会和国家，确保太平洋各国人民的充分安全和福祉。论坛支持太平洋地区所有人民的全面包容、公平和平等。论坛努力在区域内外和次区域间相互合作上，建立基于相互问责和尊重的，有效、开放和诚实的关系以及包容和持久的伙伴关系。

（三）通讯信息

太平洋岛国论坛秘书处设在斐济首都苏瓦；电子邮箱：info@forumsec.org；官网：http://www.forumsec.org。

二、发展历程

1971年8月，南太平洋论坛成立。1972年，建立常设机构南太平洋经济合作局，由各成员的高级政府官员组成。1988年，南太平洋经济合作局改称论坛秘书处。1989年，论坛决定邀请美国、加拿大、日本、英国、法国、中国出席论坛首脑会议后的对话会议。1990年，中国以非本地区成员的身份参加南太平洋论坛对话会议。1997年起，论坛每年在举行首脑会议前都召开经济部长会议，以便协调和支持各成员的经济改革。2000年10月，论坛改名为太平洋岛国论坛。2002年9月，太平洋岛国论坛驻华贸易代表处在北京正式开馆。2005年，第36届太平洋岛国论坛首脑会议通过了旨在推进地区合作和一体化的"太平洋计划"。2023年11月，第52届论坛领导人会议在斐济举行。

三、主要功能

（一）推动地区经济和贸易增长

论坛致力于通过经济和贸易政策制定的机会来推动经济和贸易增长。秘书处致力于改善公共财政管理，使资金来源多样化，通过其太平洋贸易和投资办事处支持私营部门，改善获取私人资本的途径，通过现有条约和多边贸易体制拓展成员国之间的市场空间，增加投资，改善地区基础设施。

（二）促进可持续发展

太平洋岛国论坛领导人承诺全面落实联合国2030年可持续发展议程，确认千年发展目标尚未完成，呼吁发展伙伴支持落实可持续发展目标。

（三）推进太平洋治理

作为可持续发展和经济增长的先决条件，太平洋的治理优先事项包括加强关键的治理和问责机构，以提高政治和经济进程的透明度；加强监督机制，以确保有效管理该区域的自然资源、人力和财政资源，以及保护基本人权。

四、组织机构

（一）论坛秘书处

论坛秘书处为论坛常设机构。论坛秘书长由论坛成员政府代表投票产生，对论坛成员负责；副秘书长系聘用，协助秘书长工作。

论坛秘书处下设政治、国际和法律事务司，贸易和投资司，发展和经济政策司，协同服务司（行政），各司设司长。

论坛秘书处和8个相对独立的机构组成太平洋地区组织理事会，由论坛秘书长担任主席。这8个组织为论坛渔业局、斐济医学院、太平洋岛屿发展署、太平洋电能协会、太平洋区域环境规划署、太平洋共同体秘书处、南太平洋旅游组织、南太平洋大学。

（二）首脑会议

论坛一般每年召开一次政府首脑会议。最近一次论坛首脑会议于2024年8月在汤加举行。

（三）会后对话会

从1989年起，论坛决定邀请中、美、英、法、日和加拿大等国出席论坛首脑会议后的对话会议。1991—2007年，论坛先后接纳欧盟、韩国、马来西亚、菲律宾、印度尼西亚、印度、泰国、意大利为对话伙伴。2013年，接纳古巴为对话伙伴。2014年，接纳土耳其、西班牙为对话伙伴。2016年，接纳德国为对话伙伴。

（四）外交部长会议

为协调并解决成员共同关心的政治问题，首脑会议不定期授权论坛成员外交部长就特定议题召开会议。第46届论坛首脑会议决定，自2016年起，论坛将每年在首脑会议前召开外交部长会议。

（五）经济部长会议

为协调和支持各成员的经济改革，从1997年起，论坛每年在首脑会议前召开经济部长会议。

（六）贸易部长会议

为协调和推动地区贸易自由化，从1999年起，论坛每年在首脑会议前召开贸易部长会议。

（七）论坛与日本领导人会议

论坛与日本领导人会议由日本倡议和推动，始于1997年，每三年举办一次，旨在密切日本与论坛国家关系。

五、发展成果

太平洋岛国论坛是表达太平洋岛国共同愿望、关切和建议的平台，始终是蓝色太平洋大陆人民的最强有力的政治代表。论坛支持自决和国家地位；在制定1982年《联合国海洋法公约》时主张太平洋利益；通过1985年《拉罗通加条约》建立太平洋无核区；积极建立海洋治理措施机构，以保护海洋及其资源的健康和复原力，成为公认的海洋治理领导者；设立专门负责渔业和环境的区域机构；通过2000年《比科塔瓦宣言》和2018年《博伊宣言》加强区域安全；支持全球气候变化倡议，最终确立太平洋岛国在有关气候变化的《巴黎协定》中的地位。

亚洲合作对话

一、组织概览

亚洲合作对话（Asia Cooperation Dialogue，ACD）由泰国发起，并于2002年6月在泰国建立，是一个面向全亚洲非正式和非制度化的自上而下的官方合作与对话机制，供亚洲各国外交部长定期就共同关心的问题交换意见。

（一）成员

亚洲合作对话的成员有中国、日本、韩国、蒙古国、俄罗斯、东盟十国（文莱、柬埔寨、印尼、老挝、马来西亚、缅甸、菲律宾、新加坡、泰国、越南）、印度、巴基斯坦、阿富汗、孟加拉国、斯里兰卡、不丹、尼泊尔、哈萨克斯坦、吉尔吉斯斯坦、塔吉克斯坦、乌兹别克斯坦、沙特、伊朗、土耳其、阿联酋、科威特、阿曼、卡塔尔、巴林、巴勒斯坦。泰国为永久协调国。

（二）宗旨和目标

亚洲合作对话通过发掘亚洲的共同优势和机遇，促进亚洲国家在各个合作领域的相互依存，减少亚洲人民的贫困和提高生活质量，同时在亚洲内部发展知识型社会，加强社区和人民赋权；扩大亚洲的贸易和金融市场，提高亚洲在全球市场上的经济竞争力；发挥亚洲潜力和优势，对现有合作框架进行补充，成为其他地区可行的合作伙伴；最终将亚洲大陆建成亚洲共同体，能够在更加平等的基础上与世界其他地区互动，为共同和平与繁荣作出更积极的贡献。

（三）通讯信息

秘书处设在科威特；电子邮箱：acd.secretariat@gmail.com；官网：http://www.acd-dialogue.org。

二、发展历程

2002年6月19日，亚洲合作对话第一次外长会议在泰国举行，代表们就亚洲合作及亚洲合作对话机制的未来发展广泛交换了意见，确定了对话机制的性质和任务。2004年6月22日，第三次外长会议在中国青岛举行，通过了进一步明确亚洲合作的原则、内容和方式的《亚洲合作宣言》，并就一系列能源合作重要问题达成共识，通过了《青岛倡议》。2008年10月16日，第七届亚洲合作对话部长级会议在哈萨克斯坦阿斯塔纳举行，通过了《阿斯塔纳宣言》。2009年10月15日，第八届亚洲合作对话部长级会议在斯里兰卡科伦坡举行，通过了《科伦坡宣言》。2010年11月8日，第九届亚洲合作对话部长级会议在伊朗德黑兰举行，通过了《德黑兰宣言——迈向亚洲团结》。2011年10月10日，第十届亚洲合作对话部长级会议在科威特国科威特城举行，通过了《科威特宣言——亚洲合作的更美好未来》。2012年3月29日，第十一届亚洲合作对话部长级会议在塔吉克斯坦杜尚别举行，通过了《杜尚别宣言——迈向经济增长》。2013年11月25日，第十二届亚洲合作对话部长级会议在巴林麦纳麦举行，通过了《麦纳麦宣言——促进亚洲内部旅游》。2016年3月9日，第十四届亚洲合作对话部长级会议在泰国曼谷举行，通过了《亚洲合作对话2030愿景》。2019年5月1日，第十六届亚洲合作对话部长级会议通过《多哈宣言》。2021年1月21日，亚洲合作对话第17次外长会视频会议举办，会议由土耳其外长查武什奥卢主持，亚洲合作对话30余个成员国的外长或代表出席。

三、主要功能

（一）对话层面

通过每年举行亚洲合作对话部长级会议，推动成员国讨论亚洲合作对话的发展、区域合作问题以及加强巩固亚洲团结的途径。在此期间，聚集各国外长在9月联合国大会期间举行会晤，通报亚洲合作对话项目的最新进展，就关注的国际问题进行建设性讨论，加强亚洲在国际舞台上的"声音"。

（二）项目层面

亚洲合作对话推动亚洲各国在能源、农业、生物技术、旅游、减贫、信息技术、电子教育与金融等20个领域开展合作。在具体实践中，各国自愿牵头开展具体领域合作，提出牵头领域合作的概念文件，主办相关合作项目。

（三）科研层面

通过建立亚洲合作对话智库研讨会以及一个由亚洲合作对话国家提名的学术机构、发展网络和研究小组组成的亚洲合作对话智库网络，组成亚洲合作对话学术机构，进行深入研究，支持亚洲合作对话的发展，并促进合作项目。

四、组织机构

亚洲合作对话形成了以领导人会议为核心，由外长会议、高级研究小组会和秘书处组成的整体架构，各级会议定期举行，在能源、农业、生物技术、旅游、文化等领域进行沟通合作。

（一）领导人会议

亚洲合作对话领导人会议自2012年10月开始举办，主要由成员国领导人就亚洲地区形势和泛亚合作问题进行相关讨论，扩大共识并促进合作。

（二）外长会议

亚洲合作对话外长会议于2002年6月开始举行，由各成员国的外长或代表参会，并根据当年议程进行协商讨论，交换意见。

（三）高级研究小组会议

高级研究小组于第六次外长会议被批准成立，旨在研究亚洲合作对话的目标、资金来源、建立秘书处和二轨参与等问题。2007年8月20—21日，小组首次会议在泰国曼谷举行。

（四）秘书处

秘书处是亚洲合作对话的行政机构。它是行政协调办公室，是亚洲合作对话内部以及亚洲合作对话与其他区域和国际机构之间的正式沟通渠道。秘书处作为协调中心筹备和组织亚洲协调会议的会议和活动，包括提供行政和技术支持，以及应要求编写和分发会议文件，并与相关区域或国际组织协调，就亚洲合作对话及其成员国关心的问题进行研究和编写文件，同时通过亚洲对话网站、其他媒体渠道和外联计划宣传亚洲合作对话的作用和活动。

五、发展成果

在20多年的发展过程中，亚洲合作对话不断吸纳新成员，逐步由东南亚地区向亚洲其他次区域地区拓展。目前，其成员国已经由最初的19个增至35个，成员国在政治制度、经济结构、历史文化等方面差异较大，既包含发达国家，又集聚了众多发展中国家，成员结构呈现多元化和多样性，机制影响力不断增强。

亚洲相互协作与信任措施会议

一、组织概览

亚洲相互协作与信任措施会议（Conference on Interaction and Confidence Building Measures in Asia，CICA）简称"亚信"，1992年10月5日成立，是促进亚洲和平、安全与稳定的多国合作论坛。会员国在重申对《联合国宪章》的承诺的同时，认为可以通过对话与合作实现亚洲的和平与安全，从而在亚洲建立一个共同不可分割的安全领域，使所有国家和平共处，各国人民生活在和平、自由与繁荣中。

（一）成员

亚信成员国有中国、阿富汗、阿塞拜疆、埃及、印度、伊朗、以色列、哈萨克斯坦、吉尔吉斯斯坦、蒙古国、巴基斯坦、巴勒斯坦、俄罗斯、塔吉克斯坦、土耳其、乌兹别克斯坦（以上为创始成员国）、泰国、韩国、约旦、阿联酋、越南、伊拉克、巴林、柬埔寨、卡塔尔、孟加拉国、科威特和斯里兰卡；观察员国有印度尼西亚、日本、老挝、马来西亚、菲律宾、乌克兰、美国、白俄罗斯、土库曼斯坦和沙特；观察员组织有联合国、欧洲安全与合作组织、国际移民组织、阿拉伯国家联盟和突厥语国家议会大会；合作伙伴组织有哈萨克斯坦人民大会、经济合作组织、上海合作组织、上海合作组织区域反恐机构、联合国毒品和犯罪问题办事处。

（二）宗旨和目标

亚信通过制定多边途径加强合作，促进亚洲的和平、安全与稳定；消除一切形式和表现的恐怖主义的威胁；打击毒品的非法生产和贩运；促进贸易和经济合作，促进亚洲的繁荣和稳定；在所有与环境有关的问题上进行合作；防止扩散并最终消除大规模毁灭性武器；制定解决人道主义问题的措施；促进不同文明之间相互尊重、理解和包容；促进成员国之间建立信任措施的执行。

（三）通讯信息

秘书处设在阿斯塔纳；地址：哈萨克斯坦阿斯塔纳曼吉利克耶尔大道55/20；电子邮箱：s-cica@s-cica.org；官网：https://www.s-cica.org。

二、发展历程

（一）酝酿筹备阶段（1992—1995年）

这一阶段的主要任务是促成会议的召开，在亚洲初步建立经济与安全合作的对话、协商机制，就亚信的理念与机制安排进行沟通协调，为进一步形成全亚洲性的合作体系奠定舆论和组织基础。

（二）建立体系阶段（1996—1998年）

这一阶段的主要任务是在亚信取得公认成果的基础上，进一步扩大成员和工作领域，当时机成熟时向全亚洲的安全与合作会议形式转变，建立起全亚洲大陆的安全与合作机制。

（三）发展欧亚间安全合作关系阶段（1999—2000年）

随着亚信机制的法律和制度的初步建立和亚洲安全与合作基础体系的确立与积极运作，在有关领域中与欧安会开展积极的接触，逐步明确、发展和巩固彼此间的合作关系，并在一些重要方面建立跨大陆性的合作机构。

（四）形成欧亚安全合作体系阶段（2001年至今）

亚信充分扩大与欧安会之间的积极合作，进而建立统一的欧亚安全合作体系，并以欧亚大陆为中心，寻求向全世界发展更加广泛的安全合作机制的可能性，在经济、军事等领域中确立洲际协调与合作机构，最后建立全球性的安全合作会议体系。

三、主要功能

亚信现已通过制定和实施军事政治、新威胁新挑战、经济、环境、人文等五大领域信任措施，加强成员国在安全、经济、社会和文化方面的交流与合作。

（一）经济领域合作

经济领域合作包括合作促进各种运输连接模式；合作发展安全有效的运输走廊系统；采取必要措施，确保亚信地区能源安全合作；扩大旅游领域的合作，交换有关信息，鼓励成员国旅游组织之间的联系；便利签证，以加强成员国之间的贸易和投资关系；为中小型企业提供营商机会；扩大投资机会与合作；鼓励通信和信息技术领域的合作；建立关于贸易和其他经济利益领域的共同数据库。

（二）环境领域合作

环境领域合作包括交流环境保护的政策措施；交流有利于可持续发展的政策措施；制定灾害管理系统、国家环境和灾害情况监测、发展预警系统、举行联合培训和搜救行动等领域的合作准则；制定和实施共同的环境保护方案；共享可能影响他国的自然灾害和工业灾害信息。

（三）人文领域合作

人文领域合作包括促进不同文明、文化和宗教之间的对话；通过文化活动促进亚信领域的文化交流与合作，加强对亚信地区人民和不同文化的认识和信息传播，鼓励包容和理解；促进人民之间的联系；发展有关科学合作、学生交流和联合活动的项目；组织联合考古发掘共同文化遗产；促进对基本权利和自由的尊重。

（四）应对新威胁和新挑战的合作

应对新威胁和新挑战的合作包括就成员国之间打击一切形式和表现的恐怖主义、分裂主义和极端主义组织等有组织犯罪的措施交换资料；成员国采取措施遏制偷渡、走私、非法移民、洗钱、非法武器贸易的跨境有组织犯罪；协助成员国有关部门建立和加强在打击经济犯罪和网络犯罪领域的合作与联系；交流经验，加强合作，应对新出现的传染病和流行病。

（五）军事政治层面合作

军事政治层面合作包括军事当局和国防院校代表的互访；武装部队相互邀请参加国家假日、文化和体育活动；关于高级军事人员简历的信息交换；交换关于它们加入或批准关于军备控制和裁军的多边文书以及外层空间公约的状况的信息。

四、组织机构

目前，亚信已建立国家元首和政府首脑理事会（峰会）、外交部长理事会、高级官员委员会会议、特别工作组会议等议事和决策机制。峰会和外长会议交错举行。举办峰会和外长会议的国家任主席国。亚信常设执行机构秘书处。

（一）主席国

主办国家元首和政府首脑理事会会议的成员国担任亚信主席国，直至下次外长会议结束。亚信主席国负责当前亚信活动的协调与沟通并主持亚信各项会议，就亚信活动进行协调和报告。

（二）国家元首和政府首脑理事会

国家元首和政府首脑理事会是亚信的最高理事机构，也称峰会。它确定亚信的优先事项，规定亚信的政策准则和方向，就有关实现亚信目标的关键问题做出决定，解决其内部机制和运作方面的关键问题，与其他国家及国际组织互动，审议成员国关心的重要国际问题。

（三）外交部长理事会

外交部长理事会负责执行峰会达成的决定和协定，审议当前活动以及高级官员委员会提交给它的所有问题，并在亚信内就国际问题进行协商。

（四）高级官员委员会

高级官员委员会是执行首脑会议和部长级会议的协定和决定的基本决策机构。它就有关发展国家投资、促进会议内部互动的关键问题，以及秘书处活动的行政和财务问题、特别工作组提交给它的所有问题做出决定。

（五）特别工作组

特别工作组对当前活动进行协调和管理，并审议、促进和监测与实现其目标有关的亚信活动所有领域的问题的进展情况。它还执行授权的任务，并向高级官员委员会提交报告。

（六）专家会议

专家会议根据《国际海关和边境管理公约》建立信任措施目录，拟订关于执行具体信任会议建立信任措施的概念文件和行动计划草案，并提交国家可持续发展委员会审议。

（七）秘书处

秘书处于2006年6月正式启动，原设在阿拉木图，后于2014年9月迁至哈萨克斯坦首都阿斯塔纳。秘书处长官为执行主任，由亚信主席国提名大使级外交官担任。秘书处经费来源为哈萨克斯坦政府拨款和成员国自愿捐款。

五、发展成果

亚信成立30多年来，顺应时代发展潮流，致力于增进各国互信和协作，维护地区安全稳定，成为亚洲覆盖范围最广、成员数量最多、最具包容性和代表性的安全论坛。作为泛亚洲安全论坛，亚信在核心理念与机制建设方面都具有独特的优势，能够在未来亚太安全体系中发挥更加重要的作用。

首先，亚信的多边安全机制包容开放，具有高度的包容性与代表性。亚信所秉持的安全理念使其能够最广泛地凝聚亚洲国家的安全共识，体现亚洲国家的安全需求，并且能够为解决区域内各种安全问题提供有效的协商对话平台。

其次，亚信能够满足亚洲国家的安全需求。在亚信架构内，各国在安全议题上可以通过灵活的机制性安排共同担负地区安全的义务，共享地区安全利益，满足各国的地区安全期望，承载各国合理的地区安全诉求。

最后，亚信能够为未来的亚洲安全架构提供框架基础。当前，亚信机制建设不仅满足了地区安全协商的现实需要，也为今后逐步升级发展铺平了道路，有条件为亚洲安全架构建设提供基础框架。

亚洲议会大会

一、组织概览

亚洲议会大会（Asian Parliamentary Assembly，APA）的前身为亚洲议会和平协会。亚洲议会大会于2006年11月在伊朗德黑兰成立，由亚洲和太平洋地区的主权国家议会组成。

（一）成员

亚洲议会大会成员国：阿富汗、阿塞拜疆、巴林、孟加拉国、不丹、柬埔寨、中国、塞浦路斯、朝鲜、印度、印度尼西亚、伊朗、伊拉克、约旦、哈萨克斯坦、基里巴斯、科威特、吉尔吉斯斯坦、老挝、黎巴嫩、马来西亚、马尔代夫、蒙古国、尼泊尔、巴基斯坦、巴勒斯坦、帕劳、菲律宾、卡塔尔、韩国、俄罗斯、沙特、新加坡、斯里兰卡、叙利亚、塔吉克斯坦、泰国、东帝汶、汤加、土耳其、阿联酋、乌兹别克斯坦、越南、也门；观察员国：澳大利亚、斐济、日本、马绍尔群岛、密克罗尼西亚联邦、瑙鲁、新西兰、阿曼、巴布亚新几内亚、萨摩亚、所罗门群岛、土库曼斯坦、图瓦卢、瓦努阿图；观察员组织：阿拉伯议会联盟、东盟各国议会联盟、东南亚国家联盟、欧洲委员会、伊卡普、欧亚经济共同体议会间大会、各国议会联盟、欧洲委员会议会、地中海议会、伊斯兰合作组织成员国议会联盟。

（二）宗旨和目标

亚洲议会大会的宗旨和目标是促进自由、正义、和平、安全和友谊，以实现大会的目标；在各成员之间分享获取最新知识的机会，推广这些知识，以促进成员的进步和平等；合作开发丰富的人力和自然资源，确保所有成员的利益并承认其自然资源的永久权利；为成员的健康和营养提供福利设施；促进亚洲各国之间利用该区域潜力的一体化。

（三）通讯信息

秘书处设在伊朗德黑兰；电子邮箱：Secretariat@asianparliament.org。

二、发展历程

1999年9月，亚洲议会和平协会在孟加拉国首都达卡成立。2004年11月，第五届年会前夕，菲律宾代表团提交了一份关于成立"亚洲议会大会"的可行性研究报告，建议在5年内将亚洲议会和平协会改造为亚洲议会大会。2005年4月5日，召开了亚洲议会和平协会高级顾问委员会首次会议。会议重点讨论了亚洲议会和平协会向亚洲议会大会过渡问题。2005年11月，第六届年会正式确认了高级顾问委员会专家小组制定的亚洲议会和平协会转变为亚洲议会大会"路线图"指导原则，即循序渐进和与亚洲经济政治一体化进程相适应，为亚洲议会和平协会未来发展定下基调。2006年11月，第七届年会通过了《德黑兰宣言》，同意将亚洲议会和平协会转变为亚洲议会大会，原则通过《亚洲议会大会章程（草案）》。2007年9月，亚洲议会大会执行理事会在德黑兰召开，会上讨论通过了《亚洲议会大会议事规则》《亚洲友好协定》等8个文件和倡议，并决定提交11月的年会通过。

三、主要功能

（一）政治功能

亚洲议会大会主张促进良好的治理，确保法治和司法赋权，鼓励良好的议会实践，共建友好、合作、繁荣的亚洲。

（二）社会和文化功能

亚洲议会大会鼓励促进亚洲文化多样性和保护文化遗产的措施，通过信息和通信技术实现亚洲一体化，促进宗教间对话，支持在打击亚洲文化物品走私方面的法律和立法合作。

（三）经济和可持续发展功能

亚洲议会大会主张建立亚洲能源市场，关注环境问题，确保经济增长，努力消除贫困。亚洲议会大会在支持可持续发展目标实施方面的作用不可小觑，制定了提供刺激绿色金融措施的路线图。

四、组织机构

亚洲议会大会的组织机构主要包括全体会议、执行理事会、大会主席团、常务委员会与其他委员会以及秘书处等。

（一）全体会议（年会）

全体会议是大会最重要的机构，由各成员议会提名的代表组成。这些代表由各自的国家议会选举产生，任期两年。全体会议每年至少举办一次年会，如遇到紧急情况，经任何一个成员议会提出，并经大多数成员议会的代表同意，可召开特别会议。全体会议可通过决定、决议和宣言，或就大会的基本政策和其他问题提交报告。

（二）执行理事会

执行理事会由各成员议会的一名代表组成。执行理事会每年至少召开两次会议。

（三）大会主席团

大会设一位主席、四位副主席和一位报告人，组成大会主席团。

（四）常务委员会与其他委员会

全体会议召开期间，设有政治委员会、经济和可持续发展委员会、文化和社会委员会三个常务委员会。此外，还可以针对不同问题成立小组委员会和专门委员会。

（五）秘书处

亚洲议会大会在伊朗德黑兰设有常设秘书处，每届大会的秘书处设在大会主席所在国。

五、发展成果

亚洲议会大会自2006年成立以来，致力于敦促和监督各国政府坚持和平发展道路，推动地区经济发展，深化各领域人文交流，共同促进亚洲的繁荣与进步，努力为各国人民谋取更多的福祉，已经成为本地区具有重要影响力的议会间组织。

亚太议会论坛

一、组织概览

亚太议会论坛（Asia Pacific Parliamentary Forum，APPF）是亚太地区具有重要影响的议会间组织。亚太议会论坛1993年1月在东京成立，由日本前首相中曾根康弘发起并担任主席。

（一）成员

亚太议会论坛的成员国有中国、日本、韩国、蒙古国、俄罗斯、柬埔寨、印度尼西亚、老挝、马来西亚、菲律宾、新加坡、泰国、越南、澳大利亚、密克罗尼西亚联邦、斐济、马绍尔群岛、新西兰、巴布亚新几内亚、加拿大、智利、哥伦比亚、哥斯达黎加、厄瓜多尔、墨西哥、秘鲁、美国；观察员国有文莱。

（二）宗旨和目标

亚太议会论坛的宗旨和目标是讨论共同关心和感兴趣的问题，加深各国议员之间的相互了解和信任，扩大共识，进一步促进亚太地区更广泛的合作。

（三）通讯信息

秘书处设在澳大利亚议会众议院事务部的国际和议会关系办公室；电子邮箱：appf@aph.gov.au。

二、发展历程

1993年，亚太议会论坛在日本东京举行首次会议，会议发表了《亚太议会论坛东京宣言》和关于柬埔寨问题的联合公报。在发表的东京宣言中，指出了亚太议会论坛的宗旨。1994年，在论坛第二届年会上通过的《马尼拉宣言》对论坛的程序问题做了规定。1995年，第三届年会就处理国际事务的指导性原则达成共识。1997年1月在论坛第五届年会上通过的《温哥华宣言》对论坛在21世纪的发展提出了展望，确立论坛此后应重点在政治与安全、经济、环境、法制建设、人权、教育和文化交流等六个领域加强合作，呼吁各成员国共同努力，把亚太地区建设成一个人民安居乐业、和平、安全、繁荣的共同大厦。2012年，年会表决通过了亚太议会论坛新规则。2016年1月20日，亚太议会论坛首次举行女性议员会议，讨论了妇女参与政治和公共事务的重要性。

三、主要功能

亚太议会论坛讨论共同关心和感兴趣的问题，加深各国议员之间的相互了解和信任，扩大共识，进一步促进亚太地区更广泛的合作。

四、组织机构

亚太议会论坛是一个松散的论坛，没有常设秘书处，相关工作由上届年会东道国和下届年会东道国共同承担。论坛由年会、论坛主席、执行委员会、工作小组和技术工作委员会等组成。

（一）年会

年会是论坛的最高决策机构，由各成员国议会派团或议员以个人名义参加，可邀请本地区其他国家议员以联系成员、观察员或由年会确定的其他合适身份与会。年会需经协商一致方式做出决定。年会每年举行一次，轮流在太平洋两岸举行。每届年会的东道国、日期和地点由上届年会决定，会期一般为四个工作日。年会的议题由执行委员会提出，交年会通过。

（二）论坛主席

论坛主席由年会选举产生，任期三年，可以连选连任。如果主席辞职、死亡或已不是议员，执行委员会应选举一位临时主席。自论坛成立后，主席一职一直由日本前首相中曾根康弘担任。2003年1月，由于中曾根康弘不再担任议员，在北京举行的论坛第十二届年会决定，此后的论坛主席由年会东道国议会领导人轮流担任，并决定中曾根康弘为论坛名誉主席。

（三）执行委员会

执行委员会是论坛的领导机构，主要职责包括：讨论决定年会的临时议程，并提交年会通过；讨论接纳新成员问题；讨论决定论坛的行政管理事务等。执行委员会成员应不超过9人，其中包括本届年会东道国和下届年会东道国的代表。为了体现地区代表的平衡原则，亚太地区分为东北亚、东南亚、大洋洲、美洲等4个次地区，各次地区选举两个国家进入执行委员会。执行委员会成员的任期为两年。

（四）工作小组

经执行委员会建议，论坛可设工作组负责审议年会授权审议的特别问题，或行使某项特别任务，如起草联合公报等。工作小组自行决定日程，对年会负责，并向年会报告工作情况。

（五）技术工作委员会

技术工作委员会由澳大利亚、日本、秘鲁和泰国等国组成，由秘鲁担任主席。其工作目标主要包括鼓励成员国议会建立网站，制定有关亚太议会论坛网站的规章制度，创建在线多语言环境等。

中国—阿拉伯国家合作论坛

一、组织概览

中国—阿拉伯国家合作论坛（China-Arab States Cooperation Forum）成立于2004年1月30日，简称"中阿合作论坛"。该组织是由中国与阿拉伯国家联盟共同成立的，旨在加强中阿双方的交流与合作、促进阿拉伯地区与世界的和平与发展。

（一）成员国

中阿合作论坛成员国包括中国和阿拉伯国家联盟22个成员（约旦、阿联酋、巴林、突尼斯、阿尔及利亚、吉布提、沙特、苏丹、索马里、伊拉克、阿曼、巴勒斯坦、卡塔尔、科摩罗、科威特、黎巴嫩、利比亚、埃及、摩洛哥、毛里塔尼亚、也门、叙利亚）。

（二）宗旨和目标

论坛致力于促进中阿双方相互理解和对话，在国际层面就共同关心的问题协调政策和立场；积极有效地相互配合以共同应对全球化问题；共同努力促进双方的可持续发展；加强经济、贸易、金融、教育、文化和人力资源开发、应用研究领域的合作，就环境和遗产保护进行协调；加强对话与合作，促进和平与发展。

（三）通讯信息

中阿合作论坛中方秘书处设在外交部西亚北非司；地址：北京市朝阳区朝阳门南大街2号；官网：http://www.chinaarabcf.org/chn。

二、发展历程

（一）酝酿期（1993—2003年）

中阿合作论坛的成立经历了十年的酝酿。1993年5月，《中国政府和阿盟关于设立阿盟代表处的协定》签署。1998年9月，阿盟部长级理事会第110届会议通过加强对华关系决议。1999年9月，在中国—阿拉伯研讨会开幕式上，阿盟秘书长马吉德首次提出了建立中阿合作论坛的设想。2000年3月，阿盟第113次外长理事会通过了第5972号决议，进一步明确了成立"中阿合作论坛"的倡议。2001年5月，阿盟秘书长阿姆鲁·马哈茂德·穆萨要求开罗大学政治经济学院亚洲研究中心对成立论坛这一构想进行研究并最终制定了成立论坛的草案。2003年8月，中方在阿方草案基础上拟订了《中国—阿拉伯国家合作宣言》和《中国—阿拉伯国家合作论坛行动计划》两份文件草案，递交阿盟秘书处。

（二）中阿新型平等全面合作伙伴时期（2004—2007年）

2004年1月30日，李肇星外长与穆萨秘书长共同宣布成立中阿合作论坛。2004年9月14日，中阿双方签署了《中国—阿拉伯国家合作论坛宣言》和《中国—阿拉伯国家合作论坛行动计划》两个文件，以此规定了中阿合作的原则基础、宗旨目标，并构建了中阿合作论坛的基本框架机制，制定了中阿双方开展各领域合作的行动纲领，由此标志着中阿合作论坛正式启动。

2006年5月31日至6月1日在北京举行的中阿合作论坛第二届部长级会议，深化中阿双方在各个领域的合作，双方签署了《关于举办"中国—阿拉伯合作论坛企业家大会"谅解备忘录》《中国政府和阿盟环境保护合作联合公报》以扩展合作领域。

（三）中阿战略合作关系时期（2008—2017年）

2008年5月21—22日第三届部长级会议在巴林举行。会议通过了《中国政府和阿盟环境保护合作联合公报》《阿盟秘书处与中国国际贸易促进委员会关于投资研讨会机制的谅解备忘录》等文件，以加强合作应对世界变化，为中阿战略合作关系奠定基础。2010年5月13—14日，第四届部长级会议在天津举行。会议签署并发表了《中国—阿拉伯国家合作论坛关于中阿双方建立战略合作关系的天津宣言》，标志着以中阿合作论坛为合作机制的中阿关系上升至战略合作关系。2014年6月5日，第六届部长级会议在北京举行。中阿双方在中阿合作论坛建成十年的关口上，签署并发表了《中国—阿拉伯国家合作论坛第六届部长级会议北京宣言》，双方一致决定进一步深化"全面合作、共同发展"的战略合作关系。

（四）中阿共建"一带一路"时期（2018年至今）

2018年7月10日，第八届部长级会议在北京召开，会议签署并发表了《中国和阿拉伯国家合作共建"一带一路"行动宣言》。这标志着中阿双方将共建"一带一路"作为建成全面合作、共同发展、面向未来的中阿战略伙伴关系的重要依托。2020年7月6日，受新冠疫情的影响，第九届部长级会议以视频方式举行，会后发表了《中国和阿拉伯国家团结抗击新冠肺炎疫情联合声明》。

三、主要功能

（一）政治交往功能

在中阿合作论坛框架下，中阿双方政治交流访问次数增加，尤其是高层交往不断推动着中阿关系向更高的方向不断前进。中阿高层交往逐渐常态化，且频率不断增加，大大加深了彼此间的政治互信。

（二）经济合作功能

中阿合作论坛是中阿经济互补发展的合作平台。中阿合作论坛自成立以来就经济发展议题陆续成立诸如企业家大会、专题经贸研讨会、能源合作大会等经济合作框架，为中阿双方的经济主体搭建了经贸合作的平台。同时，中阿经济关系自论坛成立后就进入高速发展期，并且在2008年经济危机中同舟共济，表现出强劲的经济韧性。

（三）人文交流功能

中阿合作论坛为中华文明和伊斯兰文明提供了交流平台。中阿合作论坛成立以来，中阿双方不断就教育、新闻、文化、艺术、民间交往等方面展开深度高频交流，陆续创办中阿关系暨中阿文明对话研讨会、高教与科研合作研讨会、新闻合作论坛、中国和阿拉伯国家友好大会等交流合作机制。

（四）国际事务合作功能

长期以来，中国同阿拉伯国家在重大国际和地区问题上保持密切合作，共同致力于维护世界的和平与稳定。在涉及核心利益的重大问题上，中阿双方彼此关切、相互支持和配合。

四、组织机构

中阿合作论坛机构主要由部长级会议、高官委员会、联络组、其他各类合作机制组成。

（一）部长级会议

部长级会议是中阿合作论坛框架下最高级别的会议和机制。该会议每两年在中国或阿盟总部或任何一个阿拉伯国家轮流举行，由中阿各国外长以及阿盟秘书长参加。会议内容主要是：讨论中国与阿拉伯国家在政治、经济、安全等领域的合作；回顾论坛行动计划执行情况并制订新计划；就共同关心的地区和国际问题交换意见。

（二）高官委员会

高官委员会是中阿合作论坛的执行机制，主要负责筹备部长级会议，并落实部长级会议的决议和决定。高官委员会每年举行一次会议，必要时经双方同意可随时开会。中阿双方会利用这一场合就共同关心的重大国际和地区问题进行集体政治磋商，协调立场。

（三）联络组

联络组负责双方的联络并落实部长级会议和高官委员会的决议。中国驻埃及大使馆为中方联络组，阿拉伯驻华使节委员会和阿盟驻华代表处为阿方联络方，论坛中方秘书处办公室设在中国外交部西亚北非司。

（四）其他各类合作机制

随着机制化建设不断完善，论坛在其他各类合作机制方面逐步形成了涵盖经贸能源、人文交流、可持续发展等多个领域的机制合作体系。

1. 经贸能源类合作机制

企业家大会是在论坛框架下召开的企业界盛会。该机制为中阿双方在深刻变化的国际形势和深入发展的全球化大环境下，积极应对和平与发展挑战，发挥互补优势、调动彼此企业积极性，进一步拓展双方经贸领域各项合作提供了大平台，对中阿经贸关系的全面发展起到了卓有成效的推动作用。

专题经贸研讨会是论坛框架下就中阿双方各类经贸合作议题进行讨论的专题研讨会，旨在加强双方经贸合作的针对性和有效性，为中阿双方集中讨论某一领域的合作项目及寻求多边合作提供重要机会。

能源合作大会是论坛框架下能源领域的重要会议。该机制由中国国家能源局和阿盟共同主办，中阿能源合作大会为中阿双方在新时期拓展互利合作、实现优势互补提供了一个多边合作平台，在加强中阿能源合作、促进双方可持续发展事业上发挥了积极作用。

2. 人文交流类合作机制

中阿关系暨中阿文明对话研讨会是中阿双方积极倡导维护文明的多样性和发展模式的多样化，致力于增进中华文明与伊斯兰文明相互了解和相互借鉴，为构建和谐世界贡献力量的合作机制。

中阿互办艺术节是论坛框架下文化活动的主要内容，现已实现机制化，每隔两年分别在中国和阿拉伯国家轮流举办一次，为拉近中阿双方人民之间的距离，增进双方人民之间的相互了解和友好往来提供了渠道和资源。

高教与科研合作研讨会是论坛框架下人文交流中关于教育合作的一个新亮点，搭建了中阿教育合作的平台，为中国和阿拉伯国家的高校、科研领域的专家提供了交流的机会，为健全中阿高教合作机制、加强科研交流、促进共同发展开辟了一条新渠道。

中国和阿拉伯国家友好大会是论坛框架下中阿民间文化交流的重要组成部分。民间文化交流是中国同阿拉伯国家政府间合作的重要辅助渠道，在动员中阿民间友好力量、增进中阿传统友谊、促进新时期中阿互利合作方面发挥着不可替代的重要作用。

3. 可持续发展类合作机制

环境保护合作机制是论坛框架下中阿双方为增进保护环境领域的合作、促进实现可持续发展而建立的机制，双方可以凭借这一机制在环境保护方面相互借鉴经验、寻求潜在合作、实现共同发展。

论坛框架下的人力资源培训合作机制主要通过举办各类官员研修班和技术培训班加强人才培养的经验交流，提高人才培训的工作水平，增进友谊，不断拓宽、深化在各个领域的交流与合作。

五、发展成果

在组织机构方面，中阿合作论坛合作机构体系在发展过程中不断丰富完善，涉及政府会议、企业经贸往来、能源合作、文明交流、传媒合作、环保合作、民间交往等多个方面，组织机构趋于职能专门化，形成了一套多层次，多领域的合作机构。

在组织框架下具体开展了涉及各个领域的合作，本书仅列举部分代表性成就。在教育合作上，2017年上海外国语大学承办了中阿改革发展研究中心，以此向阿拉伯国家分享中国经济改革和政治治理的经验。在科技共享上，2017年首届中阿北斗合作论坛在上海召开，旨在使中阿在卫星导航合作上机制化，推动北斗系统更加惠及阿拉伯国家。在文明对话上，自2005年起，坚持每两年召开一届中阿关系暨中阿文明对话研讨会。在经贸投资上，2019年召开的第九届中阿企业家大会暨投资研讨会表明中阿在能源合作方面越来越紧密，产能合作深入各个领域，双方经贸投资额稳步增加，基础设施建设加快推进。在民间交流上，召开中国—阿拉伯国家妇女论坛和中国阿拉伯友好大会以带动民间合作，助力中阿共建"一带一路"。

中阿合作论坛组织生命力旺盛，两年召开一届部长级会议，每年中阿双方都依托中阿合作论坛开展合作交流活动，即使在新冠疫情期间，中阿合作论坛第九届部长级会议仍以视频连线方式举行。

中日韩合作

一、组织概览

中日韩合作（Trilateral Cooperation among the People's Republic of China, Japan and the Republic of Korea）是中国、日本和韩国三国政府建立的次区域合作组织。1999年11月，东盟与中日韩（10+3）领导人会议举行，中国国务院总理朱镕基、日本首相小渊惠三、韩国总统金大中在出席会议期间举行早餐会，在"10+3"框架内启动三方合作。2008年12月13日，三国首次在"10+3"框架外举行中日韩领导人会议。

二、发展历程

2003年，中日韩三国领导人共同签署并首次合作发表《中日韩推进三国合作联合宣言》，初步明确了合作的原则和领域，并决定成立三方委员会协调三国合作，三国合作进入新阶段。2004年，第六次中日韩领导人会晤通过《中日韩三国合作行动战略》，为全面推进各领域合作做出了具体规划。2007年11月，第八次中日韩领导人会晤在新加坡举行，原则上同意在三国不定期轮流召开三国领导人会议。2008年，首次"10+3"框架外的中日韩领导人会议上，三国领导人签署《三国伙伴关系联合声明》，通过了《国际金融和经济问题的联合声明》《三国灾害管理联合声明》和《推动中日韩三国合作行动计划》。2009年10月10日，第二次中日韩领导人会议在北京举行，发表《中日韩合作十周年联合声明》，通过《中日韩可持续发展联合声明》。2010年5月29—30日，第三次中日韩领导人会议在韩国济州岛举行，发表《2020中日韩合作展望》《中日韩加强科技与创新合作联合声明》和《中日韩标准化合作联合声明》。2011年5月21—22日，第四次中日韩领导人会议在日本东京举行，发表了领导人宣言以及灾害管理、核安全、可再生能源和能效合作三个文件。2012年5月13—14日，第五次中日韩领导人会议在北京举行，发表了《关于提升全方位合作伙伴关系的联合宣言》《关于加强农业合作的联合声明》和《关于森林可持续经营、荒漠化防治和野生动物保护合作的联合声明》。2019年12月24日，第八次中日韩领导人会议在四川省成都市举行，会后发表《中日韩合作未来十年展望》，通过"中日韩+X"早期收获项目清单等成果文件。2022年11月12日，第25次东盟与中日韩领导人会议在柬埔寨首都金边举行。东盟国家及中日韩三国领导人共同出席，柬埔寨首相洪森主持会议。2023年7月3日，中日韩合作国际论坛成功举办，以"重振后疫情时代的中日韩合作：战略沟通、经贸联通、民心相通"为主题。

三、主要功能

（一）政治功能

中日韩合作为三国提供了政治对话平台，在互惠互利的原则下，召开领导人峰会，推进中日韩伙伴关系，就共同关心的区域和国际问题交换意见，推进三国在各领域的广泛务实合作，维护地区和平稳定。

（二）经济功能

除政治功能，中日韩合作将经济合作看作重要领域，通过签署《国际金融问题和经济问题的联合声明》、自由贸易区协议等文件，推动三国之间的经济合作和贸易往来，在金融货币、能源贸易等领域建立信赖关系，促进东北亚区域经济一体化。

（三）其他功能

除政治、经济等主要领域，中日韩合作还涵盖了其他领域的广泛议题。相关文件的签署为中日韩三国在社会、环境和科技等领域的合作提供了指导，推动三国由官方到民间、多层次、宽领域的沟通合作。

四、组织机构

中日韩合作是中日韩三国合作的重要机制，已经建立以领导人会议为核心，涵盖部长级会议、高官会议、秘书处以及70多个工作层交流合作平台的组织机构。

（一）领导人会议

领导人会议机制1999年确立，是中日韩合作最高机制，旨在引领三国合作的方向、制定合作的规划、协调合作的争端，对三国合作与发展进行宏观指导，会议的顺利与否也成为三国关系和合作的风向标。

（二）部长级会议

部长级会议机制2007年建立，主要就中日韩合作、领导人会议及共同关心的地区和国际重大问题交换意见，在外交、人力资源、信息通信、经贸和文化等领域建立了20多个部长级会议机制。

（三）高官会议

高官会议机制主要负责相关政策沟通。

（四）秘书处

2011年9月1日，中日韩合作秘书处在韩国首尔正式运行，旨在支持中日韩合作和友好交流，为领导人会议、部长级会议等磋商机制提供行政和技术支持，同三方及其他国际组织沟通协调，探讨并确定三国合作项目，评估研究合作项目并起草年度进展报告。

五、发展成果

（一）经贸合作

自中日韩合作机制形成以来，三国围绕经济议题展开了诸多交流合作，其中最具代表性的为逐步推动建立中日韩自由贸易区。该构想最初源于1998年韩国总统金大中在东盟与中日韩会议上的主张，自此，三国政府、商界和学界共同展开了联合研究，并在历次领导人会议、经贸部长会议中就有关问题进行磋商，以扩大共同利益。

（二）政治对话

中日韩合作是三国政府自上而下进行沟通对话、协商谈判和统筹规划的合作机制。自1999年启动以来，中日韩领导人会议通过发表多个文件为三国合作提供指导，有效改善推进三国伙伴关系，推动三方在多领域的务实合作。

（三）其他领域合作

中日韩合作机制已逐步将合作领域拓展至社会、卫生和能源等诸多领域。例如，2021年6月11日，中日韩合作秘书处举办论坛，探讨老龄化时代企业的角色及市场潜力；2020年10月29日，中日韩合作秘书处举办"新冠疫情背景下面向未来的中日韩及东亚合作展望"对话会，呼吁中日韩三国积极分享抗疫经验，保持密切沟通与合作；2019年12月23日，中日韩经贸部长会议就三国互联互通和能源合作展开对话并达成诸多共识，一定程度上反映出中日韩合作机制的有效性和协调性。

（四）国际影响

鉴于中国、日本和韩国独特的地缘位置和显著的政治经济地位，中日韩合作不仅深刻影响着东北亚地区事务，而且在东亚地区乃至全球格局中占有重要地位。中日韩合作机制的顺利开展已成为影响世界区域合作多极化和经济一体化的重要因素，引发世界各国的广泛关注。

中亚区域经济合作

一、组织概览

中亚区域经济合作（Central Asia Regional Economic Cooperation Program，CAREC）是1996年由亚洲开发银行在中亚、南亚、外高加索地区国家间发起成立的区域性合作机制，旨在推动区域经济合作。中亚区域经济合作出资方包括亚洲开发银行、世界银行、联合国开发计划署、国际货币基金组织、欧洲复兴开发银行及伊斯兰开发银行。

（一）成员国

中亚区域经济合作的成员国包括中国、阿富汗、阿塞拜疆、哈萨克斯坦、吉尔吉斯斯坦、蒙古国、巴基斯坦、塔吉克斯坦、土库曼斯坦、乌兹别克斯坦和格鲁吉亚。

（二）宗旨和目标

中亚区域经济合作的宗旨和目标是以合作谋发展，通过开展交通、能源、贸易政策、贸易便利化四大重点领域合作，促进成员国经济发展和民生改善。

（三）通讯信息

秘书处为亚洲开发银行；地址：6 ADB Avenue, Mandaluyong City, Metro Manila 1550, Philippines；官网：https://www.carecprogram.org。

二、发展历程

自成立以来，中亚区域经济合作取得了一系列成果。2002年3月25日，第一届部长级会议通过《中亚区域经济合作部长级声明》，确定部长级会议、高官会、行业部门协调委员会会议等三级合作机制，提出以贸易便利化、交通、能源与人力资源开发为区域合作重点的目标，成立中亚海关合作协调委员会并将尽快建立交通和能源部门协调委员会。2006年10月18日，第五届部长级会议通过《乌鲁木齐宣言》，批准中亚区域经济合作综合行动计划。2008年11月19日，第七届部长级会议是中亚区域经济合作计划转折点。随着重要的战略文件的实施，中亚区域经济合作计划正式进入实施阶段。2011年11月23日，第十届部长级会议批准《中亚区域经济合作2020战略》。2014年11月6日，第十三届部长级会议上各国一致支持阿拉木图—比什凯克走廊倡议，该倡议是中亚地区城市层面合作的首例。2017年10月27日，第十六届部长级会议通过《杜尚别宣言》，讨论了中亚区域经济合作2030新战略框架，同时审议了该组织在2030年全球发展议程中的作用。2021年11月7日，第二十届部长级会议强调了数字经济的潜力以及在加强区域合作方面的经济红利，审议了2030年卫生战略和2030年数字战略。2022年11月24日，第二十一届部长级会议主题为"振兴区域合作，实现绿色、可持续及包容性复苏"，批准了《中亚区域经济合作后疫情时代绿色、可持续及包容性复苏框架》等多项成果。

三、主要功能

中亚区域经济合作通过提供项目资金、战略和技术咨询，推动中亚地区交通、能源、贸易政策、贸易便利化四大重点领域合作，促进该区域经济发展，改善人民福祉。

四、组织机构

中亚区域经济合作设有部长会议、高官会议、行业协调委员会、专门工作组四大工作机制。部长会议是高级别战略制定和政策机构，提供整体战略指导，并作为讨论和辩论具有区域相关性的重要政策和战略问题的平台。部长会议每年举行一次，负责整体规划的国家机构部长出席会议。高官会议是运营机制，监测集群和部门层面的进展，并被赋予考虑和批准复杂的多国和多部门项目的权力，确保有效实施部长会议制定的政策和战略决策。高官会议每年召开一次，由相关机构负责整体规划或财务的高级官员组成。

五、发展成果

截至2017年，中亚区域经济合作建设、升级或改造的高速公路和国道9964公里，改善铁路3433公里，建成新铁路1995公里，提前完成2020年目标；建成新港口阿克套港，土库曼巴希港口正在建设中；制定道路安全战略，并对道路资产进行检测及评估，促进了该地区交通的长期发展。截至2020年12月，中亚区域经济合作已筹集400亿美元的投资，在构建交通网络、促进能源贸易和加快劳动力自由流动等方面取得了不错的成效，为经济走廊发展奠定了基础。

二、欧洲区域组织

波罗的海国家理事会

一、组织概览

波罗的海国家理事会（Council of the Baltic Sea States，CBSS）1992年3月5日成立，是由波罗的海沿岸的丹麦、爱沙尼亚、芬兰、德国、拉脱维亚、立陶宛、挪威、波兰、瑞典、冰岛和欧洲委员会组成的，总人口3亿多的一个范围较大的区域性组织。

（一）成员

波罗的海国家理事会有11个成员：丹麦、爱沙尼亚、芬兰、德国、拉脱维亚、立陶宛、挪威、波兰、冰岛、瑞典以及欧盟。

（二）宗旨和目标

波罗的海国家理事会的宗旨和目标是扩大和加强波罗的海地区国家间合作；协调有关波罗的海合作的倡议，作为交流思想和观念、进行对话的平台；在波罗的海区域实现真正的民主发展；在成员之间实现更大的团结，确保有利的经济发展。

（三）通讯信息

秘书处位于瑞典的斯德哥尔摩；地址：Momma Reenstiernas Palats, Wollmar Yxkullsgatan 23, 118 50 Stockholm, Sweden；电子邮箱：cbss@cbss.org；官网：http://www.cbss.org。

二、组织机构

波罗的海国家理事会的组织机构主要包括高级官员委员会、理事会、秘书处、组织专员和国际秘书处。

（一）高级官员委员会

高级官员委员会由成员国的外交部和欧洲委员会的高级代表组成。委员会在闭会期间进行讨论和筹备工作，它是讨论与理事会工作有关的实际问题和其他问题的论坛。

（二）理事会

理事会由各成员国的外交部长和欧盟的一名成员组成。理事会主席一职每年轮换一次。理事会是在成员国之间进行全面协调的论坛。

（三）秘书处

秘书处为工作机构提供技术组织支援；确保组织活动的连续性和促进协调；推进组织的公共关系策略；建立和维护理事会的档案和信息数据库；与波罗的海区域内及周边地区的其他组织、国家当局和新闻界保持联系。

（四）组织专员

组织专员的任务是促进和巩固成员在尊重人权的基础上的民主发展。专员独立行事，可在其职权范围内提供主题建议、组织研讨会。

（五）国际秘书处

国际秘书处为外界提供组织框架内非限制性文件；促进在波罗的海区域内活跃或感兴趣的各种行为体之间建立直接的信息和商业联系；通过确定或揭示合作方面可能重叠的领域，加强中央统计局内部的整体协调。

三、发展成果

 波罗的海国家理事会在制定地区发展战略、促进技术合作、建立公民社会网络、开展经济贸易发展论坛等方面取得了一定成就。2005年由波罗的海地区的欧盟议员向欧盟委员会提出欧盟对波罗的海的地区战略，倡议重点优化波罗的海区域的经济增长和潜力。它还设立了欧洲学院，作为包含11个主权国家之间复杂的合作网络，在科技与教学研究领域促进合作。它时常召开经济和贸易理事会部长会议，集中讨论区域经济合作的若干重要议题。

欧洲安全与合作组织

一、组织概览

欧洲安全与合作组织（Organization for Security and Co-operation in Europe，OSCE）简称"欧安组织"，前身是欧洲安全与合作会议。该会议是冷战时期东西方联系的桥梁和安全沟通的平台，1995年更名为欧洲安全与合作组织。所有成员国享有平等地位，在政治上不具有法律约束力的基础上以协商一致方式做出决定。欧安组织是世界上唯一一个包括所有欧洲国家在内的机构。其秘书处位于奥地利首都维也纳。

（一）成员国

该组织由57个成员国组成，包括阿尔巴尼亚、白俄罗斯、比利时、丹麦、爱沙尼亚、法国、德国、希腊、哈萨克斯坦、拉脱维亚等。

（二）宗旨和目标

欧安组织成立之初，旨在从法律上确认第二次世界大战以后的欧洲边界，排挤美国在西欧的势力，引进西方资金和技术。欧安组织的发展目标是促进欧洲地区的民主，尊重人权和少数民族利益，建设法治国家，防止地区冲突，在欧洲重建和平和稳定。

二、发展历程

（一）建立安全机制（1972—1991年）

1972年美苏达成召开欧洲安全与合作会议的共识，1975年8月1日，欧安会成员国讨论通过了《赫尔辛基最后文件》，确定了欧安会的目标和原则。随后，欧安会的发展伴随美苏两大集团在人权、裁军等方面严重对立而陷入困境。20世纪80年代后半期由于美苏关系的缓和，欧安会继续推进，达成《维也纳最后文件》等。欧安组织在冷战结束前建立相应安全机制，成为冷战期间美苏两大集团沟通协商的平台。

（二）转型与扩展（1992—1999年）

冷战结束后，欧洲地缘格局发生重大变化，欧安组织（欧安会）在这一时期加快了制度建设和转型升级。其安全机制进一步发展，职能扩展至人权、环境、文化等板块。欧安组织的成员国也不断增加，同时发展了与其他地区的合作关系。

（三）面临多重挑战（2000年以来）

进入21世纪以来，欧安组织的关注点从传统安全领域转移至恐怖主义等非传统安全领域。但由于欧美国家与俄罗斯之间相互博弈，欧安组织的职能不断调整，欧安组织的发展呈现明显的矛盾性，作用范围无法明确。虽然欧安组织在处理欧洲地区安全问题上仍占据重要地位，但相较于欧盟、北约，其作用不断削减，逐渐被边缘化。

三、主要功能

欧安组织处理广泛的安全问题，包括军备控制、建立信任和安全措施、人权、少数民族、民主化、警务战略、反恐等。

（一）安全领域

1. 军备控制

欧安组织制定的一套建立信任和安全的全面措施是该组织安全合作方针的基础。欧安组织与各成员国政府和国际组织合作，采取实地行动，包括加强小武器、轻型武器和常规弹药储存管理，支持国家小武器管制机制，协助修复受炸药污染的区域等。

2. 边境管理

欧安组织通过实地行动支持有效的边界管理，包括维持边境稳定，支持边境双边警察之间进行合作和信息共享，为海军、边境安全人员、航空和机场安全人员举办培训和讲习班，为预防和应对边境事件提供技术咨询和协助等。

3. 预防和解决冲突

欧安组织会加强当地行为者的建设能力，以减少冲突的潜在驱动因素和根源；促进政府和公民之间的交流，尽可能在早期应对冲突风险；监测欧安组织成员国的安全情况等。

（二）经济活动

欧安组织的任务也包括提高治理水平和反腐败，反洗钱和打击恐怖主义融资，促进运输、贸易和边境国境便利化，支持劳工移徙等。

（三）社会与民主

欧安组织也在帮助其成员国建立和巩固民主体制，帮助政府变得更富于反应能力、更负责任和更有凝聚力。相关活动包括开展信息公开，提高认知和推广活动；与政府机构和民间社会组织合作开展能力建设；支持议会机构监督安全部门等。

四、组织机构

欧安组织的组织机构主要分为决策机构和执行机构两部分。

（一）决策机构

欧安组织的决策机构包括议会、首脑会议、部长理事会、安全合作论坛、轮值主席。

欧安组织议会由来自57个国家的300多名议员组成，为欧安组织相关工作提供议会意见，并促进议员之间的合作。

欧安组织成员国的国家元首或政府首脑每2年或3年召开一次首脑会议，在最高的政治层面上确定不同的规定，做出决定。

部长级理事会是欧安组织的中央决策和管理机构，其成员是欧安组织成员国的外交部长。

常设理事会是欧安组织进行政治对话和决策制定的机构，每周在维也纳开会，其成员是各成员国的常驻代表。

安全合作论坛是自主决策机构，参加国代表每周开会，就军事稳定和安全问题进行讨论。

（二）执行机构

成员国轮流担任欧安组织主席，担任欧安组织主席的成员国的外交部长担任轮值主席。欧安组织主席负责协调决策并确定优先事项。

秘书长由部长理事会选举产生，任期3年。民主机构和人权办公室的任务是促进民主选举和尊重人权。自由媒体代表关注所有欧安组织成员国的媒体发展情况，并就侵犯言论自由和媒体自由的行为进行预警。少数民族高级专员提供预警和采取适当的早期行动，防止种族冲突进一步发展。

五、发展成果

截至2020年，欧安组织成员国增加至57个，是世界上最大的区域性组织，在亚洲和非洲各有6个合作伙伴国。

欧安组织在促进欧洲地区的民主、支持成员国在法治基础上发展、重建欧洲的和平与稳定方面发挥了重要作用。

欧洲联盟

一、组织概览

欧洲联盟（European Union，EU）简称"欧盟"，是由创始于20世纪50年代的欧洲共同体演变而来的跨越西欧、北欧、南欧的政治经济军事一体化组织。欧盟在经济贸易、司法合作、外交安全等领域的合作不断取得积极进展，成为世界上地区一体化程度最高的国家集团。

（一）成员国

欧盟有27个成员国：奥地利、比利时、保加利亚、塞浦路斯、捷克、克罗地亚、丹麦、爱沙尼亚、芬兰、法国、德国、希腊、匈牙利、爱尔兰、意大利、拉脱维亚、罗马尼亚、立陶宛、卢森堡、马耳他、荷兰、波兰、葡萄牙、斯洛伐克、斯洛文尼亚、西班牙、瑞典。

（二）宗旨和目标

欧盟旨在通过建立无内部边界的空间，加强经济、社会的协调发展和建立最终实行统一货币的经济货币联盟，促进成员国经济和社会的均衡发展，促进和平，追求公民富裕生活，实现社会经济可持续发展，确保基本价值观，加强国际合作。

（三）通讯信息

总部设在比利时首都布鲁塞尔；地址：Rue de la Loi 200, B-1049 Brussels；官网：http://europa.eu。

二、发展历程

（一）构想提出和准备阶段

1946年9月，英国首相丘吉尔提出建立"欧洲合众国"的声音。1950年5月9日，法国外长罗贝尔·舒曼提议建立欧洲煤钢联营。在得到各国积极响应后，1951年4月18日，法国、联邦德国、意大利、荷兰、比利时和卢森堡在巴黎签订建立欧洲煤钢共同体的条约（即《巴黎条约》）。1952年7月25日，欧洲煤钢共同体正式成立。

（二）条约签订和组织规模扩大阶段

1957年3月25日，欧洲经济共同体条约和欧洲原子能共同体条约签订，统称《罗马条约》。1965年4月8日，《布鲁塞尔条约》签订，决定将三个共同体的机构合并，统称"欧洲共同体"。1967年7月1日，欧洲共同体（欧共体）正式成立，随后不断扩员。

1991年12月11日，欧共体马斯特里赫特首脑会议通过了以建立欧洲经济货币联盟和欧洲政治联盟为目标的《欧洲联盟条约》，亦称《马斯特里赫特条约》。1993年11月1日，欧共体更名为欧盟。这标志着欧共体从经济实体向经济政治实体过渡。

在数次扩员后，欧盟成员国从15个增加到27个，成为世界上经济实力最强、一体化发展水平最高的国家联盟。

（三）英国脱离欧盟后

2016年6月，英国全民公投决定"脱欧"。2017年3月16日，英国女王伊丽莎白二世批准"脱欧"法案。2020年1月30日，欧盟正式批准了英国"脱欧"。英国"脱欧"使欧盟失去了一个重要伙伴，极大地打击了成员国深化一体化的士气和凝聚力，动摇着后入盟国家和弱势边缘国家的信心，也挫伤了候选国加入欧盟的期盼和积极性。

三、主要功能

（一）经济贸易领域

欧盟通过经济一体化促进了欧洲地区经济的进一步繁荣。欧盟的诞生使欧洲的商品、劳务、人员、资本自由流通，推动欧洲的经济增长速度快速提高。欧盟增强了经济贸易领域的专业化分工，实现规模经济，使欧盟企业在国际市场上能够更有效地竞争。

（二）安全政治领域

欧盟在欧洲安全体系中占据举足轻重的地位。欧盟提出发展"欧洲安全战略"，明确对欧盟安全构成威胁的地区及国家因素，具体划分应对威胁的政策和战略目标。欧盟加强共同外交与安全政策，形成一个具备实力的可靠的国际行为体。

四、组织机构

欧盟的组织机构主要包括欧盟委员会、欧洲理事会、欧洲议会和欧盟理事会等。

（一）欧盟委员会

欧盟委员会是欧盟的立法建议与执行机构，主要任务是建议法律文件及贯彻执行各项法律文件。

（二）欧洲理事会

欧洲理事会是欧盟最高决策机构，成员为欧盟国家元首或政府首脑、欧洲理事会主席和欧盟委员会主席。

（三）欧洲议会

欧洲议会是欧盟的监督、咨询和立法机构，成员为欧洲议会议员。

（四）欧盟理事会

欧盟理事会是欧盟的立法与政策制定、协调机构，成员为欧盟各国政府部长。它的主要任务是与欧洲议会共同立法、共同批准欧盟预算，制定安全外交政策，协调总体经济政策。

（五）其他机构

欧盟还设有对外行动署、欧洲法院、地区委员会、欧洲煤钢共同体咨询委员会、欧洲统计局、欧洲审计院、经济和社会委员会、欧洲中央银行、欧洲投资银行、欧洲复兴开发银行等外围组织。

五、发展成果

欧盟给欧洲带来了半个多世纪的和平、稳定和繁荣，帮助提高了人们的生活水平，取消了欧盟国家之间的边境管制。欧盟使大多数商品、服务、资金和人员能够在欧盟成员国自由流动。

欧盟专注于使其管理机构更加透明和民主。欧盟是世界上最大的贸易集团，成员国之间的自由贸易是欧盟的创始原则之一。在边界外，欧盟促进了世界贸易自由化。欧盟致力于帮助全球人为和自然灾害的受害者，是世界上最大的人道主义援助集团。欧盟在外交方面发挥着重要作用，在国际层面促进了稳定、安全和繁荣、民主、基本自由和法治。

中欧倡议国组织

一、组织概览

中欧倡议国组织（Central European Initiative，CEI）是由中欧、南欧地区的匈牙利、捷克、意大利等18个国家组成的区域性合作组织。它创始于1989年，1992年改为现在的名称。

（一）成员国

中欧倡议国组织有18个成员国：匈牙利、捷克、意大利、奥地利、斯洛伐克、波兰、克罗地亚、斯洛文尼亚、波黑、马其顿、罗马尼亚、保加利亚、阿尔巴尼亚、白俄罗斯、乌克兰、摩尔多瓦、黑山和塞尔维亚。

（二）宗旨和目标

中欧倡议国组织力图促进中欧地区国家之间的区域性合作，为欧洲一体化铺平道路，致力于经济、科技、文化及政治领域的合作，已同欧盟、世界银行、国际货币基金组织等欧洲地区性组织和国际金融机构建立联系。

（三）通讯信息

总部设在意大利特里斯特；电子邮箱：cei@cei.int；官网：http://www.cei.int。

二、发展历程

1989年11月，意大利、奥地利、南斯拉夫和匈牙利四国先后举行外长级和副总理级会议，商定在交通运输、环境保护和科研等领域分工合作，被称为"亚得里亚海—多瑙河"地区的四国合作。1990年5月,捷克斯洛伐克加入,地区合作改称为"中南欧五国合作"。1991年7月,波兰加入,六国集团被称为"六角会议"。六国政府首脑举行会议,发表了旨在加强相互合作的《政治宣言》和《经济宣言》,强调必须在尊重南斯拉夫人民决定自己命运的主权基础上,通过政治途径解决南斯拉夫危机。1992年3月,该组织更名为"中欧倡议国组织"。1996年11月,15个成员国在奥地利举行政府首脑会议,会议主要讨论的议题是实施《代顿协议》和中欧国家加入欧盟以及地区合作问题,并签署了最后文件。1998年11月20日,中欧倡议国组织举行政府首脑会议。会议讨论了开展地区政治、经济合作及欧洲一体化等问题。2000年11月25日,中欧倡议国组织首脑会议认为,各国应把加强相互间在经济、环保、农业基础设施建设等领域的合作作为首要任务,加大对中小企业的扶植力度,通过协商等途径保持地区的安全与稳定。2001年11月23日,中欧倡议国组织首脑会议发表声明,强调加强区域合作,推动中欧国家同欧盟的一体化进程,并通过中欧倡议国组织2002—2003年的行动计划。2003年6月13日,中欧倡议国组织外长会议与会代表一致认为,中欧倡议国组织应支持成员国加入欧盟的努力。2007年11月27日,中欧倡议国组织首脑会议通过了关于继续进行改革和发挥中欧倡议国组织作用的声明,强调为支持该组织中尚未加入欧盟的国家入盟而加强内部合作。2008年11月28日,罗马尼亚外长表示,罗马尼亚将继续致力于中欧倡议国组织的改革进程,深化该组织与欧盟以及其他地区组织的合作关系。

三、组织机构

中欧倡议国组织并未存在特定的常设机构,而是共同商议采取多种灵活务实的合作方式。

四、发展现状

中欧倡议国组织一直致力于与欧盟的合作。在中国"一带一路"倡议提出后,中欧倡议国组织各成员国提出加强基础设施兼容与互补,以更好地对接"一带一路"倡议,发展物流和交通基础设施。

三、非洲区域组织

东部和南部非洲共同市场

一、组织概览

东部和南部非洲共同市场（Common Market for Eastern and Southern Africa, COMESA）简称"科迈萨"，前身为东部和南部非洲优惠贸易区。截至2024年，科迈萨拥有21个成员国，是非洲成立最早、覆盖区域最大的次区域经济组织。

（一）成员国

科迈萨有21个成员国：布隆迪、科摩罗、刚果（金）、吉布提、埃及、厄立特里亚、埃塞俄比亚、肯尼亚、利比亚、马达加斯加、马拉维、毛里求斯、卢旺达、塞舌尔、苏丹、斯威士兰、乌干达、赞比亚、津巴布韦、突尼斯、索马里。

（二）宗旨和目标

科迈萨力图废除成员国之间关税和非关税壁垒，实现商品和劳务的自由流通；协调成员国关税政策，分阶段实现共同对外关税；在贸易、金融、交通运输、工业、农业、能源、法律等领域进行合作；对外债问题采取统一立场，协调各国经济结构调整方案；建立货币联盟，发行共同货币，最终实现经济一体化。

（三）通讯信息

秘书处设在赞比亚首都卢萨卡；地址：COMESA Secretariat, COMESA Centre, Ben Bella Road, P. O. Box 30051, Lusaka, ZAMBIA；电子邮箱：info@comesa.int 和 comesa@comesa.int；官网：http://www.comesa.int。

二、发展历程

1981年12月21日，科迈萨的前身东部和南部非洲优惠贸易区正式成立。自成立到1992年1月，东部和南部非洲优惠贸易区共举行10次首脑会议，在削减关税、工业、农业、金融等多方面都达成了良好合作，推动了成员国的发展。1992年1月30—31日，第10次首脑会议在卢萨卡举行，会议呼吁在2000年建立东部和南部非洲共同市场。1993年11月，在乌干达首都坎帕拉召开的第12次首脑会议通过了把贸易区转变为共同市场的条约。1994年12月9日，东部和南部非洲共同市场正式成立。2000年10月，科迈萨在卢萨卡举行特别首脑会议，决定正式启动自由贸易区，吉布提、马达加斯加、马拉维、毛里求斯、苏丹、赞比亚、埃及、肯尼亚、津巴布韦9国加入，成为非洲大陆第一个自由贸易区。2002年5月，科迈萨召开第7届首脑会议，决定设立科迈萨基金，通过了关税管理一体化宣言以及与南部非洲发展共同体等非洲其他次地区组织合作的文件。2009年6月，科迈萨召开第13届首脑会议，宣布建立东南非共同市场关税同盟，所有成员国对外将采用统一关税。2012年7月，科迈萨—东共体—南共体在第19届非盟峰会期间签署了关于在东部和南部非洲地区采取措施应对气候变化的三方协议，评估了过去一年在区域一体化方面的主要进展。2014年2月，科迈萨召开第17届首脑会议，会议要求各成员国消除非关税贸易壁垒，建立关税同盟，进一步加强域内贸易，推动区域经济融合。2018年7月，科迈萨第20届首脑会议召开，会议首次提出建立科迈萨"数字自由贸易区"。2023年6月，科迈萨第22届首脑会议召开，会议发表了联合公报和《科迈萨一体化状况报告》。

三、主要功能

科迈萨为其成员和合作伙伴提供了广泛的利益，其中包括：更广泛、更协调、更具竞争力的市场；提高工业生产率和竞争力；增加农业生产和保障粮食安全；更合理地开发自然资源；更加协调的货币、银行和金融政策；更可靠的运输和通信基础设施。

四、组织机构

科迈萨的组织机构主要包括首脑会议、部长理事会、政府间委员会、秘书处、共同市场法院、技术委员会、贸易与开发银行和再保险公司。

（一）首脑会议

首脑会议由21个成员国的国家元首和政府首脑组成，执行科迈萨的行政职能，是其最高政策制定机构。它关注区域内发展战略调整及其目标的实现。首脑会议的决定和指示是协商一致的，对除法院以外的所有附属机构都有约束力。

（二）部长理事会

部长理事会是科迈萨次级决策机构，由成员国指定的部长组成。理事会负责维护科迈萨的正常运行，决定科迈萨的项目和活动，监测和审查其财政和行政管理。

（三）政府间委员会

政府间委员会是跨部门机构，由各成员国的政府高级官员组成，负责不同合作领域的项目与行动计划的执行和管理。

（四）秘书处

秘书处是常设机构，设秘书长和2名副秘书长，均由首脑会议任命。秘书处负责日常协调事务。

（五）共同市场法院

共同市场法院设在赞比亚首都卢萨卡，是为维护科迈萨的法治而设立的。

（六）技术委员会

技术委员会由各领域的专家组成，负责行政和预算以及各经济部门事务，向部长理事会和政府间委员会报告各领域具体情况，设有12个委员会。

（七）贸易与开发银行

贸易与开发银行总部设在肯尼亚首都内罗毕，法定总部设在布隆迪首都布琼布拉，是东南部非洲最大的次区域开发银行。

（八）再保险公司

再保险公司设在肯尼亚首都内罗毕，为肯尼亚、埃塞俄比亚、坦桑尼亚、津巴布韦、印度、乌干达和苏丹的生命和非生命再保险风险提供担保，并提供财产、意外伤害、汽车、船舶、航空、人寿和医疗保险产品。

五、发展成果

科迈萨建立了一套完整的合作机构和计划，为区域的经济合作和发展奠定了基础。在投资领域，科迈萨加强对工业、农业、畜牧业和服务业等部门的投资，取得了很大的进展，一定程度上促进了区域经济发展，为地区经济一体化奠定了基础。科迈萨在贸易、关税、运输、通信等经济领域进行了有效的合作，促进了本地区经济发展。

东非共同体

一、组织概览

东非共同体（East African Community，EAC）简称"东共体"，最早成立于1967年，1977年解体。1999年11月30日，坦桑尼亚、肯尼亚和乌干达三国总统签署《东非共同体条约》，决定恢复成立东非共同体。

（一）成员国

东非共同体有8个成员国：坦桑尼亚、肯尼亚、乌干达、卢旺达、布隆迪、南苏丹、索马里和刚果（金）。

（二）宗旨和目标

东非共同体旨在扩大和加深成员国在政治、经济、社会、文化、卫生、教育、科技、国防、安全、法制等方面的合作，从而促进其共同利益。为了实现这种合作，首先将建立关税同盟和共同市场，随后将建立货币联盟，最后将建立政治联邦。

（三）通讯信息

秘书处设在坦桑尼亚阿鲁沙市；电子邮箱：eac@eachq.org；官网：http://www.eac.int。

二、发展历程

（一）早期的东非共同体

1967—1977年，东非国家肯尼亚、坦桑尼亚和乌干达三国建立了东非共同体，共谋发展，三国以经济为中心开展各方面的合作，促进了成员国经济的发展和各国间的经贸往来，从而揭开了战后非洲独立国家探索区域合作发展的道路。

（二）东非共同体解散

虽然东非共同体的成立推动了成员国的合作与发展，但矛盾、分歧也始终伴随着共同体发展的整个过程。随着分歧和矛盾日益激化，东非共同体于1977年解散。

（三）重建东非共同体

肯尼亚、坦桑尼亚和乌干达认识到只有融入世界经济发展的大潮中，积极参与国际分工与合作，才能摆脱被边缘化的命运。世界各地区域组织成功发展的实践也一再证明这种合作的正确性。正是基于这些认识，它们不计前嫌，从头开始积极筹备，2001年东非共同体再次成立。

（四）重建后的东非共同体

2001年后，东非共同体采取制定并实施阶段发展战略的方式，吸纳新成员国，逐步实现既定目标，推动自身的发展。

三、主要功能

（一）加快区域一体化进程

1. 加强关税同盟建设

2005年关税同盟建立后，东非共同体实行统一的对外关税。此外，东非共同体还就取消非关税壁垒、争议解决、贸易保障等问题进行了多次磋商。当前的发展战略从以下方面继续加强关税同盟的建设：加强海关管理、推动贸易便利化、加强税收管理、推动海关及贸易伙伴关系、放宽市场准入、增强地区竞争力。

2. 推动共同市场发展

针对人员流动面临的障碍，东非共同体规定成员国应在以下方面加强合作：一是调整与完善成员国国内法律，使之与共同市场的规定相符；二是解决由于实施共同市场政策而产生的失衡问题；三是便利资本、服务与人员的自由流动，加强跨境投资保护；四是消除不合理的商业惯例，加强消费者权益保护；五是加强共同市场有关条款的研究和技术发展；等等。

3. 建立货币同盟，实行单一货币

在建立货币同盟、实行单一货币方面，东非共同体主要围绕以下活动开展：一是对实行单一货币进行深入研究和技术准备；二是协调成员国货币和汇率政策；三是协调成员国财政政策；四是加快银行体系和金融市场的融合；五是为货币同盟做好法律和制度框架的建设工作；等等。

4. 最终实现政治联盟

东非共同体的最终目标是实现政治上的统一与联合。从目前情况看，主要致力于以下方面的合作：一是进行符合政治联盟要求的政策框架与机构建设；二是加强地区间及国际间的联系；三是加强和平与安全事务管理；四是加强上述领域的研究工作。

（二）加强地区基础设施建设

东非共同体非常重视在基础设施特别是交通和通信方面的合作，强调要加强成员国间的政策协调与互补，既要对现有道路管网进行维护和扩展，也要新建交通设施。东非共同体也在推进生产部门的发展。

（三）促进社会部门的发展

东非共同体力图加强区内卫生医疗系统建设，提升教育、科技发展水平，消除性别歧视，扩大人员、劳动力和服务的自由流动，加强区域内城市建设和住房建设力度。

四、组织机构

东非共同体的组织机构包括首脑会议、部长委员会、协调委员会、部门委员会、东非法院、议会和秘书处等。

（一）首脑会议

由成员国国家元首或政府首脑组成首脑会议，每年至少举行一次会议。

（二）部长委员会

部长委员会由成员国负责地区合作或指派的其他部长组成，是共同体政策制定机构。其职能是为共同体有效与协调运行及发展制定政策，向东非议会提交法案，向首脑会议提交年度报告，建立处理不同事务的部门委员会等。

（三）协调委员会

协调委员会由成员国负责地区合作事务或指定政府部门的常秘组成，负责向部长委员会提交工作报告和建议、执行部长委员会决定。

（四）部门委员会

部门委员会负责向协调委员会提出项目实施计划，确定不同部门的优先发展项目并监督其实施。

（五）东非法院

东非法院系共同体司法机构，职责是确保条约得到履行，负责相关条约的解释，提供法律咨询。东非法院的院长和副院长须来自不同成员国，院长由成员国法官轮流担任。

（六）议会

议会系共同体立法机构，每年至少举行一次会议。

（七）秘书处

秘书处是共同体常设机构，负责处理日常事务，设秘书长、副秘书长、法律顾问等。

五、发展成果

东非共同体成立后，各成员国不断调整经济政策，完善相关法规，努力消除不利于贸易投资的各种壁垒，促进经济发展。与此同时，借助于市场扩大和外部援助资金扶持等因素，东非共同体的对外贸易和区内贸易快速发展，吸收外资规模扩大，经济发展速度加快，与其他国际区域组织的合作加强。

非洲联盟

一、组织概览

非洲联盟（African Union, AU）简称"非盟"，涵盖55个非洲成员国，其前身为非洲统一组织。2002年正式成立的非洲联盟，属于集全非洲政治、经济和军事于一体的政治实体，其总部在埃塞俄比亚的亚的斯亚贝巴。

（一）成员国

非洲联盟共有55个成员国：阿尔及利亚、埃及、埃塞俄比亚、安哥拉、贝宁、博茨瓦纳、布基纳法索、布隆迪、赤道几内亚、多哥、厄立特里亚、佛得角、冈比亚、刚果（布）、刚果（金）、吉布提、几内亚、几内亚比绍、加纳、加蓬、津巴布韦、喀麦隆、科摩罗、科特迪瓦、肯尼亚、莱索托、利比里亚、利比亚、卢旺达、马达加斯加、马拉维、马里、毛里求斯、毛里塔尼亚、莫桑比克、纳米比亚、南非、尼日尔、尼日利亚、塞拉利昂、塞内加尔、塞舌尔、圣多美和普林西比、斯威士兰、苏丹、索马里、坦桑尼亚、突尼斯、乌干达、赞比亚、乍得、中非、阿拉伯撒哈拉民主共和国（西撒哈拉）、南苏丹以及摩洛哥。

（二）宗旨和目标

非盟的宗旨是提高和保护人权，巩固民主制度和文化，确保国家良政和法治；采取更好的措施以加强将来的公共制度建设，赋予制度更大的权力以确保在其管辖领域内起到更积极的作用。

非盟确立的目标包括实现非洲国家之间和非洲人民之间更广泛的统一和团结，捍卫成员国的主权、领土完整和独立，加速非洲大陆政治和社会经济的一体化，严格按照联合国宪章和人权宣言的原则促进国际间的合作，促进非洲大陆的和平、安全与稳定，促进民主原则和体制，促进民众参与和良政，按照非洲人权和民族权利宪章等有关人权的文件精神促进和保护人权和民族的权利，与国际伙伴合作，为根除那些可以避免的疾病和促进大陆的卫生事业而共同努力，等等。

（三）通讯信息

总部设在埃塞俄比亚首都亚的斯亚贝巴；地址：P.O. Box 3243, Roosvelt Street (Old Airport Area) W21K19, Addis Ababa, Ethiopia；电子邮箱：webmaster@africa-union.org；官网：http://www.au.int/。

二、发展历程

（一）非洲统一组织的建立

1963年5月25日，31个获得独立的非洲国家领导人在亚的斯亚贝巴一致通过了《非洲统一组织宪章》，成立了第一个全非性政治组织非洲统一组织，实现了"非洲统一"的理想。

（二）非洲统一组织的扩大

非洲统一组织成立后不断扩大，到1998年6月，非洲统一组织共有53个成员国，它带领着非洲人民共同实现了民族独立与政治解放的历史重任。

（三）非洲联盟的建立

1999年9月9日第4次非洲统一组织特别首脑会议上，利比亚领导人卡扎菲提出成立"非洲合众国"的倡议，经讨论将"非洲合众国"改为"非洲联盟"，与会国家领导人签署了《苏尔特宣言》，宣称将进一步创建非洲联盟。2001年7月，第37届非洲统一组织首脑会议正式宣布由非洲统一组织向非洲联盟过渡，并且规定过渡期为1年。2002年7月，第38届非洲统一组织暨首届非洲联盟首脑会议宣布非洲联盟正式取代非洲统一组织。

三、主要功能

（一）维护非洲大陆和平与安全

非盟的首要功能是发展集体安全机制，为非洲的长期发展创造和平安全的内外环境，维护非洲大陆的和平与安全。在非盟的治理下，主要的冲突和争端在非洲范围内得以解决，极大减少了外部势力的干涉，非洲的政局整体趋向稳定。

（二）促进非洲大陆经济一体化

非盟成立后，将发展经济设为其中心任务，针对非洲各国经济发展水平参差不齐的情况，将通过推进非洲经济一体化来促进非洲大陆经济的恢复和发展。

（三）提升非洲大陆国际地位

非盟积极与国际社会开展广泛的交流与合作，主动参与国际事务，在非洲的对外关系发展以及对外交往活动中积极拓展其在国际社会中的活动及发展空间，努力树立良好的国际形象，逐步与其他国家和地区建立起双边及多边合作机制，发展友好合作的伙伴关系，以促进非洲的对外关系发展，最终提升非洲大陆的国际地位及话语权。

（四）促进非洲大陆社会发展

非盟成立后，主张在整个非洲大陆大力发展教育事业，不断加大教育投入，完善教育基础设施建设，改善教育环境，努力破除教育发展中的障碍，以提升人力资源素质和能力。非盟制定了一系列促进性别平等的政策，注重妇女、性别和发展，维护妇女的合法权益，提高妇女的法律及社会地位，以求促进社会公平和稳定。

四、组织机构

非洲联盟的组织机构主要包括首脑会议，执行理事会，非盟委员会，泛非议会，和平与安全理事会，非盟发展署，非洲法院，经济、社会和文化理事会。

（一）首脑会议

首脑会议由各成员国的国家元首和政府首脑或它们的常驻代表组成，系非盟最高权力机构。首脑会议每年召开一次常规会议，大会主席必须由成员国国家元首或者政府首脑举行会议选举，任期一年。

（二）执行理事会

执行理事会由成员国外长或其他部长组成，每年至少举行两次常规会议，下设常驻代表委员会和特别技术委员会两个辅助机构。执行理事会对非盟首脑会议负责，执行首脑会议的决议，实施对成员国的制裁。执行理事会应基于成员国的共同利益来协调和决定在对外贸易、资源管理、交通运输、科教文卫等各方面的政策。

（三）非盟委员会

非盟委员会为非盟常设行政机构，其领导机构由主席、副主席及委员组成，负责处理非盟的日常行政事务。

（四）泛非议会

泛非议会是非盟立法与咨询机构，每年召开两次例会。除了提供咨询、进行建议和监督预算，泛非议会目前并不具备其他功能。

（五）和平与安全理事会

和平与安全理事会内部机构主要包括大会、军事参谋委员会、非洲快速反应部队、特别基金等，由15个成员国代表组成。

和平与安全理事会的主要职能是：维护地区和平与安全，预防地区冲突；对成员国实施军事干预和维和行动；帮助战后重建；进行人道主义和灾难救援；制订非盟对成员国干预的形式和计划；制裁以违宪手段更迭政权者；推动成员国实行民主、良政、法治和保障人权。

（六）非盟发展署

非盟发展署由非洲发展新伙伴计划发展而来，负责全面规划非洲政治、经济和社会发展目标的蓝图，解决非洲大陆面临的贫困加剧、经济落后和被边缘化等问题。

（七）非洲法院

非洲法院是非盟的司法机构，负责审理非盟的一系列诉讼。

（八）经济、社会和文化理事会

经济、社会和文化理事会由各成员国不同阶层、不同行业代表组成，是非盟的咨询机构。

五、发展成果

（一）国际地位稳步提升

非洲国家通过组建非盟，在联合国改革决议以及涉及国际层面的多项重大问题上一致对外发声，在联合国的话语权明显增强。非洲在非盟的引领下积极参与全球范围的重大事项，与各国及国际组织广泛开展合作，为解决全球性的问题作出了巨大的贡献，非洲大陆在国际社会中的地位得到了极大提升。

（二）维护安全能力逐步增强

非盟建立了和平与安全理事会，组建了非洲维和部队和大陆预警系统，随时准备承担调解冲突和维和使命。在非盟安全机制的努力调节下，大陆内的动荡、冲突、战争、政变发生频次明显降低，整个大陆基本保持了和平、安全与稳定的状态。

（三）经济发展有序推进

非盟出台多项经济政策、采取多种经济措施，努力推动非洲大陆的经济发展，非洲的经济快速增长，非洲的经济发展规模持续不断扩大，非洲的经济发展水平得到了极大提高。

（四）一体化进程不断加快

在非洲各国的共同努力下，非洲大陆的一体化程度不断加深。在非盟的有效组织和大力推动下，非洲大陆的一体化进程出现了明显的加速。

南部非洲发展共同体

一、组织概览

南部非洲发展共同体（Southern African Development Community，SADC），简称"南共体"，其前身是1980年成立的南部非洲发展协调会议。1992年8月17日，南部非洲发展协调会议成员国首脑举行会议，签署了建立南共体的条约、宣言和议定书，决定改南部非洲发展协调会议为南共体。

（一）成员国

南共体有16个成员国：南非、安哥拉、博茨瓦纳、津巴布韦、莱索托、马拉维、莫桑比克、纳米比亚、斯威士兰、坦桑尼亚、赞比亚、毛里求斯、刚果（金）、塞舌尔、马达加斯加、科摩罗。

（二）宗旨和目标

南共体欲建立开放型经济，促进相互贸易和投资，实行人员、货物和劳务的自由往来，最终实现地区经济一体化。

南共体的目标是实现发展和经济增长，提高南部非洲人民的生活水平和质量，促进并维护和平与安全，促进自身的可持续发展，实现对自然资源的可持续利用以及有效的保护环境，等等。

（三）通讯信息

秘书处设在博茨瓦纳首都哈博罗内；地址：SADC Secretariat, SADC House, Government Enclave, P/Bag 0095, Gaborone, Botswana；电子邮箱：registry@sadc.int；官网：http://www.sadc.int。

二、发展历程

1980年4月，南部非洲发展协调会议成立。1992年8月17日，南部非洲发展协调会议成员国首脑举行会议，决定改南部非洲发展协调会议为南共体。20世纪90年代，南共体经济一体化不论是在规模上还是在深度上都获得了突飞猛进的发展。在此期间，南共体先后吸纳多个新成员国。此外，南共体各成员国还采纳和签署了一系列不同领域的协议。目前，南共体各成员国正在推行种种实质有效的策略、方针等以促进经济一体化进程。

三、主要功能

（一）促进地区工业化

南共体努力推动南部非洲的工业发展战略，助力南部非洲地区的工业化。

（二）促进地区经济一体化

南共体一直在消除资本和劳动力自由流动的阻碍，促进商品和服务在成员国之间的自由流通，促进南非地区经济、贸易的发展，加强经济合作，促进经济提质增效。

（三）促进地区和平稳定

为了实现社会福利、和平与安全领域的区域一体化目标，南共体在其各自管辖范围内向各成员国提供尽可能广泛的相互法律援助、共同制定枪支弹药等武器的监管措施等。

（四）其他功能

南共体促使成员国在基础设施建设、粮食安全问题、灾害预防和应对等多个领域展开密切合作。

四、组织机构

南共体的组织机构主要包括首脑会议，部长理事会，部门技术委员会，官员常设委员会，常设秘书处，政治、防务和安全机构以及法庭。

（一）首脑会议

首脑会议是最高决策机构，每年举行一次会议，其主席和副主席由成员国首脑轮流担任。

（二）部长理事会

部长理事会对首脑会议负责，负责监督共同体运行及政策和计划的实施。

（三）部门技术委员会

部门技术委员会对理事会负责，负责指导、协调专门技术部门的合作和一体化政策及计划。

（四）官员常设委员会

官员常设委员会是部长理事会的技术咨询机构，由各成员国负责经济计划或财政工作的官员（或者同等级官员）组成。

（五）常设秘书处

常设秘书处是南共体的执行机构，对部长理事会负责，成员由部长理事会推荐、首脑会议任命，负责具体实施首脑会议和部长理事会的决议及共同体的计划，协调成员国的政策和战略。

（六）政治、防务和安全机构

政治、防务和安全机构直接对首脑会议负责，各成员国轮流担任主席国，主要职责是促进各成员国之间的政治合作，发展地区集体防务能力，处理和预防地区冲突，推动各成员国在利益相关的领域制定共同的外交政策等。

（七）法庭

法庭需向首脑会议和理事会提供咨询意见，负责相关法律、文件的解释和确保遵守。

五、发展成果

2008年南共体第28届首脑会议决定正式启动南部非洲自由贸易区，成为南共体在推动一体化进程中取得的一个里程碑式重大成果。2015年6月，南共体、东共体、东南非共同市场三个区域组织成员国签署《沙姆沙伊赫宣言》，宣布正式启动三方自贸区。自贸区的启动使南共体及非洲区域能够集中有限的资源，形成经济发展合力，扩大经济规模，促进经济增长和社会发展，同时增强国际竞争力。南共体各成员国签订了金融与投资协议，并在2003年建立了发展金融资源中心。此外，为了便利贸易与投资，促进南共体成员国金融业、保险业的对外开放，南共体还成立了由各成员国中央银行行长组成的中央银行行长委员会。南共体在促进南部非洲一体化发展、改善地区政治安全形势、加强组织机制建设等方面均取得了阶段性成果。

萨赫勒—撒哈拉国家共同体

一、组织概览

萨赫勒—撒哈拉国家共同体（The Community of Sahel Saharan States，CEN–SAD）简称"萨—撒共同体"，成立于1998年2月4日，是非洲第二大地区性组织。

（一）成员国

萨—撒共同体的成员国共有29个：利比亚、苏丹、乍得、马里、尼日尔、布基纳法索、科特迪瓦、几内亚比绍、利比里亚、中非、厄立特里亚、吉布提、冈比亚、塞内加尔、摩洛哥、突尼斯、埃及、尼日利亚、索马里、多哥、贝宁、加纳、塞拉利昂、几内亚、科摩罗、毛里塔尼亚、圣多美和普林西比、肯尼亚、佛得角。

（二）宗旨和目标

萨—撒共同体的宗旨是加强成员国间的政治和经济合作，维护地区安全，促进地区一体化建设。

萨—撒共同体的目标是建立整体经济联盟，确保成员国之间的人员居住、资金流动、资金兑换、经济活动的自由，加大对外贸易协调，制定统一的教学、科技、文化教育体制。

（三）通讯信息

秘书处设在乍得首都恩贾梅纳；官网：http://www.cen-sad.org。

二、主要功能

萨—撒共同体在解决地区内冲突及动乱，维护地区的和平、稳定与发展，维护粮食安全、农业投资与生产，促进可持续发展以及自然资源管理方面发挥了重要作用。除每年举行首脑会议外，共同体下设的各机构还经常举行会议，讨论成员国共同关心的文化、教育、金融、反恐、粮食安全等各个领域的问题。

三、组织机构

萨—撒共同体的主要组织机构有元首委员会，执行委员会，秘书处，大使委员会，经济、社会、文化委员会，农业和水资源委员会以及非洲发展与贸易银行。

（一）元首委员会

元首委员会是最高权力机构，由成员国元首组成，每年举行一次首脑例会。元首委员会制定共同体的大政方针。

（二）执行委员会

执行委员会由秘书长和成员国部长组成，每半年举行一次会议。执行委员会负责执行首脑会议决议，并处理共同体的对外关系、经济、安全等事务。

（三）秘书处

秘书处监督首脑会议决议的执行，并对各个机构负责。秘书长由首脑会议指定。

（四）大使委员会

大使委员会由成员国驻利比亚使节组成，负责向执行委员会会议提交行动报告。

（五）经济、社会、文化委员会

经济、社会、文化委员会是共同体的协商机构，主要任务是参与共同体有关经济、社会、文化项目的文件起草，总部设在马里首都巴马科。

（六）农业和水资源委员会

农业和水资源委员会负责农业水利和环境保护问题。

（七）非洲发展与贸易银行

非洲发展与贸易银行设立的目的是提高共同市场消费者的福利，保护消费者免受市场行为者的影响，总部设在利比亚首都的黎波里。

四、发展成果

2000年7月4—12日在多哥共和国举行的非洲统一组织国家元首和政府首脑会议期间，萨—撒共同体升级为区域经济共同体，并成为联合国大会观察员。萨—撒共同体与许多区域和国际组织签订了伙伴关系协定，旨在促进政治、文化、经济和社会领域的共同行动。2013年2月16日，萨—撒共同体特别峰会在乍得首都恩贾梅纳举行，与会各方签署机构重组协定，决定建立和平与安全常委会和可持续发展常委会，并讨论了地区安全等问题。2022年3月，萨—撒共同体在摩洛哥首都拉巴特召开执行委员会会议，各成员国外长出席，与会各方就如何振兴共同体组织及粮食安全、经济复苏、和平安全等议题交换了意见。

西非国家经济共同体

一、组织概览

1975年5月28日，在尼日利亚和多哥两国元首的倡议下，西非15国在尼日利亚的拉各斯召开首脑会议，签署《西非国家经济共同体条约》，正式成立西非国家经济共同体（Economic Community of West African States, ECOWAS），简称"西共体"。

（一）成员国

西共体共有15个成员国：贝宁、布基纳法索、多哥、佛得角、冈比亚、几内亚、几内亚比绍、加纳、科特迪瓦、利比里亚、马里、尼日尔、尼日利亚、塞拉利昂、塞内加尔。

（二）宗旨和目标

西共体力图在西非地区建立关税同盟，实行贸易自由化，在一切经济领域实现一体化，促进成员国在政治、经济、社会和文化等方面的发展与合作，在自力更生政策的基础上实行有效的合作，提高成员国人民生活水平，为非洲的进步与发展作出贡献。

（三）通讯信息

西共体委员会设在尼日利亚首都阿布贾；官网：http://www.ecowas.int/。

二、发展历程

西共体从构想到成立，历经十余年的时间。1964年，利比里亚总统威廉·塔布曼（William Tubman）提议建立西非经济联盟，并于1965年由科特迪瓦、几内亚、利比里亚和塞拉利昂四个国家签署协议。1972年，尼日利亚国家元首雅库布·戈万和多哥国家元首纳辛贝·埃亚德马访问了该地区，支持一体化构想，并于1974年拟定建立共同体的条约和草案。1975年5月27—28日，西非15国的国家元首和政府首脑在尼日利亚首都拉各斯讨论和签署了《西非国家经济共同体条约》(《拉各斯条约》)，宣告西共体成立。1976年11月，佛得角被接纳为该组织的第16个成员国，2000年12月，毛里塔尼亚退出了该组织。

三、组织机构

西共体的组织机构主要包括首脑会议、部长理事会、委员会、西共体议会、西共体法院以及西共体投资和开发银行。

（一）首脑会议

首脑会议是最高权力机构，由成员国国家元首和政府首脑组成，原则上每年至少召开一次例会。首脑会议设执行主席1名。

（二）部长理事会

部长理事会由各成员国外交部长和另一位部长组成，负责监督西共体机构运转情况，审查并通过委员会和专门委员会的建议。部长理事会下设8个技术和专门委员会，负责为部长理事会准备工作报告、监督条约执行等。

（三）委员会

委员会是常设执行机构，负责西共体日常事务，设在尼日利亚首都阿布贾。

（四）西共体议会

西共体议会2000年成立，总部设在阿布贾，提供政策制定、条约修改等问题的咨询，听取西共体委员会主席工作报告等。议员从各国议会成员中推选产生，任期4年。

（五）西共体法院

西共体法院是最高司法机构，由7名大法官组成。法官由西共体下设的司法委员会提名，首脑会议任命。西共体法院主要负责处理与西共体相关的法律解释、诉讼等。

（六）西共体投资和开发银行

西共体投资和开发银行总部位于多哥首都洛美。其主要职能是制定区域投资政策，向西共体和非洲发展新伙伴计划项目提供资金。它采用控股公司形式，三分之二的资金由成员国按比例分摊，其余部分向非成员国和国际金融机构招股。西共体投资和开发银行下设西共体地区投资银行和西共体地区发展基金，主要向公共和私营部门发放贷款。

四、发展成果

（一）建立关税同盟，实现贸易自由化

西共体为建立关税同盟，实行贸易自由化，逐步实施"取消关税和贸易壁垒"的计划。自计划实施以来，西共体内部贸易往来关税降低，内部贸易额实现大幅增长。

（二）成员国之间实现自由往来

西共体各国通过执行《成员国人员自由往来、居住和从事职业权利议定书》实现共同体成员国公民的自由往来。共同体各成员国在互免签证、居住落户、从事职业和开办企业方面享有便利，带动了各国之间人口的往来，促进了人文交流。截至2000年，西共体所有成员国彼此都已取消签证和入境许可。

（三）合作、补偿与发展基金成效显著

合作、补偿与发展基金于1977年7月成立，在资助成员国或共同体的研究工作和发展活动、补偿成员国在共同体内部的贸易损失、为共同体的外国投资提供担保、为资金流通提供便利等方面效果明显。

西非经济货币联盟

一、组织概览

西非经济货币联盟（Union Economique et Monétaire Ouest-Africaine, UEMOA）简称"西非经货联盟"，由西非国家经济共同体中贝宁等7个法语国家于1994年1月10日成立，前身是西非货币联盟。《西非经济货币联盟条约》于1994年8月1日正式生效。

（一）成员国

西非经济货币联盟有8个成员国：贝宁、布基纳法索、科特迪瓦、马里、尼日尔、塞内加尔、多哥和几内亚比绍。

（二）宗旨和原则

西非经济货币联盟力图促进成员国间人员、物资和资金流通，加强宏观调控，制定共同的经济和货币政策，协调成员国的行业政策，统一成员国在经济和货币领域的法律法规，最终建立西非共同体。

（三）通讯信息

总部位于布基纳法索首都瓦加杜古；官网：http://www.uemoa.int。

二、发展历程

1962年11月1日，西非货币联盟成立"西非国家中央银行"，作为成员国共同的中央银行，总行设在塞内加尔首都达喀尔，在各成员国设有代理机构。总行负责制定货币政策，管理外汇储备，发行共同的货币非洲金融共同体法郎。1994

年8月，西非经济货币联盟成立。议题涉及区域和平与安全、一体化进程、共同市场建设、关键领域投资以及食品安全等多个方面。

三、主要功能

（一）经济方面

西非经济货币联盟创建了统一货币，即非洲金融共同体法郎，建立了共同中央银行，建立了统一的监督机构，执行共同的银行政策。

（二）航空合作方面

西非经济货币联盟加强了成员国之间在航空运输领域的协调与合作，包括建立地区航空安全机制、地区航空运输基金、地区航空运输资料中心，加强人员培训，增加对航空运输领域的投资，协调各国的航空运输政策。

（三）基础设施建设方面

联盟不断投入资金改善地区基础设施，提高人民生活水平。此外，联盟投入部分资金用于挖掘地下水源，为农民种植农作物和饲养动物提供有利条件。

（四）打击恐怖主义方面

联盟特别峰会建立了安全基金，合作应对包括恐怖主义在内的地区不安全因素，努力消除武装冲突带来的不利影响，维护地区的和平稳定。

四、组织机构

西非经济货币联盟的组织机构主要包括国家元首和政府首脑会议、部长会议、联盟委员会、联盟法院、西非国家中央银行和西非开发银行。

（一）国家元首和政府首脑会议

国家元首和政府首脑会议是最高权力机构，其执行主席由成员国国家元首轮流担任。

（二）部长会议

部长会议由各成员国包括财长在内的两位部长参加，每年至少召开两次会议。

（三）联盟委员会

联盟委员会是常设领导机构，由各成员国分别推举1名委员组成。

（四）联盟法院

联盟法院由各成员国分别推举1名成员组成，任期6年，可连任。

（五）西非国家中央银行

西非国家中央银行发行非洲金融共同体法郎，总部设在塞内加尔首都达喀尔，在各成员国均设有分支机构。

（六）西非开发银行

西非开发银行是区域性政府间开发金融机构，总部设在多哥首都洛美，资金由股东认缴，任务是促进联盟成员国经济平衡发展和西非经济一体化。

五、发展成果

2016年6月，联盟国家元首和政府首脑特别峰会通过了《和平与安全宣言》以及《行动纲领》，宣布加强成员国之间的合作，维护地区和平、安全和稳定，促进地区发展，满足各经济体的融资需求。2018年7月，联盟第20届国家元首和政府首脑会议对"可持续能源区域倡议"项目落实情况进行审议，讨论了一体化进程、共同市场建设等问题。2019年7月，联盟第21届国家元首和政府首脑会议讨论了区域一体化、西非统一货币等问题。2022年11月，联盟第23届国家元首和政府首脑会议就联盟经济形势和未来经济展望等议题交换意见。2024年2月24日，联盟特别首脑会议讨论了联盟成员国的政治、经济和安全形势等问题。联盟在财产自由流通、立法协调和经济政策指导等领域进行一系列的改革，为在农业、能源、矿产、工业、运输和电信、高等教育和培训方面通过共同的政策和纲领制定了行动框架，均取得了成果。

中部非洲国家经济共同体

一、组织概览

中部非洲国家经济共同体（Communauté Economique des Etats d'Afrique Centrale，CEEAC）成立于1983年10月18日，其诞生标志是中部非洲国家元首和政府首脑在加蓬首都利伯维尔签署成立"中部非洲国家经济共同体"条约。

（一）成员国

共同体成员国共有11个：安哥拉、布隆迪、喀麦隆、中非、乍得、刚果（布）、刚果（金）、加蓬、赤道几内亚、圣多美和普林西比、卢旺达。

（二）宗旨和目标

共同体的宗旨是促进成员国在经济和社会活动的各个领域进行协调和合作。

共同体的主要目标是取消成员国之间的关税和其他所有进出口商品的税收，建立和保持共同的对外贸易关税率，制定共同的对共同体以外国家的贸易政策，逐步取消成员国之间在人员、财产、劳务、资金等方面自由流动的障碍，建立合作和发展基金。

（三）通讯信息

共同体委员会（前身为总秘书处）设在加蓬首都利伯维尔；地址：Boulevard Triomphal, Libreville, Gabon；官网：http://www.ceeac-eccas.org。

二、发展历程

1982年2月，在加蓬首都利伯维尔参加中非海关和经济同盟第17次首脑会议的11个中非国家的元首和政府首脑发表了《利伯维尔宣言》，明确表示希望成立中部非洲国家经济共同体的政治意愿。1983年10月18日，成立中部非洲国家经济共同体的条约签署。至此，中部非洲国家经济共同体正式宣告成立。截至2024年3月，中部非洲国家经济共同体召开了24次例行峰会及十余次特别峰会，在地区和平、稳定与安全、经济与货币、千年发展计划等问题上达成了良好的合作，推动了成员国及地区发展。

三、主要功能

中部非洲国家经济共同体的治理范围涵盖区域公共机构、私营公司、民间社会和人口的所有活动，成员国在和平与安全、共同市场、环境和自然资源、土地用途规划及基础设施、性别与人类发展领域展开合作。维持和平和集体安全是中部非洲国家经济共同体的任务重点，中部非洲国家经济共同体建立了早期预警机制、多国部队并签署了议定书。中部非洲国家经济共同体一直在保护动植物不受掠夺和贩运，并通过可持续开发确保可持续收入，促进生态旅游，造福当地人民。

四、组织机构

中部非洲国家经济共同体的组织机构主要包括国家元首和政府首脑会议、部长理事会、共同体委员会和其他机构。

（一）国家元首和政府首脑会议

共同体国家元首和政府首脑会议是最高决策机构，轮流在各成员国举行，由东道国元首任主席。

（二）部长理事会

部长理事会每年召开两次例会，主席由各成员国有关部长轮流担任。

（三）共同体委员会

共同体委员会是常设机构，主持共同体日常工作，设有主席、副主席及分管政治、经济、环境、基础设施和社会事务的5名委员。

（四）其他机构

共同体还设有法院、咨询委员会、专门技术委员会等机构。

五、发展成果

（一）经济发展方面

2004年7月3日，中部非洲国家经济共同体自由贸易区正式启动，自由贸易区有利于促进中非市场的开发和繁荣，有利于促进私人投资和增强区域内的经济竞争力。

（二）和平与安全方面

2000年2月24日，共同体国家元首和政府首脑第三次特别会议决定成立"多国部队"，用于观察、监督和防范危机和冲突，并执行和平、安全和人道主义援助等使命。共同体成员强化了军事安全力量能力建设，加强了人员培训、联合演练、情报与执法合作，共同维护着地区安全。

（三）社会发展方面

共同体成立了非洲合众国联合政府，创立了负责协调打击贩卖人口工作的机构，实行"共同体环境和自然资源管理共同政策"。

中部非洲经济与货币共同体

一、组织概览

中部非洲经济与货币共同体（Communauté Economique et Monétaire de l'Afrique Centrale，CEMAC）于1999年6月25日正式成立，其前身为中部非洲关税和经济联盟，起始于1959年的赤道关税联盟，1964年正式成立中部非洲关税和经济联盟，然后发展成为中部非洲经济与货币共同体。

（一）成员国

中部非洲经济与货币共同体有6个成员国：赤道几内亚、刚果（布）、加蓬、喀麦隆、乍得、中非。

（二）宗旨和目标

共同体的宗旨是加强成员国在人力和自然资源方面的合作，促进一体化进程，消除贸易壁垒。

共同体的目标是实现一体化，促进和谐发展，加强区域内人民的联系。

（三）通讯信息

共同体委员会（前身为执行秘书处）设在中非首都班吉，目前暂时迁至赤道几内亚首都马拉博；地址：Immeuble CEMAC, Avenue des martyrs, Bangui, République Centrafricaine；电子邮箱：secemac@cemac.cf, secemac@hotmail.com；官网：http://www.cemac.int。

二、发展历程

（一）建立赤道关税联盟

1960年2月，赤道关税联盟成立，该组织成立的宗旨和目标是促进地区内商品的自由流通和在地区外设置共同关税，同时允许资本自由流动，调整国家内部的税收，实行运输、情报、关税等方面的合作。

（二）建立中部非洲关税和经济联盟

1964年，中部非洲关税和经济联盟成立。中部非洲关税和经济联盟在赤道关税联盟基础上增添了地区工业化合作的重要课题。

（三）建立中部非洲经济与货币共同体

1999年6月，中部非洲经济与货币共同体正式成立，其成员国是中部非洲关税和经济联盟的成员，目标是完成该地区的经济一体化进程。依靠中部非洲经济联盟和中部非洲货币联盟，新组织积极协调各国经济和货币政策，建立共同体的税务法制地区事务法、投资法等，建立共同市场关税联盟，促进生产要素的自由流通，制定共同产业政策。

三、组织机构

中部非洲经济与货币共同体由四部分组成，分别是中部非洲经济联盟、中部非洲货币联盟、共同体议会（暂由议会间委员会代行其职）和共同体法院。中部非洲经济与货币共同体的组织机构主要包括首脑会议、部长理事会、部长委员会、共同体委员会以及其他机构。

（一）首脑会议

首脑会议由成员国国家元首组成，是共同体的决策机构，每年举行一次例会。

（二）部长理事会

部长理事会是领导机构，由成员国主管财政和经济的部长组成，每年举行两次例会。

（三）部长委员会

部长委员会也是领导机构，负责审查成员国的经济政策和协调共同体的货币政策，由各国负责财政的部长和另外一名有关部长组成。

（四）共同体委员会

共同体委员会由部长理事会和部长委员会相关人员构成，其前身为执行秘书处。委员会主席对外代表共同体。

（五）其他机构

共同体还设有以下专门机构：中部非洲国家银行、中部非洲国家开发银行、海关国际学校、项目规划和评估跨行业次地区研究院、实用统计次地区研究院、畜牧和水产经济委员会等。中部非洲国家银行总部设在喀麦隆首都雅温得，发行中非金融合作法郎。

四、发展成果

（一）促进服务的自由流通

中部非洲经济与货币共同体实现了服务的自由流通，同时能够保障一定的竞争水平。

（二）促进资金的自由流通

中部非洲经济与货币共同体的成员国都属于法郎区，成员国之间和法郎区之间的资金转让与兑换是自由且容易的。同时，共同体银行机构建立了银行间市场和证券交易所，保障了资金在现存交易中的自由流通。

（三）促进人员的自由流通

中部非洲经济与货币共同体成员国的企业逐渐扩大了聘用外国管理人员的规模。同时，持有劳动合同的非洲工人或干部都可以进入成员国工作，促进了人员的自由流通。

四、美洲区域组织

安第斯共同体

一、组织概览

安第斯共同体（La Comunidad Andina，CAN）简称"安共体"，是北美洲、拉丁美洲和加勒比地区发展中国家间区域性经济合作组织。安共体成立于1969年5月26日，前称安第斯条约组织、安第斯集团，1996年3月9日改为现名。

（一）成员

自成立以来，安第斯共同体成员经历多次变动。截至2024年，安第斯共同体有4个成员国：玻利维亚、哥伦比亚、厄瓜多尔、秘鲁；5个伙伴国家：阿根廷、巴西、巴拉圭、乌拉圭、智利；5个观察员国：西班牙、摩洛哥、土耳其、希腊和巴拿马。

（二）宗旨和目标

安第斯共同体致力于促进安第斯地区一体化与发展，主要目标有：推动成员国实现平等的一体化与经济社会发展合作；推动地区经济增长；提高成员国在世界经济中的地位；改善成员国居民的生活水平。

（三）通讯信息

总部位于秘鲁首都利马；地址：Av. Paseo de la República 3895, San Isidro, Lima 27–Perú；电子邮箱：correspondencia@comunidadandina.org；官网：http://www.comunidadandina.org。

二、发展历程

1969年，《卡塔赫纳协定》签订。1971年，安第斯共同体取消成员国之间的双重征税。1979年，安第斯共同体设立安第斯法院、安第斯议会和安第斯外长理事会，组织机构渐趋完善。同年5月，《卡塔赫纳授权书》签订，规定安第斯集团的活动由经济合作扩大到政治领域。1990年3月，卡塔赫纳协定委员会宣布，五国统一降低对外关税，将最低关税率由110%下调到50%，税种由19类简化为7类。1993年，安第斯自由贸易区建立，这是世界上第一个由发展中国家组成的自由贸易区。2022年8月29日，安第斯共同体总统理事会第22次会议举行，与会各国元首就推进阿根廷、智利、委内瑞拉加入安共体进程达成共识。

三、组织机构

安第斯共同体组织机构包括总统理事会、外长理事会、总秘书处、安第斯共同体委员会和安第斯议会。

（一）总统理事会

总统理事会（1995年以前称卡塔赫纳协定委员会）是共同体的最高决策机构，决定组织一体化进程的方向，每年召开1次会议。

（二）外长理事会

外长理事会负责协调成员国的对外政策，由各成员国外交部长组成，每年至少举行两次会议。

（三）总秘书处

总秘书处取代原卡塔赫纳协定委员会，是共同体的执行机构，对外代表共同体开展活动。

（四）安第斯共同体委员会

安第斯共同体委员会与外长理事会共同负责制定一体化政策，协调和监督该政策的落实，由各成员国领导人任命的全权代表组成。

（五）安第斯议会

安第斯议会是共同体的立法机关，有25名议员。2013年9月20日，安第斯共同体第37届外长理事会决定取消安第斯议会，该决定将在各成员国议会批准后生效。

四、发展成果

安第斯共同体为安第斯山麓国家间交流提供了平台，推动了区域经济、政治、社会协调发展。在其发展进程中，各成员国签署了《安第斯条约修改议定书》《拉巴斯纲要》等重要文件，建立了安第斯经济自由贸易区，为区域一体化作出了贡献。

加勒比共同体

一、组织概览

加勒比共同体（Caribbean Community，CARICOM）简称"加共体"，是北美洲、拉丁美洲和加勒比地区发展中国家间区域性经济合作组织。

（一）成员

加勒比共同体共有15个成员、6个准成员和7个观察员。创始成员：特立尼达和多巴哥、巴巴多斯、牙买加、圭亚那。其后陆续有11个国家和附属国加入，分别是安提瓜和巴布达、伯利兹、多米尼加、格林纳达、蒙特塞拉特（英属）、圣基茨和尼维斯、圣卢西亚、圣文森特和格林纳丁斯、巴哈马、苏里南、海地。准成员：安圭拉（英属）、英属维尔京群岛、特克斯和凯科斯群岛（英属）、开曼群岛（英属）、百慕大（英属）、库拉索（荷属）。观察员：阿鲁巴（荷属）、哥伦比亚、多米尼加、墨西哥、圣马丁（荷属）、波多黎各（美属）、委内瑞拉。

（二）宗旨和目标

加勒比共同体力图改善加勒比地区人民生活水平，推动和协调经济的持续发展；强化地区经济一体化；协调各成员的外交政策。

（三）通讯信息

秘书处位于圭亚那首都乔治敦；电子邮箱：carisec1@caricom.org, carisec2@caricom.org；官网：http://www.caricom.org。

二、发展历程

1958年，西印度群岛联邦建立，加勒比地区国家间联系加深。1962年，西印度群岛联邦解散，特立尼达和多巴哥独立，并提议建立加勒比共同体。1965年，安提瓜、巴巴多斯和英属圭亚那政府首脑签署建立加勒比自由贸易协会的协定。1972年，在加勒比国家联盟第七次政府首脑会议上，参会人员决定将加勒比自由贸易协会转变为一个共同市场，并建立加勒比共同体。1973年7月4日，《查瓜拉马斯条约》签署，8月1日生效，加勒比共同体正式建立。2002年，海地的加入申请被正式批准，加勒比共同体基本覆盖加勒比地区所有政治体。2006年，《查瓜拉马斯条约》的修正案生效，预计2015年实现区域单一市场经济。

三、主要功能

加勒比共同体力图实现经济一体化、协调对外政策、促进人与社会发展以及确保安全。共同体的重要功能是提高生活与工作水平，充分利用劳动和生产要素，促进、协调、维持区域经济发展与一体化，扩大与第三世界国家间的经贸往来，提高国际竞争力，组织提高生产力与生产效率。

四、组织机构

加勒比共同体的主要组织机构包括政府首脑会议、部长理事会、专业部长理事会、专门委员会和秘书处。

（一）政府首脑会议

政府首脑会议是加勒比共同体最高权力机构，由成员的政府首脑组成，主要负责决定加共体政策方向，并拥有对外缔结条约的最终决定权。

（二）部长理事会

部长理事会是共同体的第二权力机构，由各成员加共体事务部长组成，负责规划共同体的经济一体化战略，促进成员之间的发展协作，审议提交到政府首脑会议的提案，制订共同体财政计划等。

（三）专业部长理事会

专业部长理事会是具体执行机构，设有贸易与经济发展、外交与共同体事务、人文与社会发展、金融与规划和国家安全五个理事会，由各成员主管相应事务的部长组成。

（四）专门委员会

共同体设有法律事务、预算、央行行长等方面的专门委员会。

（五）秘书处

秘书处是常设行政机构，负责提供会议服务，落实会议决定；收集信息，开展专题研究；协调与其他国际地区组织交往；制定预算草案；等等。

五、发展成果

2002年，海地正式加入加共体，至此，加勒比共同体覆盖全部加勒比地区政治体。在对外政策协同方面，共同体专门建立了加勒比地区谈判机制，按照贸易与经济理事会确立并为首脑峰会认可的立场，负责执行对外谈判。近年来，加勒比地区较过去任何时候都更多地以一个声音就国际政治和经济议题发声。此外，共同体也初步实现了关税同盟，在卫生、社会、司法、教育发展方面起到了积极作用。

加勒比国家联盟

一、组织概览

加勒比国家联盟（Association of Caribbean States，ACS）简称"加国联"，是加勒比地区国家间的政治、经济合作组织，以加勒比共同体为依托而组建，成立于1994年7月24日。

（一）成员

加国联有25个成员国、12个未独立地区准成员和28个观察员国。25个成员国：安提瓜和巴布达、巴哈马、巴巴多斯、伯利兹、哥伦比亚、哥斯达黎加、古巴、多米尼克、多米尼加、萨尔瓦多、墨西哥、格林纳达、危地马拉、圭亚那、海地、洪都拉斯、牙买加、尼加拉瓜、巴拿马、圣基茨和尼维斯、圣文森特和格林纳丁斯、圣卢西亚、苏里南、特立尼达和多巴哥、委内瑞拉。

12个未独立地区准成员：阿鲁巴（荷属）、博内尔（荷属）、库拉索（荷属）、圭亚那（法属）、瓜德罗普（法属）、马提尼克（法属）、萨巴（荷属）、圣巴托洛缪（法属）、圣马丁（法属）、圣尤斯特歇斯（荷属）、圣马丁（荷属）、维尔京群岛（英属）。

28个观察员国：阿根廷、白俄罗斯、玻利维亚、巴西、加拿大、智利、厄瓜多尔、埃及、芬兰、印度、意大利、哈萨克斯坦、荷兰、韩国、摩洛哥、沙特、秘鲁、俄罗斯、塞尔维亚、斯洛文尼亚、西班牙、土耳其、乌克兰、英国、乌拉圭、日本、阿联酋、巴勒斯坦。

（二）宗旨和目标

加国联力图加强各成员国在政治、经济、文化、科学和社会等各个领域的合作，促进经济和社会发展，维护本地区在国际经济贸易组织中的利益，实现地区经济一体化，最终建立一个自由贸易区。

（三）通讯信息

秘书处位于特立尼达和多巴哥首都西班牙港；地址：5–7 Sweet Briar Road，St. Clair, Port of Spain, Trinidad and Tobago；电子邮箱：mail@acs-aec.org；官网：http://web.acs-aec.org/。

二、发展历程

1993年6月，加勒比共同体第十四次首脑会议决定以加勒比共同体为核心，吸收中美洲国家及墨西哥、哥伦比亚和委内瑞拉加入，建立一个包括所有加勒比海国家和未独立地区的加勒比国家联盟。1994年7月24日，加勒比地区25个国家和12个未独立地区的总统、政府首脑或外长在哥伦比亚卡塔赫纳聚会，签署了加勒比国家联盟成立纪要，正式建立加国联。2014年4月，加国联第6届首脑会议通过《梅里达宣言》，重申了一体化承诺。2019年3月29—31日，加国联第8届首脑会议、第24届部长理事会暨第三届合作会议讨论了促进区内贸易、运输、旅游、防灾等领域合作，通过《马那瓜宣言》和《2019—2021年行动计划》。2024年5月9日，加国联第29届部长理事会会议、第八届国际合作会议在苏里南举行。

三、主要功能

加国联在制定和执行贸易政策，促进经济合作与一体化以及妥善管理与外部经济的关系，促进环境可持续性、保护加勒比海域及管理自然资源，推动科技进步、技术支持、健康服务、教育政策和文化发展，保护自然环境、文化遗产和促进当地经济发展，以及促进区域内的物流、人员流动和经济发展等方面发挥了重要功能。

四、组织机构

加国联的组织机构包括部长理事会、部长理事会执行委员会和秘书处。

（一）部长理事会

部长理事会由部长和（或）成员国代表组成，是主要决策机构，在每年一月的最后两周举行例会。

（二）部长理事会执行委员会

部长理事会执行委员会仅在部长理事会会议期间履行职责，由一名主席、两名副主席和一名报告员组成。其下设贸易发展和对外经济关系专门委员会、交通专门委员会、可持续旅游业专门委员会、减少灾害风险专门委员会、预算和行政专门委员会。

（三）秘书处

秘书处与成员国保持政治关系，并与其他区域、次区域和国际组织保持联系；为项目调动资金；为部长理事会和专门委员会提供会议服务；向成员国、准成员和其他有关实体传播信息；管理财务，确保协会的顺利运作。

五、发展成果

自成立以来，加国联围绕保护和养护加勒比海、旅游业可持续发展、贸易、减灾、交通领域进行多次协调与合作，在推进加勒比地区国家间社会、文化认同方面作出了重要贡献。

拉丁美洲经济体系

一、组织概览

1975年10月17日，拉美地区的23个国家政府代表签署了《巴拿马协议》，宣告拉丁美洲经济体系（Latin American Economic System，LAES）的成立。1976年6月7日，协议正式生效。

（一）成员

拉丁美洲经济体系共有26个成员国：阿根廷、巴巴多斯、巴哈马、巴拉圭、巴拿马、伯利兹、巴西、秘鲁、玻利维亚、多米尼加、厄瓜多尔、哥伦比亚、古巴、圭亚那、海地、洪都拉斯、墨西哥、尼加拉瓜、萨尔瓦多、苏里南、特立尼达和多巴哥、危地马拉、委内瑞拉、乌拉圭、牙买加和智利。现有42个拉美、欧洲和联合国的政治、经济和社会组织为观察员。

（二）宗旨和目标

拉丁美洲经济体系支持地区一体化进程，推动制定和实施经济、社会发展规划，协调拉美国家对经济和社会问题的共同立场和战略，切实维护拉美和加勒比国家的合法权益。

（三）通讯信息

常设秘书处设在委内瑞拉首都加拉加斯；官网：http://www.sela.org。

二、发展历程

1974年7月，墨西哥总统埃切维里亚提出建立拉丁美洲经济合作和协调机构的设想。1975年3月，埃切维里亚总统和委内瑞拉总统佩雷斯发表联合公报并致函拉美各国首脑，正式倡议成立"拉丁美洲经济体系"。1975年10月17日，拉美23国政府代表签署《巴拿马协议》，宣告成立拉丁美洲经济体系。1976年6月7日，协议正式生效。1982年拉丁美洲经济体系同卡塔赫纳协定委员会共同组织拉美和加勒比各区域一体化组织会议，会议决定加强协调各区域一体化组织信息的工作。1990年成员国财长和央行行长举行会议，讨论地区外债问题，决定成立由11国组成的部长级委员会，旨在"在拉美和加勒比地区关于外债问题提案规定的范围内，对债权国采取地区性协调行动"。2005年11月，第31届拉丁美洲理事会例会在加拉加斯举行，提出进一步推动地区一体化进程。2007年11月，第33届拉丁美洲理事会例会要求进一步推动地区一体化进程，呼吁美国停止对古巴的经济贸易金融封锁。2016年10月，第42届拉丁美洲理事会例会在加拉加斯举行，会议发表《拉美和加勒比一体化指数》。2022年11月，第48届拉丁美洲理事会例会在加拉加斯举行，会议承诺制定共同议程推动地区一体化。2023年12月，第49届拉丁美洲理事会例会在加拉加斯举行，会议制定拉美经济体系2024年工作规划，重点聚焦推动经济复苏、数字化和社会可持续发展。

三、主要功能

（一）政治领域

拉丁美洲经济体系在政治领域最突出的合作案例为古巴问题。该组织1995年在第21次例会上发表声明反对美国封锁古巴。1997年第23次例会通过决议，要求美国立即解除对古巴的封锁。1998年第24次例会通过决议，要求美国终止孤立古巴的政策。

（二）经济领域

1. 维护拉美国家合法权益

该组织反对美国外贸法的限制和歧视性条款，要求各国对该法在拉美产生的消极后果采取共同行动，互相声援。1977年理事会第3次例会声援危地马拉反对美国阻挠其发展本国商船队。1985年该组织第5次特别会议要求美国取消对尼加拉瓜的贸易禁运。

2. 推动地区一体化

1982年拉丁美洲经济体系同卡塔赫纳协定委员会共同组织拉美各区域一体化组织会议。会议指出，必须扩大拉美内部贸易，坚持拉美经济合作和一体化，决定加强协调各区域一体化组织信息的工作。

3. 解决拉美外债问题

该组织强调拉美国家在解决沉重债务方面需加强合作，采取共同行动；指责美国对尼加拉瓜的经济制裁。

4. 消除金融危机影响和建立经济新秩序

1998年第24次例会通过的《哈瓦那声明》指出，拉美国家应加快金融体制改革，推进地区一体化进程，各国应加强合作，共同迎接全球化挑战，谋求建立开放、非歧视和照顾发展中国家需要的世界贸易新体制。声明呼吁发达国家和国际金融机构采取积极措施，消除金融危机的不利影响。

（三）社会领域

拉丁美洲经济体系努力实现促进社会发展的目标。该组织支援中美洲经济，促进经济、技术和贸易合作，援助和加强该地区一体化机构。

四、组织机构

拉丁美洲经济体系内部有着较为完善的组织机构，主要有拉丁美洲理事会、行动委员会和常设秘书处三个部门。

（一）拉丁美洲理事会

拉丁美洲理事会为最高权力机构，由各成员国政府任命1名全权代表组成，每年举行1次部长级例会，负责确定拉美经济体系的总政策。

（二）行动委员会

行动委员会是临时性的合作机构。每个委员会至少由2个成员国组成，其他成员国可以自由加入或退出。其任务是就一些专门问题制定共同纲领和计划，并协调行动。任务完成后，委员会可解散或转变成常设机构。

（三）常设秘书处

常设秘书处为执行机构。常任秘书长由理事会选举产生，任期4年。

五、发展成果

在拉丁美洲经济体系的框架下，拉美国家加强相互协调、支持与合作，积极参与国际经济规则的制定，促进拉美政治、社会、经济、文化和制度整合，加强地区和平与民主，努力实现经济增长、社会正义和消除贫困等目标。

拉丁美洲经济体系定期举行理事会会议，针对地区政治、经济和社会领域等议题做出重要决策和提出指导意见，对推进地区协同发展产生了深远影响，区域内各国也在例会文件的指导下维护自身权益，实现合作发展。拉丁美洲经济体系在促进拉美国家间的合作与协调、促进拉美与世界关系发展方面发挥了重要作用。

拉丁美洲议会

一、组织概览

拉丁美洲议会（Parlamento Latinoamericano，PARLATINO）是由拉丁美洲国家和加勒比地区国家的议员组成的区域性常设组织，是一个类似于早期欧洲议会的协商会议，成立于1965年7月18日。

（一）成员

拉丁美洲议会由拉美和加勒比的23个国家和地区的议员组成，这些国家和地区是阿根廷、玻利维亚、巴西、智利、哥伦比亚、哥斯达黎加、古巴、多米尼加、厄瓜多尔、萨尔瓦多、危地马拉、洪都拉斯、墨西哥、荷属阿鲁巴、荷属库拉索、荷属圣马丁、尼加拉瓜、巴拿马、巴拉圭、秘鲁、苏里南、乌拉圭和委内瑞拉。

（二）宗旨和目标

拉丁美洲议会的宗旨是推动促进拉美和加勒比国家的团结和地区一体化；目标是促进人权保护和经济社会发展、促进和保持与其他地区议会（如欧洲议会）的联系。

（三）通讯信息

总部设在巴拿马首都巴拿马城；电子邮箱：info@parlatino.org；官网：http://www.parlatino.org。

二、发展历程

1964年12月7—11日，在秘鲁国会倡议下，阿根廷、巴西、哥伦比亚、哥斯达黎加、智利、萨尔瓦多、危地马拉、尼加拉瓜、巴拿马、巴拉圭、秘鲁、委内瑞拉和墨西哥（2名观察员）等13国的119名议员在秘鲁利马举行会议，决定成立拉丁美洲议会。1965年7月18日，拉丁美洲议会在利马正式成立。拉丁美洲议会总部原设在利马，1993年7月迁往巴西圣保罗。

2007年12月，拉丁美洲议会第23届年会决定把改善民生等社会问题和推动地区一体化进程作为会后工作重点。2008年1月，拉丁美洲议会总部由巴西圣保罗迁至巴拿马首都巴拿马城。2008年12月，拉丁美洲议会第24届年会主要就国际金融危机对拉美地区的影响、欧洲新移民政策对拉美地区移民的影响等议题进行了讨论。2009年12月，拉丁美洲议会第25届年会着重就国际金融危机对拉美地区的影响、拉美地区社会经济政策以及消除贫困和不公平议题进行了讨论。2010年12月，拉丁美洲议会第26届年会重点就拉丁美洲议会在拉美和加勒比地区一体化中应发挥的作用进行了讨论，表决通过洪都拉斯重返拉美议会。2014年12月，拉丁美洲议会第30届年会暨拉丁美洲议会成立50周年庆祝大会举行，会议高度评价拉丁美洲议会成立50年来在加强拉美国家政治对话、巩固地区民主体制、促进地区稳定发展、推动地区国家团结及一体化等方面发挥的积极作用。2019年6月，拉丁美洲议会第35届年会围绕落实联合国2030年可持续发展目标、促进地区一体化、应对气候变化等主题进行了讨论。2023年5月，拉丁美洲议会第37届年会聚焦地区非法移民问题，呼吁重点保障妇女权益。

三、组织机构

拉丁美洲议会的组织机构主要包括大会、领导委员会、总秘书处、常设委员会、协商理事会和特别委员会。

（一）大会

大会是最高权力机构，1995年之后每年举行一次。

（二）领导委员会

领导委员会在大会休会期间负责日常工作，每6个月举行一次会议，必要时可举行特别会议。议长由各成员议员轮流担任。

（三）总秘书处

总秘书处是执行机构，兼有协调和监督的职能。总秘书处负责召集会议，散发协议、提案或声明，执行预算等。

（四）常设委员会

常设委员会负责分析、研究和调查工作，下设经济、社会债务和区域发展，教育、文化、科技和通信，劳动、社会保障和司法事务等委员会。

（五）协商理事会

协商理事会是咨询机构，承担立法和政治咨询工作。

（六）特别委员会

拉丁美洲议会设有经济紧急状况委员会、拉美监狱政策委员会、美洲自由贸易区研究委员会等特别委员会。

四、发展成果

拉丁美洲议会促进了拉美地区国家的团结和一体化，在拉美地区人权与司法现代化过程中发挥了重要作用，推动拉美国家之间劳工流动以及劳工权力保障的发展，协调了拉美国家共同行动打击贩毒等违法犯罪活动，保障了拉美地区国家少数族裔和非洲裔群体的利益，在加强拉美国家政治对话、巩固地区民主体制、促进地区稳定发展、推动地区国家团结及一体化等方面发挥了积极作用。

拉丁美洲一体化协会

一、组织概览

拉丁美洲一体化协会（Asociación Latinoamericana De Integración, ALADI）成立于1981年3月，是拉丁美洲国家之间的地区性经济合作组织，前身为1960年2月成立的拉丁美洲自由贸易协会。

（一）成员国

拉丁美洲一体化协会有13个成员国：阿根廷、玻利维亚、巴西、哥伦比亚、智利、厄瓜多尔、墨西哥、巴拉圭、秘鲁、乌拉圭、委内瑞拉、古巴和巴拿马。

（二）宗旨和目标

拉丁美洲一体化协会力图在双边和多边合作的基础上实现地区经济一体化，最终建立拉美共同市场。

（三）通讯信息

总部设在乌拉圭首都蒙得维的亚；官网：http://www.aladi.org。

二、发展历程

1980年8月12日，拉丁美洲自由贸易协会11个成员国在蒙得维的亚签署了《蒙得维的亚条约》，标志着拉丁美洲一体化协会正式成立。《蒙得维的亚条约》规定该组织对任何拉丁美洲国家的加入都持开放态度。1999年8月26日，古巴成为该协会的成员国。2012年5月10日，巴拿马正式加入，拉丁美洲一体化协会成员国拓展为13个。

2005年9月，拉丁美洲一体化协会派代表参加了首届南美洲共同体首脑会议。同年12月，第60届联大通过决议，接受拉丁美洲一体化协会为观察员。2012年5月，由拉丁美洲一体化协会、联合国拉丁美洲和加勒比经济委员会和拉丁美洲开发银行共同倡议的"亚太—拉美关系观察站"正式成立。2012年8月，拉丁美洲一体化协会召开拉美主要地区组织协调会，旨在加强各组织在协会框架内的合作与协调，更有效地推进拉美地区一体化进程。2013年9月，拉丁美洲一体化协会代表委员会通过关于2014年下半年在乌拉圭举办面向成员国进出口企业的首届拉丁美洲一体化协会博览会的决议。自2014年起，拉丁美洲一体化协会博览会每年举办一次。

三、主要功能

拉丁美洲一体化协会的主要目标是推动在拉丁美洲地区建立经济优惠领域，最终目标是通过适用于原产国的区域关税优惠原则、所有成员国共同签订的区域协定、部分范围（有两个或两个以上国家参与）区域协议三个机制建立拉丁美洲共同市场，实现拉丁美洲地区一体化。

部分范围区域协议可涵盖关税减免、贸易促进、经济互补性、农业、金融、税务、海关、卫生合作、科技合作、技术标准和许多其他领域。同时，经济相对落后的国家享有优惠制度。

四、组织机构

拉丁美洲一体化协会的组织机构有外长理事会、代表委员会、评审和汇总会议、秘书处和商会理事会。

（一）外长理事会

外长理事会是协会最高决策机构，由各成员国的外交部长组成。

（二）代表委员会

代表委员会是常设政治机构和谈判论坛，由各成员国派1名代表和1名副代表组成，每15天举行1次会议。代表委员会协会下设协助机构和工作组。

（三）评审和汇总会议

评审和汇总会议负责审查一体化进程实施情况，促进部分范围协议的趋同。其由成员国全权代表组成。

（四）秘书处

秘书处是行政技术机构，拥有提案、评估、研究和管理权力。它由技术和行政人员组成，由1名秘书长领导，由2名副秘书长支持，任期3年，可连任。

（五）商会理事会

商会理事会负责协调企业间贸易活动等，成立于1986年10月。

五、发展成果

拉丁美洲一体化协会在补充成员国扩大区域内贸易和使区域内贸易多样化的努力方面发挥着积极作用，鼓励成员国更多地参与，并更好地利用1980年《蒙得维的亚条约》签署的有效协定所给予的好处。

拉丁美洲一体化协会通过促进各成员国之间实施数字系统，努力促进跨境贸易的便利化，提高与原产地认证有关的组织的业绩水平，为该区域的商业经营者提供更好的服务。协会通过推动成员国之间签订条约和公约，促进了成员国之间的金融和货币合作。协会创造了本币支付系统，减少了成员国之间的交易成本。协会与世界海关组织合作，促进了成员国之间的海关便利化。协会成员国内部贸易透明化程度不断提高，绝大多数国家通过了《贸易便利化协定》。

拉美和加勒比国家共同体

一、组织概览

拉美和加勒比国家共同体（Comunidad de Estados Latinoamericanos y Caribeños，CELAC）简称"拉共体"，是拉丁美洲和加勒比国家区域集团组织，是西半球最大的区域性政治组织。2011年12月2—3日，拉美和加勒比地区33国国家元首、政府首脑或代表在委内瑞拉举行会议，宣布正式成立拉共体。

（一）成员国

拉共体成员国有33个：安提瓜和巴布达、阿根廷、巴哈马、巴巴多斯、伯利兹、玻利维亚、巴西、智利、哥伦比亚、哥斯达黎加、古巴、多米尼加、多米尼克、厄瓜多尔、萨尔瓦多、格林纳达、危地马拉、圭亚那、海地、洪都拉斯、牙买加、墨西哥、尼加拉瓜、巴拿马、巴拉圭、秘鲁、圣卢西亚、圣基茨和尼维斯、圣文森特和格林纳丁斯、苏里南、特立尼达和多巴哥、乌拉圭、委内瑞拉。

（二）宗旨和目标

拉共体力图推动深化拉美和加勒比地区政治、经济、社会和文化一体化发展，推动地区可持续发展；继续推进现有的区域一体化组织在经济、贸易、科技、教育、文化等领域的合作交流，制定地区一体化发展议程；在涉及拉共体重大问题上进行合作并协调成员国共同立场，对外发出"拉美国家的声音"。

（三）通讯信息

拉共体暂未设秘书处，实行轮值主席国制；电子邮箱：cumbre.calc@mppre.gob.ve；官网：http://www.celac.gob.ve/。

二、发展历程

拉共体的前身是里约集团。2008年12月16—17日，第一届拉美和加勒比一体化发展首脑会议在巴西巴伊亚州斯科多索伊佩举行。它是在卢拉政府的倡议下组织的，目的是建立具有更大自主权的合作机制。

2008年，墨西哥卡尔德龙政府提议建立拉美和加勒比国家共同体。该提案于2009年3月27日在里约集团会议上正式提出。在墨西哥的倡议下，第二十一届里约首脑会议和第二届中非经共体首脑会议于2010年2月22—23日在墨西哥普拉亚德尔卡门共同举行。联合首脑会议被命名为拉丁美洲和加勒比团结首脑会议，32个与会国决定建立拉美和加勒比国家共同体。

2013年1月27—28日，拉共体首届峰会举行，会议通过《圣地亚哥宣言》和《拉共体章程修订案》等文件，决定加勒比共同体轮值主席国作为加勒比国家代表，其与拉共体"三驾马车"一起组成"扩大的三驾马车"。2014年1月28—29日，拉共体第二届峰会举行，会议通过《哈瓦那宣言》《拉共体2014年行动计划》等近30份文件。会议决定将"扩大的三驾马车"更名为"四驾马车"。2017年1月24—25日，拉共体第五届峰会举行，会议就维护地区和平稳定以及推动经济发展、加强社会领域合作等达成共识，发表《卡纳角政治声明》《2017年行动计划》。2021年9月18日，拉共体第六届峰会举行，会议就坚持独立自主、加强抗疫等各领域合作、推进地区一体化进程及推动建立公平公正的国际秩序达成共识，会议发表涉及气候变化、对古巴制裁、马岛问题等特别公报或文件。2024年3月1日，拉共体第八届峰会举行，会议发表《金斯顿宣言》。

三、主要功能

拉共体持续促进区域一体化和可持续发展，共同体中的政治合作和区域全面议程促进了与其他国家和区域组织的对话，促进了区域和次区域机构之间的合作与交流。共同体还协调成员在重大问题上的立场，对外发出"拉美国家的声音"。

四、组织机构

拉共体组织机构主要包括国家元首和政府首脑会议、外长会、轮值主席国、各国协调员会议、特别会议、"四驾马车"和紧急磋商机制。

（一）国家元首和政府首脑会议

国家元首和政府首脑会议是最高权力机构，在轮值主席国召开，经与成员国协商可召开特别峰会。

（二）外长会

外长会负责筹备拉共体峰会并执行会议有关决定，协调各成员国在拉美一体化等重要问题上的立场，每年召开两次会议。

（三）轮值主席国

轮值主席国是拉共体机制建设、技术和行政辅助机构，负责筹备和召开首脑会议和外长会等。

（四）各国协调员会议

各国协调员会议负责联系沟通，国家协调员负责具体议题的跟踪和协调。

（五）"四驾马车"

现任、前任、候任拉共体轮值主席国和加勒比共同体轮值主席国组成"四驾马车"。

（六）紧急磋商机制

在出现紧急情况时，成员国可向轮值主席国提交声明或公告，并由轮值主席国向"四驾马车"成员发布，"四驾马车"决定是否对上述事件采取共同立场。

五、发展成果

经过多年的工作，拉共体成员国持续就共同关心的问题进行对话和达成共识。根据国家元首和政府首脑会议的授权，共同体推动该区域在协商一致问题上的统一声音。

拉共体担任共同体的发言人，与欧盟、中国、俄罗斯、韩国、海湾阿拉伯国家合作委员会、土耳其和日本进行对话，维护了拉美和加勒比地区的利益，提高了地区国际影响力。

拉美和加勒比开发银行

一、组织概览

拉美和加勒比开发银行（Banco de Desarrollo de América Latina el Caribe，CAF）是拉美地区重要的多边金融合作机构，成立于1970年，前称安第斯开发银行，2010年更名为拉美开发银行，2023年改称现名。

（一）成员

拉美和加勒比开发银行有21个成员国和13家地区私营银行。21个成员国：阿根廷、巴巴多斯、玻利维亚、巴西、智利、哥伦比亚、哥斯达黎加、多米尼加、厄瓜多尔、牙买加、墨西哥、巴拿马、巴拉圭、秘鲁、特立尼达和多巴哥、乌拉圭、委内瑞拉、西班牙、葡萄牙、萨尔瓦多、洪都拉斯。

（二）宗旨和目标

拉美和加勒比开发银行的成立是为向成员国政府、公共和私营部门提供金融支持和服务，推动各国可持续发展和区域一体化。

（三）通讯信息

秘书处位于委内瑞拉首都加拉加斯；地址：Avenida Luis Roche, Torre CAF, Altamira, Caracas；官网：http://www.caf.com。

二、发展历程

1970年，安第斯开发银行成立。2007年，中国国家开发银行与安第斯开发银行签署《金融合作协议》，商定在项目合作、人员交流等多个方面开展合作。

2010年，安第斯开发银行改称拉美开发银行。同年2月，中国进出口银行与拉美开发银行签署合作协议，双方确立战略合作关系。2016年10月，中国财政部副部长与拉美开发银行行长签署《合作备忘录》，双方将加强融资合作，促进中拉贸易往来和投资。2023年，拉美开发银行更名为拉美和加勒比开发银行。

三、主要功能

（一）提供贷款业务

拉美和加勒比开发银行为成员国政府以及一些私人资本提供贷款，包括商业贷款、流动资金贷款、项目贷款、担保贷款等，贷款种类分为短期贷款（1年）、中期贷款（1—5年）和长期贷款（5年以上），贷款范围包括交通运输、电信、发电和输电、水资源与卫生等基础设施建设。

（二）结构性融资

拉美和加勒比开发银行主要针对与基础设施建设、资源能源开采等相关的主体提供结构性融资。

（三）提供财务咨询

拉美和加勒比开发银行为客户提供财务咨询服务，包括为项目或公司制订、构建融资计划，协助公共部门设计和实施基础设施建设，运营和管理公共招标程序，协助私营部门参与投标，协助兼并和收购活动等。

（四）提供融资担保服务

拉美和加勒比开发银行向国家和地区政府、公共、私营或混合企业以及金融机构提供担保服务，以支持其向其他机构借贷。

（五）提供资金服务

拉美和加勒比开发银行提供活期存款、定期储蓄、资金管理等基本银行服务。

（六）提供技术发展融资

拉美和加勒比开发银行全力支持拉丁美洲技术进步，为此向相关项目或主体提供融资服务，相关主要基金有技术援助基金、促进可持续基础设施项目基金、厄瓜多尔特别基金、边境合作和融合基金等。

四、组织机构

拉美和加勒比开发银行的组织机构主要包括股东大会、董事会、执行委员会和审计委员会等。

（一）股东大会

股东大会是最高权力机构，批准董事会年度报告、财务报表等重要文件，任命外聘审计员，并审查明确提交其审议的其他问题。股东大会每年举行一次常会，也会不定期举行特别会议。

（二）董事会

董事会由股东代表组成，负责制定拉美和加勒比开发银行的政策，任命首席执行官，批准信贷业务和年度费用预算。

（三）执行委员会

执行委员会根据董事会指定的标准，承接董事会下放的部分业务审批权。

（四）审计委员会

审计委员会负责相关审计工作。

五、发展成果

拉美和加勒比开发银行注册资本为150亿美元，截至2023年，拉美和加勒比开发银行总资产规模为538.14亿美元。2015年11月，该行批准45亿美元增股方案，使其具备在2016—2022年放贷1000亿美元的能力。已有阿根廷、巴拉圭、秘鲁、多米尼加、乌拉圭和委内瑞拉等拉美国家签署认购协议。拉美和加勒比开发银行是拉美地区债券发行商信用评级最高的机构之一。拉美和加勒比开发银行为拉丁美洲区域经济、科学技术、基础设施建设、社会发展等作出了贡献，是拉丁美洲重要的多边金融合作机构，有着巨大的发展前景。

美洲玻利瓦尔联盟

一、组织概览

美洲玻利瓦尔联盟全称"美洲玻利瓦尔联盟—人民贸易协会"（Alianza Bolivariana para los Pueblos de Nuestra América-Tratado de Comercio de las Pueblos，ALBA—TCP），是加勒比及南美洲地区国家间的战略、经济合作组织。2004年12月，美洲玻利瓦尔选择成立于古巴首都哈瓦那，2009年更名为美洲玻利瓦尔联盟。

（一）成员

联盟有10个成员国和3个"特殊受邀国"。10个成员国：安提瓜和巴布达、玻利维亚、古巴、多米尼克、尼加拉瓜、圣文森特和格林纳丁斯、委内瑞拉、圣基茨和尼维斯、格林纳达、圣卢西亚。3个"特殊受邀国"：叙利亚、海地、苏里南。

（二）宗旨和目标

联盟以南美解放者玻利瓦尔的一体化思想为指导，通过"大国家"方案，加强地区政治、经济和社会合作，发挥各国优势解决本地区人民最迫切的社会问题，消除贫困和社会不公，推动可持续发展，实现人民的一体化和拉美国家大联合，抵制和最终取代美国倡议的美洲自由贸易区。

（三）通讯信息

秘书处设在委内瑞拉首都加拉加斯；官网：http://albatcp.org。

二、发展历程

2004年12月，查韦斯访问古巴，与古国务委员会主席卡斯特罗发表关于创立美洲玻利瓦尔选择的联合声明并签署实施协定。2009年6月24日，美洲玻利瓦尔选择第6届特别峰会在委内瑞拉阿拉瓜州府马拉凯举行，宣布该组织更名为"美洲玻利瓦尔联盟"。2009年10月，第7届美洲玻利瓦尔联盟峰会举行，会议围绕建立地区统一货币机制"苏克雷"等议题进行了讨论，宣布将于2010年正式启用地区统一货币机制"苏克雷"。2012年2月，第11届美洲玻利瓦尔联盟峰会举行，就建立经济政策委员会、社会政策委员会和秘书处等问题达成一致，决定设立美洲玻利瓦尔联盟经济区。2013年7月，第12届美洲玻利瓦尔联盟峰会举行，会议决定成立"常设跨领域咨商小组"，研究建立"互补经济区"的提议，通过《美洲玻利瓦尔联盟太平洋宣言》。2017年3月，第14届美洲玻利瓦尔联盟特别峰会举行，通过《维护美洲团结、尊严和主权》，决定深入发展联盟内经济生产和社会民生。2021年12月，第20届美洲玻利瓦尔联盟峰会暨联盟成立17周年纪念峰会召开，通过《联盟后疫情时代工作计划（2022）》，规划了务实合作路线图。2024年4月，第23届美洲玻利瓦尔联盟峰会举行，通过"联盟2030议程"等文件。

三、组织机构

美洲玻利瓦尔联盟的组织机构包括总统理事会、部长理事会和社会运动理事会、其他理事会和秘书处。

（一）总统理事会

总统理事会是美洲玻利瓦尔联盟最高权力机构，由所有成员国代表组成。

（二）部长理事会和社会运动理事会

部长理事会和社会运动理事会是总统理事会的直属机构，负责管理组织日常事务。

（三）其他理事会

总统理事会下设许多其他理事会，负责政治、社会、经济等方面事务。

（四）秘书处

秘书处为常设协调机构。

四、发展成果

近年来，由于疫情的冲击与美国的打压，拉美左翼力量回潮，美洲玻利瓦尔联盟也有望迎来新的发展。美洲玻利瓦尔联盟加强了联盟机制性合作，推动了区域政治协商发展。联盟建立了地区统一货币机制"苏克雷"，加强了拉美和加勒比地区国家间的经贸合作和一体化进程，维护了地区利益。

美洲国家组织

一、组织概览

美洲国家组织（Organization of American States，OAS）是美洲独立国家的区域性国际组织，成立于1948年4月，其前身是1890年4月14日成立的美洲共和国国际联盟（1910年改称美洲共和国联盟）。

（一）成员

美洲国家组织有33个成员国和75个常驻观察员国。33个成员国：阿根廷、玻利维亚、巴西、智利、哥伦比亚、哥斯达黎加、多米尼加、厄瓜多尔、萨尔瓦多、危地马拉、海地、洪都拉斯、墨西哥、巴拿马、巴拉圭、秘鲁、美国、乌拉圭、特立尼达和多巴哥、巴巴多斯、牙买加、格林纳达、古巴、苏里南、多米尼克、圣卢西亚、安提瓜和巴布达、圣文森特和格林纳丁斯、巴哈马、圣基茨和尼维斯、加拿大、伯利兹、圭亚那。

（二）宗旨和目标

美洲国家组织力图加强美洲大陆的和平与安全；确保成员国之间和平解决争端；谋求解决成员国间的政治、经济、法律问题，消除贫困，促进各国经济、社会、文化合作；控制常规武器；加速美洲国家一体化进程。

（三）通讯信息

秘书处设在美国华盛顿特区；地址：17th Street and Constitution Ave., NW. Washington, D.C., 20006–4499, United States of America；官网：http://www.oas.org。

二、发展历程

1890年，首届泛美会议在华盛顿举行，成立美洲共和国国际联盟。1906年，美洲司法委员会建立。1910年，美洲共和国国际联盟改名为"美洲共和国联盟"，常设机构商务局改称为"泛美联盟"。1948年，第九次美洲国家国际会议签署《美洲国家组织宪章》《美洲太平洋解决条约》（波哥大条约）和《美洲人的权利与义务宣言》，宣告美洲国家组织正式建立。2017年6月，美洲国家组织第47届年会举行，各成员国外长就加强西半球全面发展与繁荣、法制社会与民主安全等议题进行了讨论。2021年11月，美洲国家组织第51届年会举行，与会各方重点关注后疫情时代地区可持续发展，就地区面临的主要挑战及应对方法等展开讨论。2024年6月，美洲国家组织第54届年会举行，与会成员国代表围绕民主、人权、安全、非法移民等议题以及共同关心的国际和地区热点问题展开讨论。

三、主要功能

美洲国家组织在经济合作、地区安全和危机处理及政治合作等方面发挥着重要功能。

（一）经济合作

冷战时期，拉美国家以美洲国家组织为平台与美国在拉美国家经济一体化问题上展开协商，这一平台为拉美国家经济一体化扫除了部分障碍，此后相继产生了部分美洲国家间的共同市场。冷战结束后，该组织在推动美洲自由贸易区建设上达成普遍共识并设定了最后期限。

（二）地区安全和危机处理

冷战时期，美洲国家组织在处理美洲地区安全事件上作出重大贡献。为处理地区纠纷，维护西半球和平与安全，该组织成立了泛美和平委员会，针对地区内争议事态做出详细调查并向理事会或外长协商会议汇报。泛美防务委员会是该组织的常设军事咨询机构，其研究并提出西半球共同防务所必需的措施，并就军事合作问题向各国政府和美洲国家组织协商机构提供咨询与建议。

美洲国家组织在本地区国内恐怖主义和国际恐怖主义的双重威胁下，较早地举起了反恐的大旗，通过了谴责恐怖活动的决议，讨论防止和惩治恐怖主义的行动协约，于1971年通过了《美洲国家组织关于防止和惩治恐怖主义行为的公约》，对美洲国家打击恐怖主义做出了指导性规定，使美洲国家组织成员国明确了恐怖主义的界定和范围，并为其提供了可行的政策、措施。此后，美洲国家反恐合作不断强化，美洲国家组织通过了一系列反恐合作文件与决议。

（三）政治合作

冷战结束后，美洲国家组织进一步加强政治合作，推进西半球民主化进程。针对美洲国家普遍存在的民主化、毒品、环保等问题，该组织历届大会上都有提及，并通过了一系列解决方案。在第28次特别会议上，成员国一致通过了《美洲民主宪政》，其为西半球民主建设的行动纲领，是美洲国家组织民主观念、民主原则和民主促进机制的集中体现。

四、组织机构

美洲国家组织的组织机构主要包括美洲国家大会、常务理事会、泛美一体化发展理事会、外长协商会议、秘书处和其他机构。

（一）美洲国家大会

美洲国家大会是美洲国家组织的最高权力机构，由所有成员国代表组成，各成员国都拥有平等的投票权。美洲国家大会每年召开一次，在特殊情况下可召开特别会议。

（二）常务理事会

常务理事会是美洲国家大会的直属常设机构，在大会休会期间管理组织日常事务。

（三）泛美一体化发展理事会

泛美一体化发展理事会是美洲国家大会的直属机构，在组织与发展伙伴关系的相关事项上拥有决策权。其下设有美洲合作与发展机构、非常任理事国专门委员会、美洲委员会、常务委员会等附属专门机构。

（四）外长协商会议

外长协商会议是美洲国家组织最主要的活动方式，经常务理事会绝对多数票赞成召集会议，就共同关注的紧急问题进行协商与审议，当成员国遭到武装袭击时可立即召集会议。

（五）秘书处

秘书处是美洲国家组织的常设机构，受大会、常务理事会与泛美一体化发展协会的领导与监督，并为其提供会议召集与通知、文书保管、拟订方案预算等服务。

（六）其他机构

美洲国家组织还设有泛美法律委员会、泛美人权委员会以及美洲开发银行、泛美卫生组织、泛美儿童协会等技术性专门机构。

五、发展成果

截至2024年10月，美洲国家组织已举行54届年会。该组织成员国签订了《美洲反恐条约》《美洲安全宣言》等文件，推进了地区国家在传统安全与非传统安全议题上的合作。各方加强消除贫困合作，捍卫民主体制，和平解决争端，减少军费，促进可持续发展和环境保护。近几年达成的协议主要涉及反歧视、保护人权、业余无线电许可等问题。社会安全、民主政治、地区建设与人权是21世纪美洲国家组织的主要议题。

美洲开发银行

一、组织概览

美洲开发银行（Inter-American Development Bank，IDB）成立于1959年12月30日，是美洲国家组织的专门机构。该组织规定非拉美地区国家不得使用该银行资金，但是允许参与该银行组织的相关项目投标工作。

（一）成员国

美洲开发银行有48个成员国：阿根廷、巴巴多斯、巴哈马、巴拉圭、巴拿马、巴西、秘鲁、玻利维亚、多米尼加、厄瓜多尔、哥伦比亚、哥斯达黎加、圭亚那、海地、洪都拉斯、墨西哥、尼加拉瓜、萨尔瓦多、苏里南、特立尼达和多巴哥、危地马拉、委内瑞拉、乌拉圭、牙买加、智利、伯利兹、加拿大、美国、奥地利、比利时、丹麦、德国、法国、芬兰、荷兰、挪威、葡萄牙、瑞典、瑞士、西班牙、意大利、英国、克罗地亚、斯洛文尼亚、日本、以色列、韩国、中国。

（二）宗旨和目标

美洲开发银行力图集中各成员国的力量，对拉丁美洲国家的经济、社会发展计划提供资金和技术援助，并协助它们单独和集体为加速经济发展和社会进步作贡献。

（三）通讯信息

总部位于美国华盛顿特区西北纽约大道1300号（Washington, D.C. 20577）；官网：http://www.iadb.org。

二、发展历程

美洲开发银行是作为美洲国家组织的专门机构而成立的，主要是为美洲国家特别是拉美地区国家建设发展提供资金。20世纪六七十年代，该行主要为卫生和教育等公共项目提供资金，90年代起逐渐加大了对私人产业的投资。1987年第28届年会改选了执行董事会，美欲以增加它在该行资金的75%为条件，换取对银行贷款的最终决定权，但未能成功。1994年4月，美洲开发银行第35届年会决定进行第八次普遍增资，核定股本增加400亿美元。增资中，拉美成员国将部分表决权让给了日本和欧洲成员国，以换取这些国家更多的资金。2003年3月，第44届年会在米兰举行，各成员国要求美洲开发银行对地区消除贫困计划给予更多支持。2003—2018年，该行在每年的3月或4月召开年会，围绕地区经济形势、金融政策、机构改革等领域的重大问题展开讨论。2010年3月，第51届年会通过《坎昆宣言》，就美洲开发银行增资、援助海地等达成一致。2016年4月，第57届年会举行，宣布将增加对气候变化领域融资。2022年3月，第62届年会举办，制定了旨在推动机构改革的"美洲开发银行21世纪新商业模式发展路径"，通过了美洲投资公司增资提案并授权该公司制定具体方案，批准了"美洲开发银行新价值观主张"。2023年3月，第63届年会举行，发布《为恢复增长创造宏观环境》的报告。2024年3月，第64届年会举行，将推动实现减贫、改善教育和卫生等社会目标，推动能源转型和应对气候变化灾害，推动生产力提升和经济增长作为该行三大目标任务，决定为美洲投资公司增资35亿美元，对美洲创新基金（原多边投资基金）增资4亿美元。

三、主要功能

美洲开发银行提供贷款促进拉美地区的经济发展、帮助成员国发展贸易，为各种开发计划和项目的准备、筹备和执行提供技术合作。它努力改善拉丁美洲和加勒比地区人民的生活。它通过向致力于减少贫困和不平等的国家提供财政和技术支持，帮助改善卫生和教育，并推进基础设施建设。其投资涵盖农、林、牧、教育、卫生等多个公共领域。银行的一般资金主要用于向拉美国家公私企业提供贷款，现在美洲开发银行是拉丁美洲和加勒比地区发展筹资的主要来源。

四、组织机构

美洲开发银行的组织机构包括理事会、执行董事会、行长和副行长以及各分支机构。

（一）理事会

理事会是最高权力机构，由各成员国委派1名理事组成，每年举行1次会议。理事通常由该国财长或中央银行行长担任。

（二）执行董事会

执行董事会是理事会的常设执行机构，由14名董事组成，其中拉美国家9名，美国、加拿大各1名，其他地区国家3名，任期3年。

（三）行长和副行长

行长和副行长在执行董事会领导下主持日常工作。行长由执行董事会选举产生，副行长由执行董事会任命。

（四）分支机构

美洲开发银行在拉美各成员国首都及马德里和东京设有办事处。

五、发展成果

美洲开发银行成立至今，其成员国扩展到48个，涵盖南北美洲、欧洲、亚洲等世界多个地区，拥有超过2000名员工，在26个借款成员国设有区域办事处，在亚洲和欧洲设有区域办事处。美洲开发银行的客户包括政府和非政府组织。从建立以来，该行一直致力于推动拉美和加勒比地区的经济和社会发展。1961年该行向秘鲁提供3900万美元的贷款，此后的20年间，美洲开发银行共发放各类贷款180亿美元。

南美洲国家联盟

一、组织概览

南美洲国家联盟（Unión de Naciones Suramericanas，UNASUR）简称"南美联盟"，前身是南美洲国家共同体。

（一）成员

截至2024年，南美联盟仅存7个成员国：委内瑞拉、玻利维亚、圭亚那、阿根廷、巴西、哥伦比亚与苏里南；2个观察员国：墨西哥和巴拿马。

（二）宗旨和目标

南美联盟力图增进南美国家间政治互信，实现地区政治、经济、社会和文化领域全方位一体化，强化南美国家特性，优先促进政治对话并深化在社会政策、教育、能源、基础设施、金融、环境等各领域合作。

（三）通讯信息

秘书处位于厄瓜多尔首都基多；电子邮箱：secretaria.general@unasursg.org；官网：http://www.unasursg.org（现已停用）。

二、发展历程

2004年12月，南共体正式成立。2007年4月，南共体首届能源会议决定将该组织更名为南美洲国家联盟。2008年5月，南美12国元首签署《南美国家联盟组织条约》，宣告南美联盟正式成立。2009年，成立南方银行，总部设在委内瑞拉首都加拉加斯，尚未正式启动。2009年8月，南美联盟年度首脑会议讨论了国际金融危机、美国在哥伦比亚设立军事基地等议题，宣布成立南美反毒、基础设施和计划、社会发展和教育、文化和科技创新四个专门委员会。2011年3月，南美联盟外长会宣布具有宪章性质的《南美国家联盟组织条约》生效，标志着联盟成为具有国际法人地位的地区组织。会后，与会各国外长还出席了联盟秘书处大楼奠基仪式。2014年12月，南美联盟举行了常设秘书处总部揭幕仪式。2018年4月，巴西、阿根廷、哥伦比亚、智利、秘鲁、巴拉圭6国决定暂停参与联盟活动。同年8月，哥伦比亚宣布退出南美联盟。2019年3月，巴西、厄瓜多尔宣布将退出南美联盟。2020年，乌拉圭宣布退出南美联盟。2020年11月，玻利维亚宣布重新参与南美联盟。2023年4月，阿根廷和巴西宣布两国重返南美联盟。2023年5月，南美国家领导人峰会举行，哥伦比亚会后宣布重返南美联盟。

三、主要功能

南美联盟充分发挥组织功能，努力在如下方面发挥作用：密切成员国之间政治对话，推进南美洲一体化和南美联盟在国际舞台的政治参与；推动社会可持续发展，促进本区域成员国之间基础设施建设合作；维护文化多样性；保护区域生态系统，维护生物多样性；开展区域经济与贸易合作，缓解经济不对称发展，减少贫困，保障各阶层社会福利；维护区域和平与安全。

四、组织机构

南美联盟的组织机构主要包括国家元首和政府首脑委员会、外长委员会、代表委员会、理事会、议会、南方银行和秘书处等。

（一）国家元首和政府首脑委员会

国家元首和政府首脑委员会是南美联盟最高决策机构，由成员国政府首脑组成，每年举行1次例会。

（二）外长委员会

外长委员会负责筹备国家元首和政府首脑委员会会议并执行其决议，由南美联盟各成员国外长组成，每半年召开1次例会。

（三）代表委员会

代表委员会负责筹备外长委员会会议，并执行国家元首和政府首脑委员会会议及外长委员会会议决议，由各成员国派1名代表组成，每两个月召开1次例会。

（四）理事会

联盟设有防务、卫生、能源、反毒、选举、基础设施和规划、社会发展、教科文与技术创新、经济金融、公民安全、司法与打击有组织犯罪等12个理事会。

（五）议会

议会总部设在玻利维亚科恰班巴，尚在筹建中。

（六）南方银行

南方银行负责向各国基础设施项目提供融资服务，未正式启动。

（七）秘书处

秘书处是常设行政机构，负责落实会议决定，开展专题研究，制定预算草案等。

五、发展成果

南美联盟是南美洲国家探寻区域一体化的一次重要尝试，继承并发展了西蒙·玻利瓦尔的一体化精神，在政治、安全、社会、金融与贸易等领域协作方面都做出了机制设想与探索，为未来南美洲区域一体化提供了经验借鉴。同时，其也面临着严重的认同危机。

伊比利亚美洲首脑会议

一、组织概览

伊比利亚美洲首脑会议（Cumbre Iberoamericana）是伊比利亚美洲地区国家间定期进行沟通的一个峰会机制，由伊比利亚美洲地区的22个国家组成。第一届伊比利亚美洲首脑会议于1991年召开，随后定期举行会议。伊比利亚美洲首脑会议常设秘书处成立于2005年，工作地点位于西班牙首都马德里。

（一）成员国

伊比利亚美洲首脑会议共有22个成员国，包括伊比利亚半岛国家：西班牙、葡萄牙、安道尔；拉丁美洲19国：阿根廷、巴拉圭、巴拿马、巴西、秘鲁、玻利维亚、多米尼加、厄瓜多尔、哥伦比亚、哥斯达黎加、古巴、洪都拉斯、墨西哥、尼加拉瓜、萨尔瓦多、危地马拉、委内瑞拉、乌拉圭、智利。联系观察员国有意大利、比利时、菲律宾、法国、摩洛哥、荷兰、海地、日本和韩国等。

（二）宗旨和目标

伊比利亚美洲首脑会议致力于建设互信的多边交流论坛，使各国在其框架内分享经验、协调立场，共同建设和平、民主、人权、经济和社会可持续发展的伊美社会。

（三）通讯信息

常设秘书处位于西班牙首都马德里；电子邮箱：info@segib.org；官网：http://www.segib.org。

二、发展历程

20世纪90年代初，西班牙国王胡安·卡洛斯一世为纪念哥伦布发现美洲大陆500周年，提议举行伊比利亚美洲首脑会议，得到各国积极响应。1991年7月举行了第一次会议，之后每年举行一次峰会，直到2013年第23届峰会决定自2014年后每两年举行一次峰会。

2005年，第15届伊比利亚美洲首脑会议举行，会议讨论了伊比利亚美洲首脑会议的合作机制，决议设立常设秘书处，将过去的"峰会体制"转变为合作更加密切的、更具有区域一体化性质的"集团化体制"。同年，安道尔加入伊比利亚美洲首脑会议。

2010年12月，第20届伊比利亚美洲首脑会议举行，会议通过《马德普拉塔宣言》，重申反对美国对古巴的封锁，在马岛问题上支持阿根廷；发表了《捍卫民主和宪政宣言》，承诺采取集体行动抵制本地区政变行为。2013年10月，第23届伊比利亚美洲首脑会议举行，会议就深化会议机制改革及加强成员国间政治、经贸、文化领域合作等议题进行讨论，通过《巴拿马宣言》《行动计划》《伊比利亚美洲会议革新决定》三个文件。2023年3月，第28届峰会举行，围绕气候变化、粮食安全、数字鸿沟、金融改革等议题进行讨论，通过《圣多明各宣言》等文件及特别声明。

三、组织机构

伊比利亚美洲首脑会议的组织机构主要包括政府首脑会议、外长会议、部长会议、常设秘书处和临时秘书处等。

（一）政府首脑会议

政府首脑会议是伊比利亚美洲首脑会议的核心机制，每年举行一次，由成员国元首或政府首脑组成。

（二）外长会议

外长会议在每年的首脑会议前举行，各成员国外长出席会议，协商首脑会议确定的相关事宜。

（三）部长会议

部长会议不定期举行，成员国各部长及伊美合作项目高级负责人出席会议。

（四）常设秘书处

常设秘书处是常设行政机构，2005年设立，也是伊比利亚美洲首脑会议转变为"集团化体制"的一个标志。

（五）临时秘书处

临时秘书处由每届首脑会议承办国成立，负责会议事宜。

四、发展成果

各国领导人在例会上就地区政治、经济等重大问题进行讨论，充分交换意见，促进成员国之间沟通互信。1991—2021年，伊比利亚美洲首脑会议一直能够保证定期举行，就区域社会经济发展、经济建设、抗击疫情、相关国际重要事件等领域发表了多个宣言与行动纲领。

伊比利亚美洲首脑会议最初只是"峰会体制"，自2005年开始向"集团化体制"转变，这是该组织里程碑式的转变，该组织对拉美区域一体化作出了一定贡献。

中美洲一体化体系

一、组织概览

中美洲一体化体系（Central American Integration System，SICA）是致力于中美洲国家一体化合作的政府间组织，1993年2月1日正式运作。它的前身是成立于1951年的中美洲国家组织。

（一）成员

中美洲一体化体系共有8个成员国：伯利兹、哥斯达黎加、多米尼加、危地马拉、洪都拉斯、尼加拉瓜、巴拿马、萨尔瓦多。它还有40个观察员，其中区域内观察员12个，区域外观察员28个。

（二）宗旨和目标

中美洲一体化体系致力于中美洲一体化事业，将中美洲建成一个和平、自由、民主和发展的区域。

（三）通讯信息

总部位于萨尔瓦多首都圣萨尔瓦多；地址：Final Bulevar Cancillería, Distrito El Espino, Ciudad Merliot, Antiguo Cuscatlán, La Libertad, El Salvador, Centroamérica；电子邮箱：info@sica.int；官网：http://www.sica.int。

二、发展历程

1951年10月14日，在中美洲国家外交部长在圣萨尔瓦多市举行的一次广泛会议的框架内，签署了被称为《圣萨尔瓦多宪章》的文件，从而诞生了中美洲国家组织。1991年12月13日，在洪都拉斯特古西加尔巴举行的第11届中美洲总统会议框架内，签署了《特古西加尔巴议定书》，使中美洲一体化体系成为一个新的法律政治框架。根据这项协定，成立了中美洲一体化体系代替中美洲国家组织。2007年12月，第31次中美洲国家首脑会议上，成员国签署《建立中美洲关税同盟的框架协议》，推动地区一体化迈出重要一步。2010年7月20日，各成员国国家首脑重申中美洲各国政府仍然致力于推动区域一体化，同意重新启动区域一体化进程。2017年6月28—29日，中美洲一体化体系成员国国家元首和政府首脑一致批准《区域优先议程》，使该议程与可持续发展目标相一致。2018年6月，第51届中美洲国家首脑会议通过《圣多明各宣言》《加强中美洲一体化体系体制建设特别声明》等文件。2023年6月，第57届中美洲国家首脑会议召开，会议重点围绕粮食安全、移民、气候变化及海地局势等问题进行了讨论。

三、主要功能

中美洲一体化体系在推动中美洲一体化，建立和平、自由、民主和发展的中美洲方面发挥了重要的组织功能，被各中美洲国家界定为中美洲地区社会一体化、经济一体化、民主安全、加强体制以及气候变化和全面风险管理工作的关键角色。

四、组织机构

中美洲一体化体系的主要组织机构包括总统会议、部长理事会、执行委员会、总秘书处等。

（一）总统会议

总统会议是最高机构，由成员国的总统组成。会议负责听取区域事务，以协商一致方式做出决定。总统会议的东道国是中美洲的发言人。

（二）部长理事会

部长理事会由该分部的部长组成，在特殊情况下，可由一名适当授权的副部长组成。

（三）执行委员会

执行委员会由每个成员国的一名代表组成。代表由其总统通过外交部长任命。该机构的主要职能是阐明国家和区域利益，确保总秘书处和系统各机构制定主席会议通过的决定，并确保这些决定通过总秘书处有效执行。此外，执行委员会还履行其他职能。

（四）总秘书处

总秘书处是业务机构，负责执行或协调执行总统会议、部长理事会和执行委员会的任务，确保中美洲一体化体系的运作工作，以便通过协调各机构和促进有利于中美洲人民的区域行动和项目，实现其宗旨、原则和目的。

五、发展成果

2000年以来，中美洲一体化体系在推动中美洲地区一体化进程和开展区域内交往方面发挥了积极作用。在中美洲共同市场基础上，它通过首脑会议加强对地区宏观经济政策的协调并协商解决分歧，区域内经济交往进一步活跃。同时，该体系推动了中美洲国家在教育、农村土地发展战略、海洋港口发展战略、移民、制定地区发展战略方面协调立场。未来该体系的议会机构建议将区域航空旅行视为国内旅行，取消电话漫游费，并设立一个区域监狱（隶属于中美洲法院），以处理区域贩运和国际犯罪问题，进一步加强中美洲地区一体化进程。同时，中美洲一体化体系与日本、韩国及加勒比共同体建立了合作论坛。中美洲一体化体系与欧盟保持着友好联系，与欧盟在经济一体化、安全和气候变化等领域进行了合作。

五、跨洲际区域组织

北大西洋公约组织

一、组织概览

北大西洋公约组织（North Atlantic Treaty Organization, NATO）简称"北约"，是美国与西欧、北美主要发达国家为实现防卫协作而建立的一个国际军事集团组织。

北约拥有大量核武器和常规部队，是西方的重要军事力量。北约是第二次世界大战后西方阵营军事上实现战略同盟的标志，是马歇尔计划在军事领域的延伸和发展，使美国得以控制以德国和法国为首的欧盟的防务体系，是美国世界超级大国领导地位的标志。

（一）成员国

北约成员国有32个：美国、加拿大、英国、法国、意大利、荷兰、比利时、卢森堡、葡萄牙、丹麦、挪威、冰岛、希腊、土耳其、德国、西班牙、波兰、捷克、匈牙利、克罗地亚、阿尔巴尼亚、黑山、北马其顿、爱沙尼亚、拉脱维亚、立陶宛、斯洛文尼亚、斯洛伐克、保加利亚、克罗地亚、芬兰和瑞典。

（二）宗旨和目标

北约在坚持"集体防御"职能的同时，基于"民主、人权、法治方面的共同价值观"，为保证欧洲"公正持久的和平秩序而奋斗"，致力于建立一个完整、自由、统一的欧洲。

（三）通讯信息

总部位于比利时布鲁塞尔；官网：http://www.nato.into。

二、发展历程

（一）冷战阶段

1949年4月，《北大西洋公约》签署，北约宣告成立。

在冷战期间，北约的战略目标主要是防范华沙条约组织的军事"入侵"。因此，军事议题就成为北约安全战略设计的主要考虑因素。1990年，民主德国脱离华沙条约组织。

（二）东扩阶段

1990年10月3日，象征"铁幕"的柏林墙倒塌，德国统一。1991年7月1日，华沙条约缔约国在布拉格举行会议，宣布华沙条约组织正式解散。随后，苏联解体。对手没有了，但以美国为首的北约仍以所谓的"威胁"为名逆势扩张。1994年1月，第13次北约首脑会议通过了美国提出的关于同原华沙条约成员国和其他欧洲国家建立"和平伙伴关系"的计划。这是北约东扩的重要战略步骤。1997年7月，第十四次北约首脑会议召开，会议决定接受首批原华沙条约国家波兰、匈牙利和捷克三国加入北约，北约东扩正式启动。此后，北约的东扩行动持续进行。2009年4月1日，克罗地亚和阿尔巴尼亚正式加入北约。2017年6月5日，黑山正式成为北约第29个成员国。2020年3月27日，北马其顿正式成为北约第30个成员国。

（三）军事改革阶段

苏联解体后，北约逐渐建立职能性的盟军改革司令部，负责促进和监督军事改革，目标是加强培训、改善军事能力、检验和发展军事原则、通过实验评估新概念。2003年8月，北约进入阿富汗，开始了欧洲以外的第一次行动。2003年9月1日，北约欧洲盟军最高司令部司令正式更名为北约盟军军事行动司令部，全面负责北约所有军事行动的指挥与协调。

三、主要功能

北约的主要功能可以分为军事功能、战略制定、日常活动和危机管控四个方面。

（一）军事功能

北约的目的是通过政治和军事手段保障其成员国的自由和安全。北约提倡"民主价值观"，使成员国能够在国防和安全相关问题上进行协商与合作，以解决问题、建立信任、防止冲突。北约坚持对其一个或几个成员国的攻击被视为对所有成员国的攻击的原则，即《华盛顿条约》第5条所载集体防御原则。迄今为止，针对2001年美国发生的"9·11"事件，北约已经援引第5条。

（二）战略制定

北约是由欧洲和北美国家组成的联盟。北约提供了这两个大陆之间的独特联系，使它们能够在防务和安全领域进行协商与合作，并共同开展多国危机管理行动。

（三）日常活动

成员国每天就各级和各领域的安全问题进行磋商和做出决定。"北约决定"是所有成员国集体意愿的表达，所有决定都是以协商一致方式做出的。每天有数百名官员以及文职和军事专家来到北约总部，与各国代表团和北约总部的工作人员合作，交流信息和想法，并在必要时帮助做出决定。

（四）危机管控

北约在包括民事紧急行动在内的一系列危机管理和任务中发挥着积极作用。

四、组织机构

北约的主要组织机构包括国际秘书处、北大西洋议会、北大西洋理事会、军事委员会等。

（一）国际秘书处

国际秘书处负责北约会议的筹备。秘书长除领导秘书处外，也是部长理事会、防务计划委员会、核防务委员会和核计划小组的主席。

（二）北大西洋议会

北大西洋议会是北约成员国及联系国的议会间组织，议员由各国议会指定，名额按国家人口比例分配。议会每年召开两次全会。

（三）北大西洋理事会

北大西洋理事会由成员国外长组成，必要时国防部长、财长甚至政府首脑也可与会，每年召开两次例会。在部长理事会休会期间，各成员国大使级常驻代表负责理事会日常工作。北约解散了防务计划委员会，将它的监督防务计划执行的职能转移到理事会。

（四）军事委员会

军事委员会系北约最高军事指挥机构，由参加军事一体化指挥系统的成员国总参谋长组成，负责就北约防务问题向部长理事会和防务计划委员会提出建议，并对下属各主要战区司令部实施领导。军事委员会主席由其成员推选，任期3年。军事委员会设有3个军事指挥机构。

五、发展成果

北约自成立以来，定期举行首脑会议，各下属机制正常运转，发挥着军事职能、战略制定、日常活动和危机管控四个方面的重要作用。在目前欧洲军事实力整体有限的情况下，北约仍是欧洲集体防御的基石。

2016年，北约决定加大在中东欧的军事存在，首次在波兰和波罗的海地区部署多国部队。2017年1月，美国海军陆战队首次进入挪威展开训练。2018年5月，哥伦比亚正式成为北约在拉美的首个全球伙伴。同年6月7日，北约秘书长斯托尔滕贝格宣布北约将在美国和德国增设两个司令部，同时增加1200名军事机构工作人员。2018年6月26日，北约公布了《联合空中力量战略》，这是其成立以来发布的首份空军战略文件。可见，北约仍然能在美国的军费和技术支持下保持强有力的军事执行力。

北约创立了多个安全与合作机制，包括"和平伙伴关系计划""欧洲—大西洋伙伴关系理事会""地中海对话""伊斯坦布尔合作倡议"和"全球伙伴国"安排等。

不结盟运动

一、组织概览

不结盟运动（Non-Aligned Movement）是一个松散的国际组织，成立于冷战时期的1961年9月，它包括了近三分之二的联合国会员国，绝大部分是亚洲、非洲和拉丁美洲的发展中国家，人口总和占世界人口的55%左右，在国际社会具有广泛的代表性。

（一）成员

不结盟运动现有120个成员国、17个观察员国和10个观察员组织。

（二）宗旨和目标

不结盟运动奉行独立、自主和非集团的宗旨和原则；支持各国人民维护民族独立、捍卫国家主权以及发展民族经济和民族文化的斗争；坚持反对帝国主义、新老殖民主义、种族主义和一切形式的外来统治和霸权主义；呼吁发展中国家加强团结；主张国际关系民主化和建立国际政治经济新秩序。

二、发展历程

"不结盟"一词最早可追溯到1954年印度总理尼赫鲁在斯里兰卡发表的一场演说中。尼赫鲁将中国政府总理周恩来为处理中印两国政治分歧所提出的和平共处五项原则作为"不结盟运动"的基础。在1955年举行的万隆会议上，与会的29个第三世界国家的领导人将反对殖民主义、争取民族独立自主、消除贫穷和经济发展作为自己的目标。万隆会议是不结盟运动发展的重要里程碑。1961年9月，在南斯拉夫总统铁托的努力之下，由埃及、南斯拉夫、印度、印度尼西亚、阿富汗五国发起的第一次不结盟运动首脑会议终于在南斯拉夫首都贝尔格莱德召开，共有25个国家的首脑参与会议并通过《不结盟国家的国家和政府首脑宣言》。会议签订了国际性的裁军条约，宣布为消除经济不平衡、废除国际贸易中心的不等价交换而努力。同时，宣言还明确表态支持阿尔及利亚、安哥拉、突尼斯、古巴等国的民族解放运动，以及争取中华人民共和国在联合国的合法席位的行动。2020年5月，不结盟运动举行应对新冠肺炎疫情视频峰会并发布政治宣言，重申支持多边主义，支持世界卫生组织在抗疫中的作用。

三、主要功能

（一）政治功能

政治上，它坚持反帝、反殖、反霸方向。在第1、2次不结盟国家首脑会议上，斗争锋芒集中指向西方新老殖民主义。在联合国大会上，不结盟国家单独或同其他第三世界国家采取联合行动，发挥了中小国家团结斗争的力量，使超级大国不能随心所欲地操纵联合国大会。

（二）经济功能

在国际经济领域内，不结盟运动坚持反对超级大国对第三世界国家的掠夺、剥削和转嫁经济危机的政策。1973年第4次首脑会议把争取建立国际经济新秩序作为共同斗争的纲领。第5、6次首脑会议进一步提出了建立国际经济新秩序的具体构想，并提出了集体自力更生的思想，推动了南南合作的发展。

四、组织机构

不结盟运动不设总部，无常设机构，无成文章程，通常每3年举行一次首脑会议和部长级会议。协调局由1973年第4次首脑会议决定成立，主要协调各国在联合国内的立场，一般每月在纽约召开一次会议，也可以根据需要随时召开会议。不结盟运动各种会议均采取协商一致原则。遇有不同意见，各成员国可以书面形式向主席国正式提出保留，以示不受有关决议或文件的约束。

五、发展成果

自成立以来，不结盟运动奉行独立、自主和非集团的宗旨和原则，支持各国人民维护民族独立、捍卫国家主权以及发展民族经济和文化的斗争。进入21世纪，世界格局发生了巨大变化，不结盟运动尝试对自身进行重新定义。在新形势下，不结盟运动着重强调维护世界和平与安全，推行平等、互不侵犯、多边主义等原则，并为来自不发达地区的成员国在国际谈判中争取权益。

裁军谈判会议

一、组织概览

裁军谈判会议（Conference on Disarmament, CD）又称"日内瓦裁军谈判会议"，是目前唯一的全球性多边裁军谈判机构。裁军谈判会议每年举行三期会议。

（一）成员国

裁军谈判会议有65个成员国：中国、阿尔及利亚、阿根廷、埃及、埃塞俄比亚、澳大利亚、奥地利、巴基斯坦、巴西、白俄罗斯、保加利亚、比利时、波兰、朝鲜、韩国、德国、俄罗斯、法国、芬兰、哥伦比亚、古巴、荷兰、加拿大、喀麦隆、肯尼亚、罗马尼亚、美国、蒙古国、孟加拉国、秘鲁、缅甸、摩洛哥、墨西哥、南非、尼日利亚、挪威、日本、瑞典、瑞士、塞内加尔、斯里兰卡、斯洛伐克、土耳其、委内瑞拉、乌克兰、西班牙、匈牙利、伊拉克、伊朗、以色列、叙利亚、意大利、印度、印度尼西亚、英国、越南、津巴布韦、新西兰、刚果（金）、智利、厄瓜多尔、爱尔兰、哈萨克斯坦、马来西亚和突尼斯。

（二）宗旨和目标

裁军谈判会议的成立是为了在协商一致的原则下妥善解决多边军控和裁军问题。

（三）通讯信息

总部位于瑞士日内瓦；官网：http://www.unog.ch/。

二、发展历程

裁军谈判会议是国际上唯一的多边裁军谈判机构，其前身可追溯至1962年成立的十八国裁军委员会，1984年2月易名为裁军谈判会议。其命名可以反映出组织的历史。以下将以名称为线索简述组织的发展历程。

（一）十国裁军委员会时期（1959—1960年）

1959年，美国、苏联、英国和法国一致同意成立一个多边裁军谈判机构，专门讨论在有效国际监督下限制和裁减一切类型的军备和武装部队问题。同年，联合国大会就此通过决议，十国裁军委员会随之成立。该委员会各方曾提出几项关于全面裁军的建议，但由于当时东西方关系紧张，未能达成协议。1960年5月会议中断。

（二）十八国裁军委员会时期（1962年至1969年6月）

十国裁军委员会会议中断后，国际社会要求美苏恢复裁军谈判。1961年12月13日，美苏同意恢复裁军谈判，成员国也扩大为18国。1962年3月，十八国裁军委员会成立，此后讨论通过并向联大推荐了若干多边裁军条约。

（三）裁军委员会会议时期（1969年7月至1978年）

1969年，十八国裁军委员会根据地理和政治均衡的原则，再次扩大成员国，改称裁军委员会会议。裁军委员会会议通过并向联大提出一些多边裁军条约，重要的有《不扩散核武器条约》《禁止生物武器公约》等。

（四）裁军谈判委员会时期（1979—1983年）

1978年5—6月第一届联合国大会裁军特别会议期间，第三世界要求改组裁军委员会会议，使之发挥国际社会唯一的多边裁军谈判机构的重要作用。改组后，苏美两主席制取消，新的议事规则确立。成员国按地理和政治均衡原则分为美国等10国组成的西方集团以及苏联等8国组成的社会主义国家集团和不结盟、中立国家组成的21国集团。中国作为独立一方参加会议。裁军谈判委员会于1981年拟订了《禁止或限制使用特定常规武器公约》。

（五）裁军谈判会议时期（1984年至今）

1984年根据联合国大会决议，裁军谈判委员会更名为裁军谈判会议，其附属机构和议事规则也出现调整。为加强各议题的谈判和讨论，会议下设具有谈判职权范围的特设委员会，还采取召开非正式全会的方式讨论核裁军和防止核战争两项议题。

三、主要功能

裁军谈判会议的职权范围几乎包括所有多边军控和裁军问题。

裁军谈判会议的主要议题有：停止核军备竞赛和核裁军，防止核战争及一切相关事项，防止外层空间的军备竞赛，达成有效的国际协议以保证不对无核国家使用或威胁使用核武器，新型大规模毁灭性武器和包括放射性武器在内的武器新系统，综合裁军方案和军备透明度。

四、组织机构

裁军谈判会议年度会议分为三部分，时间分别为十周、七周和七周。会议从每年一月的倒数第二周开始。在会议期间，裁军谈判会议主席由各成员国按其国名的英文字母顺序逐月轮流担任，每届主席主持四个工作周的会议。现任联合国驻日内瓦办事处主任是裁军谈判会议的秘书长，同时是联合国秘书长在裁军谈判会议的个人代表。

裁军谈判会议不附属于联合国，独立通过其议程，每年向联合国大会提交工作报告，或根据需要随时报告。裁军谈判会议有自己的议事规则，同时参考联大的各项建议和成员国的提案，以协商一致的方式通过决定。其会议形式有全体会议、非正式会议。裁军谈判会议下设特设委员会和专家组等，分别举行会议。非成员国提出申请并经全会一致同意后可参加会议的某些工作。该会议设有秘书处。

五、发展成果

　　裁军谈判会议由成立时的18个成员国增加到65个成员国，发展成为全球唯一的多边军控论坛。裁军谈判会议议程和议题逐渐增加，扩展到涉及外太空领域。经过不懈努力，裁军谈判会议达成了一系列重要的多边军备限制和裁军协定，如《不扩散核武器条约》《海底条约》《禁止为军事或任何其他敌对目的使用改变环境技术公约》《禁止细菌（生物）及毒素武器的发展生产和储存以及销毁此种武器的公约》《禁止发展、生产、储存和使用化学武器及销毁此种武器的公约》和《全面禁止核试验条约》等，为世界和平与发展作出了重要贡献。

地中海联盟

一、组织概览

地中海联盟（Union for the Mediterranean, UfM）是由法国总统萨科奇主导成立的区域性国际组织，也是欧盟推动成立的首个跨区域的联合体，于2008年7月13日在法国巴黎正式启动。

（一）成员国

地中海联盟有42个成员国：阿尔巴尼亚、阿尔及利亚、奥地利、比利时、波黑、保加利亚、克罗地亚、塞浦路斯、捷克、丹麦、埃及、爱沙尼亚、芬兰、法国、德国、希腊、匈牙利、爱尔兰、以色列、意大利、约旦、拉脱维亚、黎巴嫩、立陶宛、卢森堡、马耳他、毛里塔尼亚、摩纳哥、黑山、摩洛哥、荷兰、北马其顿、巴勒斯坦、波兰、葡萄牙、罗马尼亚、斯洛伐克、斯洛文尼亚、西班牙、瑞典、突尼斯、土耳其。

（二）宗旨和目标

地中海联盟致力于在平等和互相尊重主权的基础上推动成员国间的合作，促进地区政治和社会经济改革及其现代化；强化多边合作机制；推动地区和平与安全的实现，支持核武器和生化武器不在本地区扩散并遵守国际和地区不扩散机制和军控协议；支持中东和平进程；打击恐怖主义。

（三）通讯信息

秘书处设在西班牙巴塞罗那；地址：Palacio de Pedralbes, Pere Duran Farell, Barcelona, Spain；官网：http://www.ufmsecretariat.org。

二、发展历程

1995年，欧盟同地中海沿岸国家召开首脑会议，会议通过了《巴塞罗那宣言》，并签署《欧洲地中海联系协议》，宣布欧盟与地中海南岸国家将建立"全面伙伴关系"，这就是巴塞罗那进程。2008年3月14日，欧盟布鲁塞尔峰会上一致通过了成立"地中海联盟"的计划，从欧盟层面统一了思想，迈出了启动"地中海联盟"计划实质性的第一步。2008年7月13日，欧盟27个成员国和16个地中海南岸国家领导人在巴黎举行峰会，决定正式启动"巴塞罗那进程：地中海联盟"计划，宣告地中海联盟正式成立。

2023年11月27日，第八届地中海联盟会议在西班牙巴塞罗那举行，会议主题聚焦2023年开始的新一轮巴以冲突。2024年10月28日，第九届地中海联盟成员国论坛举行。

三、主要功能

（一）促进经济发展

地中海联盟主导的"地中海发展援助项目"通过促进企业现代化和私人部门发展所需要的经济和社会变革，支持成员国经济转型和"欧洲—地中海自由贸易区"建设，在教育、医疗等方面促进可持续经济社会的发展，建设区域贸易所需要的运输、通信、能源等基础设施建设，促进区域、次区域和跨边界的合作。

（二）维护欧洲安全

地中海联盟重申支持以色列与巴勒斯坦和平进程，把有冲突的国家与地区放在同一个联盟中，通过对话交流与合作机制重启对话。同时，地中海联盟积极谋划建立多边框架机制，解决地区冲突。

（三）控制非法移民

地中海联盟尊重人权和基本自由，同时加强对话沟通，增加对不同国家社会文化的了解，促进移民合法有序管理，打击了非法移民。

（四）促进教育发展

地中海联盟致力于促进高等学校发展，完善专业建设，发展数字工程、人工智能等专业。

四、组织机构

地中海联盟的组织机构主要包括联合主席、高官会议、秘书处、联合常务委员会和其他机构。

（一）联合主席

地中海联盟设有两位联合主席，一位来自欧盟成员国，另一位来自地中海伙伴国，任期两年，主要职责为对地中海联盟的活动进行监督、协调和促进。

（二）高官会议

高官会议主要负责核准秘书处预算及工作方案，讨论提交审批的项目计划书，以协商一致的方式做出决定，为筹备部长级会议奠定基础。

（三）秘书处

秘书处设在西班牙巴塞罗那，秘书处成员由来自欧盟和地中海国家的代表共同组成，在秘书长的领导下工作，并由6名副秘书长提供支持。秘书处下设6个部门司，分别负责企业发展与就业、社会和民政、高等教育与研究、水环境、交通与城市发展和能源与气候行动事务，每个副秘书长负责一个部门司。秘书处主要负责筹备部长级会议、促进区域对话平台和制定战略性区域项目，也负责筹集资金和落实首脑会议既定计划。

（四）联合常务委员会

联合常务委员会设在布鲁塞尔，为高官会议提供帮助以及准备工作，并在该区域出现紧急事件时采取快速反应，请求欧盟—地中海伙伴国协商。

（五）其他机构

在制度构建方面，根据《联合宣言》，两年召开一次地中海联盟首脑峰会，负责制定政治决议和两年为限的具体区域工作方案。外长会议一年召开一次，负责确定战略领域和工作优先事项。由欧洲议会和各成员国议会构成的欧洲—地中海议会大会将成为合法的议事机构。

五、发展成果

地中海联盟形成了以地中海峰会为核心的政治动员和以平等地位为基础的"南北联合"的共同治理结构，同时创造了具有一致性的具体区域行动计划，从而形成了地中海联盟"三个简明而极其重要的行动准则"，是对巴塞罗那进程的一种重大超越。地中海联盟在六个重点领域开展合作，包括消除地中海污染、海上和陆上高速路建设、公民保护、地中海太阳能计划能源开发、欧盟—地中海大学计划、地中海商业发展等议题。

在能源合作方面，地中海联盟开展了三次能源部长级会议，通过了新的部长级宣言，促进成员国共同努力应对能源挑战。联盟建立了能源对话平台、区域电力市场平台、可再生能源和能效平台以及天然气平台。在资金支持方面，地中海联盟改进秘书处机构能力，加强融资，为区域行动、项目实施提供保障，为区域对话活动提供资金，促进了区域一体化以及就业。在气候变化方面，地中海联盟积极参与《联合国气候变化框架公约》进程，推动地中海气候变化议程。

东亚—拉美合作论坛

一、组织概览

东亚—拉美合作论坛（Forum for East Asia and Latin America Cooperation, FEALAC）于1999年正式成立，是连通东亚和拉美两地区的区域间官方多边合作论坛。1998年10月，新加坡与智利倡议建立东亚—拉美论坛，以促进两区域交往。1999年9月，论坛成立大会暨首次高官会在新加坡召开，会议暂定论坛名为东亚—拉美论坛。2001年3月，论坛首届外长会决定将论坛正式定名为东亚—拉美合作论坛。

（一）成员国

东亚—拉美合作论坛有36个成员国：中国、日本、韩国、蒙古国、新加坡、印度尼西亚、马来西亚、泰国、菲律宾、文莱、越南、老挝、柬埔寨、缅甸、阿根廷、巴西、智利、哥伦比亚、委内瑞拉、玻利维亚、巴拿马、巴拉圭、秘鲁、乌拉圭、厄瓜多尔、墨西哥、哥斯达黎加、萨尔瓦多、古巴、尼加拉瓜、危地马拉、多米尼加、苏里南、洪都拉斯、澳大利亚和新西兰。

（二）宗旨和目标

东亚—拉美合作论坛是目前唯一跨东亚和拉美两区域的官方多边合作论坛，旨在增进两区域之间的了解，促进政治、经济对话及各领域合作，推动东亚和拉美国家之间建立更为密切的关系。

（三）通讯信息

论坛网络秘书处位于韩国；官网：http://www.fealac.org。

二、发展历程

1999年9月，东亚—拉美论坛成立大会正式举行。2001年3月，首届外长会通过《框架文件》，规定了论坛宗旨、目标和运作方式。同月，论坛首届外长会决定将论坛正式定名为东亚—拉美合作论坛。2004年1月，第二届外长会通过《马尼拉行动计划》。2007年8月，第三届外长会通过《巴西利亚部长宣言及行动纲要》，确认贸易和投资为论坛的合作重点。2011年8月，第五届外长会通过《布宜诺斯艾利斯宣言》，决定成立"前瞻小组"。2015年8月，第七届外长会通过《圣何塞宣言》和《论坛工作流程指南》两个成果文件。2017年8月，第八届外长会通过《釜山宣言》，决定设立论坛基金，建立"三驾马车"对话机制。2021年11月，第21届高官会议举办，加强了各方交流。2023年7月，东亚—拉美合作论坛青年峰会发布《万隆精神青年气候行动宣言》。

三、主要功能

东亚—拉美合作论坛涉及众多主题，包括文化、教育、性别平等等。

（一）文化领域

东亚—拉美合作论坛成员拥有宝贵的自然、有形和非物质文化遗产。文化是东亚和拉丁美洲之间日益互联互通过程中的一个重要因素。促进区域间文化交流是东亚—拉美合作论坛的主要宗旨，其为两个区域之间更有效、更富有成果的关系和更密切的合作奠定了基础。

（二）教育领域

东亚—拉美合作论坛在教育领域的标志性项目之一是联邦教育学院大学网络。东亚—拉美合作论坛大学网络旨在开发和扩大东亚和拉丁美洲重点大学网络，建立学术联系，促进学生交流与合作，包括智囊团、研究中心、学者、教师和学生，以加深两个区域之间的了解。

（三）性别平等领域

东亚—拉美合作论坛认为实现两性平等和赋予妇女权力将对促进增长和实现可持续发展作出重要贡献。在东亚—拉美合作论坛中，有效执行关于两性平等的法律和条例、性别暴力、保护冲突局势中的妇女儿童等主题被确认为性别合作优先事项。

四、组织机构

东亚—拉美合作论坛的主要组织机构包括外长会、高官会议、工作小组、网络秘书处和"三驾马车"外长会。论坛在东亚、拉美各指定一个协调国，负责协调、承办论坛各级别会议。

（一）外长会

论坛每两到三年召开一届外长会，会议在亚拉地区轮流举办。

（二）高官会议

每年召开一次高官会议，会议在亚拉地区轮流举办。

（三）工作小组

论坛下设社会政治合作、可持续发展和气候变化，贸易、投资、旅游和中小微企业，文化、青年、性别和体育，科技、创新和教育4个工作组，原则上每年各举行一次会议，通常与高官会议在同一地点连续举行。工作组主席分别由亚拉两地区各推选一个国家共同担任，任期同协调国。

（四）网络秘书处

网络秘书处成立于2011年3月，负责论坛网站日常运营，整理发布论坛相关会议文件和合作项目情况，为论坛各成员国间沟通提供便利。

（五）"三驾马车"外长会

"三驾马车"（前任、现任和候任地区协调国）外长会原则上每年在联大期间举行，负责重要议题的沟通。

五、发展成果

论坛迄今已举行多届外长会，通过《马尼拉行动计划》《巴西利亚部长宣言及行动纲要》《东京宣言》《布宜诺斯艾利斯宣言》《乌鲁瓦图宣言》《圣何塞宣言》《论坛工作流程指南》《釜山宣言》《圣多明各宣言》等文件，并于2017年开始设立论坛基金，进一步完善了机制建设、提升了对话合作水平。

论坛以国家、区域、联邦紧急事务管理局为依托，执行了多个项目，为东亚和拉美地区的对话交流搭建了有力的平台。

独联体集体安全条约组织

一、组织概览

独联体集体安全条约组织（Collective Security Treaty Organization，CSTO）简称"集安组织"。该组织的前身为独联体集体安全条约。集安组织属于区域性军事同盟。2002年5月14日，该组织改名为"独联体集体安全条约组织"。同年10月7日，在摩尔多瓦首都基希讷乌举行的独联体国家首脑会议期间，独联体集体安全条约组织成员国总统签署了该条约组织章程以及有关该组织法律地位的协议。

（一）成员国

集安组织现有俄罗斯、白俄罗斯、亚美尼亚、吉尔吉斯斯坦、塔吉克斯坦和哈萨克斯坦等6个成员国。

（二）宗旨和目标

集安组织力图建立独联体国家集体防御空间和提高联合防御能力，防止并调解独联体国家内部及独联体地区性武力争端。

二、发展历程

1992年5月15日，独联体国家首脑在乌兹别克斯坦首都塔什干会晤时签署了《集体安全条约》，在条约上签字的有俄罗斯、哈萨克斯坦、乌兹别克斯坦、塔吉克斯坦、亚美尼亚和吉尔吉斯斯坦。1993年，格鲁吉亚、阿塞拜疆和白俄罗斯加入此条约。条约于1994年正式生效，有效期5年。

随后，集安组织多次举行会议，讨论成员国和组织的集体军事安全问题。

2003年4月，集安组织首脑会议决定成立集安组织联合司令部和快速反应部队，以应对在中亚增长的安全威胁。联合司令部于2004年1月开始运作。2009年2月4日，集安组织成员国首脑在莫斯科举行的特别峰会上一致同意组建集体快速反应部队。

同时，组织也对一系列国际问题发表过重要看法。2005年6月23日，集安组织6个成员国元首在莫斯科举行年度峰会后通过一项声明，就一系列国际问题阐述了共同看法。

组织发展过程中，成员国曾经发生一系列变动。1999年，条约第一个5年期限刚满，阿塞拜疆、格鲁吉亚和乌兹别克斯坦三国宣布退出。

三、主要功能

集安组织是俄罗斯在独联体范围内维护地区安全与稳定的重要力量。总体来看，集安组织的功能可以大致划分为对内和对外两个方面。

对内方面，集安组织的主要功能是维护成员国以及该地区的安全与稳定。集安组织的章程规定，"成员国应一致与国际恐怖主义和极端主义、麻醉品、精神药品、非法武器交易、有组织跨国犯罪、非法移民和对成员国安全所造成的其他威胁作斗争"。

对外方面，集安组织的主要功能是防范外部势力入侵，保证成员国的主权独立和领土完整。在外部功能方面，集安组织章程也有相应规定，"集安组织的目的在于巩固和平，加强国际和地区的安全与稳定，确保对成员国的独立、领土完整以及主权的防卫"。同时，由于主导国俄罗斯和集安组织的地缘需要，集安组织有明显防范和对抗北约的战略意图。

四、组织机构

集安组织内部有着较为完善的组织机构，主要部门有集体安全理事会、常委会和秘书处。其中，集体安全理事会下设国防部长理事会、外交部长理事会和安全理事会。常委会下设成员国全权代表。

此外，集安组织定期举办领导人视频峰会、国防部长理事会会议、外交部长理事会会议和安全会议秘书委员会会议。

五、发展成果

集安组织不是一个永久性的组织，每五年续签一次，因而成员有所变动。在30多年的发展历程中，随着非传统安全上升为国际和地区安全的主要威胁，集安组织不断对组织的定位和目标做出相应调整。当前，集安组织逐渐将非传统安全威胁因素中的分裂主义、宗教极端主义和恐怖主义视为影响区域国家安全的威胁。集安组织功能有所扩展，有向多功能方向拓展的趋势，表现之一是建立了信息安全技术中心。

法语国家组织

一、组织概览

法语国家组织（Organisation Internationale de la Francophonie，OIF）亦被称为"法语国家国际组织""法语圈国家组织""法语世界组织"或"国际法语组织"，是由法国主力推动建立、以法语作为第一语言、由受法国文化影响的国家和地区共同组成的政府间国际组织。法语国家组织成立于1970年。

（一）成员

法语国家组织现有54个成员、7个准成员和27个观察员。54个成员：阿尔巴尼亚、赤道几内亚、安道尔、海地、亚美尼亚、老挝、比利时、黎巴嫩、贝宁、卢森堡、保加利亚、北马其顿、布基纳法索、马达加斯加、布隆迪、马里、佛得角、摩洛哥、柬埔寨、毛里求斯、喀麦隆、毛里塔尼亚、加拿大、摩尔多瓦、新不伦瑞克省（加拿大）、摩纳哥、魁北克省（加拿大）、尼日尔、中非、罗马尼亚、科摩罗、卢旺达、刚果、圣卢西亚、刚果（金）、圣多美和普林西比、科特迪瓦、塞内加尔、吉布提、塞舌尔、多米尼加、瑞士、埃及、乍得、法国、多哥、加蓬、突尼斯、希腊、瓦努阿图、几内亚、越南、几内亚比绍、瓦隆尼亚-布鲁塞尔（联邦）。7个准成员：塞浦路斯、科索沃、阿联酋、卡塔尔、新喀里多尼亚（法国）、塞尔维亚、加纳。27个观察员：阿根廷、立陶宛、奥地利、路易斯安那州（美国）、波黑、马耳他、安大略省（加拿大）、墨西哥、韩国、黑山、哥斯达黎加、莫桑比克、克罗地亚、波兰、多米尼加、斯洛伐克、爱沙尼亚、斯洛文尼亚、冈比亚、捷克、格鲁吉亚、泰国、匈牙利、乌克兰、爱尔兰、乌拉圭、拉脱维亚。

（二）宗旨和目标

法语国家组织致力于促进各成员之间的政治、教育、经济和文化合作。组织目标为：促进法语、文化和语言的多样性；促进和平、民主和人权；支持教育、培训、高等教育和研究；发展经济合作、促进可持续发展。

二、发展历程

法语国家组织成立之初被命名为"文化技术合作局"，之后才更名为法语国家组织。法语国家组织的发展经历了三个阶段。

（一）法兰西共同体时期

殖民时期，法国在1946年建立"法兰西联邦"（后称"法兰西共同体"）。这个组织反映了法国和原法属非洲殖民地国家间的殖民关系。随着非洲的民族独立运动不断发展，昔日的"法兰西联邦"逐渐瓦解，但法国和原共同体成员国一直保持着比较密切的双边关系。

（二）法语国家文化技术合作局时期

战后法国意识到凭借经济和军事实力难以重回大国荣光，因而另辟蹊径从提升文化软实力入手。20世纪六七十年代出现了非政府间国际组织成立的浪潮，法语国家文化技术合作局也在1970年成立。

（三）法语国家组织时期

20世纪70年代，法语国家文化技术合作局内许多国家号召召开法语国家首脑峰会，但当时法国总统戴高乐对此一直持有保留态度。直到1986年，法国总统希拉克上台后才召开了第一届法语国家首脑会议。此后的法语国家组织步入正轨。1991年的第四届峰会宣布法语国家文化技术合作局为所有法语国家国际机构的执行机关。1997年的第七届峰会上，法语国家文化技术合作局更名为法语国家组织，并设立秘书处，各部门的关系变得清晰和稳定。此后，法语国家组织先后获得联合国、欧盟以及联合国经济委员会等国际组织的观察员地位，开始在国际舞台崭露头角。法语国家组织在演变发展中逐渐成熟，国际影响力愈加增强。

三、主要功能

法语国家组织是传播文化、促进法语交流的组织，但不断变化的国际形势和自身发展的要求使得法语国家组织的使命延伸到其他领域。近些年，法语国家组织开始在经济、环境、政治等多个领域发挥作用。

法语国家组织是以共同的法语文化为基础的文化合作组织，这样的性质赋予了它独特的功能：尊重世界各地的文化和语言的多样性；推动民主、和平和人权；重视科研、教育和可持续发展。各国借助法语国家组织这一平台不仅能促进文化的交融、政治的互信和经济的发展，更能作为一种集体力量在国际上发声，加强其在国际社会的影响力。随着不断发展，法语国家组织关注点逐渐从文化扩展到其他国际事务，不断寻求转变为重要的国际政治力量。

四、组织机构

法语国家组织具备完善的议事和决策机构，最重要的是世界瞩目的高峰会议。除此之外，法语国家组织还具备五大基本职能部门，由其负责法语国家组织的日常运作。

（一）议事与决策机构

法语国家首脑峰会是法语国家组织的最高议事机构。峰会每两年举行一次，下设部长级会议、常务委员会和两个常设性的会议。秘书处由秘书长和其他工作人员组成，秘书长一般任期四年，在首脑峰会的直接授权下工作，是法语国家组织的最高行政长官。秘书长兼任常务委员会主席，负责协调下设的五个职能部门的运作。

（二）五大职能部门

法语国家组织的日常运行主要依靠五个重要的职能部门：法语国家政府间委员会负责组织各个成员国之间的协商会议，就各国元首认为需要优先考虑的领域组织多边合作；法语国家组织大学委员会的目标是实现并创造一个讲法语的科学空间的长远计划；国际法语市长协会致力于促进法语国家大城市领导人之间的交流合作；法语国际卫星电视五台通过卫星向全球宣传法语世界；法语国家议员联合会召集成员国议员讨论重要事宜。

五、发展成果

法语国家组织在国际上越来越具有影响力，其特殊性在于以文化为主体，弱化了成员间的地域差别。法语国家组织始终坚持着它一贯的宗旨，不遗余力地为推广法语文化和加强法语文化的交流而努力。在新的历史时期，法语国家组织正在努力向重要的国际政治力量转变，努力成为国际政坛上一股不可忽视的力量。法语国家组织的发展在国际社会上产生了较大的影响。法语国家组织在世界范围内增强了法语文化的认同感，巩固了既有法语地区法语第一语言的绝对地位，开拓了潜在的法语领地，使法语在全世界的辐射范围扩大。各成员通过法语国家组织参与国际事务，扩大了自身的文化影响力，增加了国际话语权，实现了经济的互惠互利。

各国议会联盟

一、组织概览

各国议会联盟（Inter-Parliamentary Union，IPU）简称"议联"，成立于1889年，原名为"促进国际仲裁各国议会会议"，于1922年更名为"各国议会联盟"，其总部设在瑞士日内瓦，在美国纽约设有办事处。各国议会联盟由主权国家议会参加，是世界上历史最长、规模最大、最富影响力的国际议会组织。

（一）成员

截至2020年，各国议会联盟共拥有179个议会成员和13个准成员。13个准成员：安第斯议会、阿拉伯议会、中美洲议会、东非立法议会、欧洲议会、独立国家联合体成员国议会间大会、西非经济和货币联盟议会间委员会、拉丁美洲和加勒比议会、中非经济和货币共同体议会、西非国家经济共同体议会、法语国家议会、欧洲委员会议会大会、黑海经济合作议会。

（二）宗旨和目标

各国议会联盟力图促进民主治理、民主体制和民主价值观，与各国议会和议员合作以阐明和回应人民的需要和愿望，通过政治对话、合作和议会行动，致力于和平、民主、人权、性别平等、青年赋权和可持续发展。

二、发展历程

1889年，在法国巴黎举行第一届各国议会联盟国际仲裁会议，设立常设仲裁法院，初步制定了章程。1921年，举行斯德哥尔摩会议，首次欢迎女性代表，开始关注并促进了性别平等。1945年，举行战后首次会议，讨论国际社会战后重建与和解问题。20世纪50年代，讨论裁军、核试验和限制军备竞赛，召集了两大阵营的议员，显示了对话的可能性和好处。20世纪60—70年代，民族国家涌现，成员数量激增，讨论焦点转移至南北差异和人权问题。1974年，各国议会联盟制定单独的性别方案，开始收集妇女参加议会的数据，提高女性的参政率。1976年，各国议会联盟设立议会人权委员会，是世界上唯一有权捍卫受迫害议员人权的国际机制，保护了议员的人身安全。1985年，各国议会联盟在多哥首都洛美举行首届女性议员会议，进一步提升了女性在议会政治中的地位。2000年，它与联合国合作，在联合国总部召开首次国民议会议长会议，促进了国际合作和多边主义，提高了对可持续发展目标的认识。2002年，各国议会联盟被授予联合国常驻观察员地位，活动范围和话语权进一步扩大。2010年，其设立青年议员论坛，构建了青年参与民主的国际框架。2019年，举办第140届大会，圣文森特和格林纳丁斯成为各国议会联盟的第179个成员，各国议会联盟更加接近普遍会员制。2022年，其发布《各国议会联盟2022—2026年战略》，制定此后5年的前瞻性战略，扩大了影响力。

三、主要功能

（一）建立强大的民主议会

作为一个几乎由世界上所有国家议会组成的组织，各国议会联盟帮助各国议会更具代表性、性别均衡、年轻、透明、负责和有效。

（二）促进两性平等和尊重妇女权利

各国议会联盟认识到强大的民主政体与议会中的两性平等之间的联系，是赋予妇女权力的主要组织之一。其工作侧重于增加议会中的妇女人数，在议会中支持妇女，将议会转变为对性别问题敏感的机构，落实妇女权利。

（三）促进议会间对话与合作

各国议会联盟为议会外交、对话和网络创造了全球空间。

（四）保护和促进人权

各国议会联盟通过其议员人权委员会捍卫议员的人权，帮助他们维护权利。

另外，各国议会联盟还向议员提供信息、知识和培训，以改善他们所代表的人民的人权，特别是妇女、儿童、少数民族和土著人民的人权。

（五）促进可持续发展

各国议会联盟支持议会执行特别侧重于卫生和气候变化的可持续发展目标。通过其区域研讨会、讲习班和可持续发展目标会议，各国议会联盟帮助议员们与同行交流，获取最新信息，并采取行动推进国内外的发展议程。

（六）为建设和平、解决冲突作出贡献

各国议会联盟是世界上第一个鼓励各国举行会议和调解而不是通过战争解决分歧的政治多边组织，其创始人以及其他十几位重要人物都获得了诺贝尔和平奖。如今，各国议会联盟正帮助议会应对恐怖主义、极端暴力、有组织犯罪、网络战和大规模杀伤性武器扩散等威胁。

（七）促进全球治理

各国议会联盟从议会层面促进联合国进程。各国议会联盟致力于加强各国议会在全球事务中的作用，帮助克服国际关系中的民主赤字，并确保国际承诺转化为国家现实。

（八）促进青年赋权

各国议会联盟一直致力于赋予年轻政治家权力，以加强和振兴民主政体，使它们更具代表性。2010年，各国议会联盟建立青年参与民主的国际框架和青年议员论坛，确保在全球决策中听到来自世界各地的年轻议员的声音。

四、组织机构

根据各国议会联盟章程，其由大会、理事会、执行委员会和秘书处组成。大会下设三个常设委员会，协助大会工作。根据理事会的决定，各国议会联盟还设有若干专门委员会、特别委员会和工作小组，负责研究专项问题。各国议会秘书长协会作为独立咨询机构，与各国议会联盟相辅相成。

（一）大会

各成员派出议员代表团参加大会，大会负责讨论重大国际问题，并通过有关决议。大会下设5个委员会协助工作，对相关问题提出报告。

（二）理事会

理事会是决策机构，由每个议员代表团派2个代表组成。

（三）执行委员会

执行委员会是行政领导机构，负责监督联盟的行政工作，由15人组成，主席由理事会主席担任。

（四）秘书处

秘书处是执行机构，秘书长由理事会任命。

五、发展成果

各国议会联盟自成立以来，一直为了全体人类的民主与和平奋斗，包括创始人在内的多人都曾获诺贝尔和平奖。各国议会联盟在加强议会建设、性别平等、议会对话、人权、可持续发展、维护和平、全球治理和青年赋权等方面取得了重大成果，并形成了一些会议、论坛等固定机制，每年发布多篇报告，均具有较大影响力。

国际刑事法院

一、组织概览

国际刑事法院（International Criminal Court, ICC）也称"海牙国际刑事法院"。国际刑事法院设在荷兰的海牙，其最高刑罚是无期徒刑，工作语言为英语和法语。国际刑事法院根据2002年7月1日开始生效的《罗马国际刑事法院规约》成立，权限只限于审判个人。

（一）成员国

国际刑事法院有124个成员国：阿富汗、阿尔巴尼亚、安道尔、安提瓜和巴布达、阿根廷、亚美尼亚、澳大利亚、奥地利、孟加拉国、巴巴多斯、比利时、伯利兹、贝宁、玻利维亚、波黑、博茨瓦纳、巴西、保加利亚、布基纳法索、柬埔寨、加拿大、佛得角、中非、乍得、智利、哥伦比亚、科摩罗、刚果（布）、刚果（金）、库克群岛、哥斯达黎加、科特迪瓦、克罗地亚、塞浦路斯、捷克、丹麦、吉布提、多米尼加、多米尼克、东帝汶、厄瓜多尔、萨尔瓦多、爱沙尼亚、斐济、芬兰、法国、加蓬、冈比亚、格鲁吉亚、德国、加纳、希腊、格林纳达、危地马拉、几内亚、圭亚那、洪都拉斯、匈牙利、冰岛、爱尔兰、意大利、日本、约旦、肯尼亚、基里巴斯、韩国、拉脱维亚、莱索托、利比里亚、列支敦士登、立陶宛、卢森堡、北马其顿、马达加斯加、马拉维、马尔代夫、马里、马耳他、马绍尔群岛、毛里求斯、墨西哥、摩尔多瓦、蒙古国、黑山、纳米比亚、瑙鲁、荷兰、新西兰、尼日尔、尼日利亚、挪威、巴勒斯坦、巴拿马、巴拉圭、秘鲁、波兰、葡萄牙、罗马尼亚、圣基茨和尼维斯、圣卢西亚、圣文森特和格林纳丁斯、萨摩亚、圣马力诺、塞内加尔、塞尔维亚、塞舌尔、塞拉利昂、斯洛伐克、斯洛文尼亚、南非、西班牙、苏里南、瑞典、瑞士、坦桑尼亚、塔吉克斯坦、特立尼达和多巴哥、突尼斯、乌干达、英国、乌拉圭、瓦努阿图、委内瑞拉、赞比亚。

（二）宗旨和目标

国际刑事法院的职责在于审理国家、检举人和联合国安理会委托其审理的关于种族灭绝罪、战争罪、反人类罪和侵略罪的案件。

（三）通讯信息

官网：http://www.icc-cpi.int。

二、发展历程

2002年，国际刑事法院成立。2002年7月1日，《罗马国际刑事法院规约》正式生效，国际刑事法院也随之成为具有法律约束力的国际机构。2005年3月，联合国安理会就苏丹达尔富尔情势通过第1593号决议，首次向国际刑事法院提交案件。国际刑事法院检察官于2004年开始对整个刚果（金）的形势进行调查，并于2006年发出逮捕令，将卢班加移交至海牙。129名被害人也参与了诉讼程序，控辩双方传唤了大量证人和证据。国际刑事法院指控乌干达前叛乱武装首领多米尼克·翁格文。2021年2月4日，国际刑事法院裁定翁格文对所有罪行负有责任，并于5月6日判处他25年监禁。2018年7月7日起，联合国安理会根据《联合国宪章》，将可能发生的侵略行为的情况提交国际刑事法院。20多年来，法院曾审理并解决了对国际司法公正具有重大意义的案件，揭露了使用儿童兵、摧毁文化遗产、性暴力和攻击无辜平民等罪行；通过法院的判决案例，一个权威的判例法机制被逐渐建立起来。法院法官对30多个案件进行了审理，并宣布了10多项定罪及4项无罪释放。

三、主要功能

国际刑事法院的主要功能可以简单概括为调查并审判被控犯有国际社会关切的严重罪行的个人，并对受害人进行赔偿。

国际刑事法院对种族灭绝罪、战争罪、反人类罪和侵略罪进行调查和审判。国际刑事法院直接向被定罪人发布命令，让其对受害人进行赔偿。此外，国际刑事法院所设信托基金也具有赔偿受害人的功能。

四、组织机构

《罗马国际刑事法院规约》规定设立缔约国大会、国际刑事法院和信托基金三个独立的机构。

（一）缔约国大会

缔约国大会是缔约国代表举行的会议，职责是对国际刑事法院进行管理监督，包括选举法官和检察官以及批准国际刑事法院的预算。

（二）国际刑事法院

国际刑事法院下设机构院长会议、上诉庭、审判庭和预审庭、检察官办公室和书记官处。国际刑事法院院长由成员国选出，法官由缔约国提名，不必是本国人，但必须是缔约国之公民。法官一共有18名，不得有2名法官为同一国的国民。法官分配在审判分庭至少6名、预审分庭至少6名、上诉分庭4名及院长。

1. 院长会议

院长会议由院长和第一及第二副院长组成，职能为适当管理法院除检察官办公室以外的工作，并履行其他职能。

2. 上诉庭

上诉分庭由全体法官组成。

3. 审判庭和预审庭

审判分庭由该庭的3名法官组成。预审分庭由该庭的3名法官组成或由1名法官单独履行职责。预审分庭和审判分庭应主要由具备刑事审判资格的法官组成。

4. 检察官办公室

检察官办公室是一个单独机关，独立行事，负责接受和审查提交的情况以及关于法院管辖权内的犯罪的任何事实根据的资料，进行调查并进行起诉。

5. 书记官处

书记官处负责非司法方面的行政管理和服务。书记官长为法院的主要行政官员，在院长的权力下行事，领导书记官处的工作。

（三）信托基金

信托基金为受害者提供援助、支持和赔偿。信托基金实行独立的董事会管理体制。

五、发展成果

在实际运作中，国际刑事法院处理了一系列备受关注的国际犯罪案件，其判决有较大影响力。国际刑事法院在处理这些案件时，遵循严格的司法程序，在全球政治和法律舞台上扮演着重要角色。国际刑事法院为各国在处理国际刑事案件时提供了指导和借鉴，促进了国际刑事司法的统一和进步。从国际政治专业的角度来看，国际刑事法院的作用不仅在于对国际犯罪的打击和审判，更在于其对于国际法治的推动和维护。

环印度洋联盟

一、组织概览

环印度洋联盟（The Indian Ocean Rim-Association，IORA）简称"环印联盟"，是印度洋地区重要的经济合作组织。其前身环印度洋区域合作联盟成立于1997年，2013年更名为环印度洋联盟。环印度洋联盟通过在经济、科技、人员流动、基础设施建设方面交流合作以促进印度洋周边区域各国在国际经济事务中的协调。

（一）成员

环印度洋联盟共有23个成员国、11个对话伙伴国和2个观察员。23个成员国：南非、印度、澳大利亚、肯尼亚、毛里求斯、塞舌尔、科摩罗、阿曼、新加坡、斯里兰卡、坦桑尼亚、马达加斯加、印度尼西亚、马来西亚、也门、莫桑比克、阿联酋、伊朗、孟加拉国、泰国、索马里、马尔代夫、法国。11个对话伙伴国：中国、美国、日本、埃及、英国、德国、韩国、土耳其、意大利、俄罗斯、沙特。2个观察员：印度洋旅游组织和印度洋研究组。

（二）宗旨和目标

环印度洋联盟成立的宗旨是：遵循尊重国家主权、领土完整、不干涉内政、和平共处、平等互利的原则，推动区域内贸易和投资自由化，促进经贸往来和科技交流，开展人力资源合作，建设基础设施，加强在国际经济问题上的协调。

环印度洋联盟的主要目标是：促进该地区和成员国经济持续增长和平衡发展；把为发展和利益共享提供极大的机会的经济合作地区集中起来；促进经济自由化，去除自由障碍和贸易壁垒，增强环印度洋地区的商品、服务、投资和技术流动。

（三）通讯信息

秘书处位于毛里求斯；地址：3rd Floor, Tower 1, NeXTeracom Building, Cybercity, Ebene, Republic of Mauritius；电子邮箱：iorarcsec@iorarc.org；官网：http://www.iora.net。

二、发展历程

环印度洋联盟起始于1993年南非前外长皮克·博塔在印度与南非复交之后访问印度时提出的"印度洋贸易集团"设想，并在1997年3月正式成立。环印度洋联盟的发展历程大致可分为两个阶段，即开放地区主义阶段和海事地区主义阶段。

（一）开放地区主义阶段

1997—2011年为联盟的开放地区主义阶段。环印度洋联盟成立之初的主要目标是促进印度洋地区的投资贸易，但随着联盟的机制化进程深入、成员国内部诉求变化，逐渐开始关注诸如海事合作、科教交流等其他领域。

1997年，环印度洋区域合作联盟成立，14个创始国外长于当年3月举行部长级会议，通过《联盟宪章》与《行动计划》，共同宣布环印度洋联盟前身环印度洋区域合作联盟成立。1999年，试点协调机制即联盟总部升级为秘书处，秘书处的正式建立标志着联盟机制化、正式化的开端。2000年，秘书处外交地位合法化。2003年，部长理事会会议机制由两年一次变为一年一次。2006年，联盟专项基金成立。2008年，联盟区域科技转让中心在德黑兰成立。2010年，第十届部长理事会会议修订《联盟宪章》，加强机制建设，由部长理事会会议现任、候任和前任主席国组成高级别工作组，监督组织工作，被称为"三驾马车"。

（二）海事地区主义阶段

2011—2017年为海事地区主义阶段。2012年，第十二届部长理事会会议通过《古尔冈公报》，提出加强区域内渔业资源保护与开发，密切减灾合作。2013年，第十三届部长理事会会议通过《珀斯公告》与《珀斯原则》，重点集中于联盟如何和平、富有成效和可持续利用印度洋及其资源，环印度洋区域合作联盟改名为环印度洋联盟。2015年，第十五届部长理事会会议通过《巴东公报》与《环印度洋联盟海洋合作宣言》，就海洋经济、航运安全、技术转移、旅游开发、环境保护、打击犯罪、防灾减灾等问题进行了交流。2017年，首次领导人峰会召开，峰会通过并签署《雅加达协议》《环印度洋联盟2017—2021年行动计划》和《关于预防和打击恐怖主义和暴力极端主义的声明》。2022年，第二十二届部长理事会会议通过《环印度洋联盟印太展望》。

三、主要功能

环印度洋联盟在成立之初是较为纯粹的经济合作组织，随着区域贸易组织的完善与发展，开始变为多功能复合型组织。

（一）经贸合作功能

经贸合作功能是环印度洋联盟的最主要功能。联盟历史上的多次高级别会议公报都对推动区域共同繁荣、发展区域经贸合作重点关注。近年来，联盟注重推动环印度洋贸易现代化，去除成员国间贸易壁垒，增强组织内部经济技术合作。同时，联盟对成员国内部的较不发达国家进行了援助。

（二）海洋安全与开发功能

环印度洋联盟的工作重心在2011年部长理事会会议之后转移至海洋安全与蓝色经济开发。联盟提倡加强成员国间的海洋合作，并成立了海洋安全、蓝色经济工作组与渔业中心等以协调海洋争端、保障海洋安全、共同开发海洋经济。

（三）灾害风险管理功能

由于印度洋地区的特殊气候条件与地质板块状况，防震减灾是环印度洋联盟工作的重点领域，成员国利用联盟机制密切减灾合作，并确立了环印度洋联盟的区域工作计划以及人道救援和救灾指导方针。

（四）促进性别平等功能

环印度洋联盟同联合国妇女署、国际妇女署合作，研究妇女经济赋权课题，并在实际经济活动中推动妇女经济赋权与两性平等。

（五）旅游开发与文化交流功能

环印度洋联盟的成员国有着丰富的旅游资源与多样性的文化，2017年第一次领导人峰会中通过的《雅加达协议》承诺促进旅游与文化交流，并设立了相应的行动议程。

（六）技术合作功能

环印度洋联盟的成员国在《雅加达协议》中同样在联盟科技合作方面做出承诺，并将在现有的印度洋学术小组和区域科技转移中心基础上建设新的高等教育机构。

四、组织机构

环印度洋联盟以部长理事会作为最高权力机构，下设高官委员会，由高官委员会统管下属环印度洋商业论坛、环印度洋学术组、贸易投资工作组、高级别工作组、秘书处等机构。

（一）部长理事会

部长理事会通过每年召开一次会议的方式为联盟确定发展的大体方向，制定整体政策。部长理事会由成员国外长与经济合作部长组成。在联盟决策过程中，采取协商一致原则，每个成员国都拥有同等否决权，这使得联盟的决策能够保持相对一致。

（二）高官委员会

高官委员会是环印度洋联盟的执行机构，负责审查下属各个机构的工作报告，尤其是环印度洋商业论坛、环印度洋学术组以及贸易投资工作组的报告。高官委员会还监督最高权力机构的相关决议执行状况，并在这一过程中向部长理事会提供相关政策建议。高官委员会由成员国部长下属官员组成，会期两年一次。

（三）环印度洋商业论坛

环印度洋商业论坛是商业与贸易投资部门的协商机构，主要作用是连接工商界人士与政界人士，负责在贸易投资、金融、旅游等领域为联盟提出政策建议，有时也负责实施联盟合作项目。商业论坛会期为一年一次。

（四）环印度洋学术组

环印度洋学术组是联盟负责信息交流与学术合作的机构，由学术界人士组成，会期一年一次。

（五）贸易投资工作组

贸易投资工作组协调贸易领域的合作项目与工作计划，由各成员国政府官员组成，会期一年一次。

（六）高级别工作组

高级别工作组又称"三驾马车"，由联盟前任、现任与候任主席国政府主管官员组成，负责对联盟对内对外工作进行研究并提出政策建议。

（七）秘书处

秘书处是联盟的常设机构，负责协调政策执行，处理行政事务。

五、发展成果

环印度洋联盟自1993年的倡议开始，至今已经围绕部长理事会为核心建立不同领域的对应机构，成为印度洋地区的重要区域合作组织，在贸易投资、蓝色经济、海上安全等领域发挥着重要作用。联盟已经涵盖印度洋地区的各个主要国家乃至泛印度洋区域国家，成员的广泛意味着联盟的决议能够代表印度洋地区国家的共同诉求，也是联盟成为印度洋地区重要国际组织的基础。

联盟的议题从促进成员国间贸易投资合作的"开放地区主义"逐渐拓展到海事合作、两性平等等领域。联盟对于区内经贸发展起到显著作用，联盟成员国间的贸易额增长显著。同时，联盟通过提出索马里和也门建设项目、环印度洋联盟可持续发展计划等缩小了区域发展差异。

禁止化学武器组织

一、组织概览

禁止化学武器组织（Organisation for the Prohibition of Chemical Weapons, OPCW）于1997年5月23日举行的禁止化学武器组织缔约国大会第一届会议上成立，总部设在荷兰海牙。

（一）成员国

截至2024年10月，共有成员国193个。

（二）宗旨和目标

禁止化学武器组织的宗旨和目标是全面禁止和彻底销毁所有化学武器，促进化工领域的国际交流与合作，实现一个永无化学武器的世界，为国际安全与稳定、全面彻底裁军和全球经济发展作出贡献。

（三）通讯信息

总部设在荷兰海牙；官网：http://www.opcw.org。

二、发展历程

1992年9月，日内瓦裁军会议签署禁止化学武器公约草案。同年11月，第47届联合国大会通过，其成为公约。1997年4月25日，中国成为《禁止化学武器公约》的原始缔约国。1997年5月6—27日，禁止化学武器组织缔约国大会第一届会议举行。1997年5月23日，禁止化学武器组织根据1997年4月29日生效的《禁止化学武器公约》正式成立。2013年10月11日，禁止化学武器组织获得诺贝尔和平奖。为增进社会和业界对《禁止化学武器公约》的认知，宣传"化学领域成就完全用于造福人类"的理念，禁止化学武器组织自2016年开始将每年的4月29日定为国际禁止化学武器组织日。2023年，禁止化学武器组织召开第102—104次执行理事会、第28届缔约国大会，讨论了化学武器销毁、化学工业国际合作等问题。

三、主要功能

禁止化学武器组织是监督《禁止化学武器公约》实施的机构，以确保公约的各项条款得到有效执行，并为缔约国提供进行协商与合作的论坛。它具有武器调查、指派视察组、视察设备、采样分析、技能培训等功能。

四、组织机构

禁止化学武器组织的组织机构主要包括缔约国大会、执行理事会和技术秘书处。

（一）缔约国大会

缔约国大会由全体成员国组成，每年召开一次例会，可审议《禁止化学武器公约》范围内任何问题并做出决定。它是禁止化学武器组织的最高决策机构，如有特殊情况可召开特别会议。

（二）执行理事会

执行理事会是执行机构，在公平、合理的基础上分别代表亚洲、非洲、拉美、欧美及东欧五个区域，监督技术秘书处的各项活动，并对缔约国大会负责。执行董事会由41个成员组成，成员由大会选出，任期两年。

（三）技术秘书处

技术秘书处负责协助大会和执行理事会行使其职能，包括执行核查职能。技术秘书处由总干事领导，下设会务司、核查司、视察局、国际合作与援助司、对外关系司、法律事务办公室、行政司、战略和政策办公室、内部监察办公室等。

它还有科学咨询委员会、保密委员会等附属机构。

五、发展成果

《禁止化学武器公约》是第一个全面禁止和彻底销毁一整类大规模杀伤性武器，并具有严格核查机制的国际裁军条约。除此之外，《禁止化学武器公约》正式生效20多年来，成员国由87个增加到193个，是有史以来发展最为迅速的国际裁军组织，具有广泛性和普遍约束力。

截至2023年9月，随着美国销毁最后一批已申报的化学武器库存，《禁止化学武器公约》所有缔约国已申报的化学武器已全部被销毁。

禁止化学武器组织主要以现场视察方式，在对相关缔约国的库存化武、化学武器销毁设施、化学武器储存设施和老化学武器、遗弃化武销毁进行监督的同时，对化学工业等相关设施进行监督，防止出现新化学武器，各类视察次数累计达到7800余次。它还派出事实调查组，调查处理化学武器事件。此外，它实施协助缔约国履约能力建设方案，每年举办培训班、研讨会等活动，为缔约国提供学习交流平台，促进化学的和平利用。

经济合作与发展组织

一、组织概览

经济合作与发展组织（Organization for Economic Co-operation and Development, OECD）简称"经合组织"，前身为欧洲经济合作组织。经合组织成立于1961年，总部设在巴黎，是由市场经济国家组成的政府间国际经济组织。

（一）成员国

经合组织共有38个成员国，包括20个创始成员国和18个后来加入的成员国。20个创始成员国：美国、英国、法国、德国、意大利、加拿大、爱尔兰、荷兰、比利时、卢森堡、奥地利、瑞士、挪威、冰岛、丹麦、瑞典、西班牙、葡萄牙、希腊、土耳其。18个后来加入的成员国：日本、芬兰、澳大利亚、新西兰、墨西哥、捷克、匈牙利、波兰、韩国、斯洛伐克、智利、斯洛文尼亚、爱沙尼亚、以色列、拉脱维亚、立陶宛、哥伦比亚和哥斯达黎加。

（二）宗旨和目标

经合组织意在促进达到更高的可持续的经济增长和就业，不断提升成员国生活水平；保持金融稳定，促进成员国和非成员国经济的健康发展。

（三）通讯信息

总部位于法国巴黎；地址：2, rue André Pascal 75775 Paris Cedex 16 France；官网：http://www.oecd.org。

二、发展历程

1947年出台的马歇尔计划正式实施后，美国随即成立经济合作署，由其专门负责监督马歇尔计划的执行情况。作为接受援助的条件，欧洲方面应于1948年成立欧洲经济合作组织以管理美国的援助资金。

为适应欧洲经济一体化的建设、解决组织的固有弊端，欧洲经济合作组织于20世纪50年代末60年代初进行了改革。1960年1月14日的欧洲经济合作组织理事会会议批准了一项由美国发起的旨在重组经济合作和改造该组织的行动，这一决定随后得到了欧洲经济合作组织理事会、美国和加拿大的批准。1960年12月14日，欧洲经济合作组织成员国以及美国、加拿大和其他欧洲国家的代表签署了将欧洲经济合作组织转变为经合组织的公约，该公约于1961年生效。20世纪90年代以来，经合组织积极发展同非成员的关系。2007年，经合组织将中国、巴西等国列为联系国，现列为关键伙伴国。

三、主要功能

经合组织的研究内容和政策协调范围主要侧重经济和社会发展，涉及社会、环境、科技等诸多领域，具体包括农业和渔业、化学品安全和生物安全、教育、就业、环境、金融、绿色增长与可持续发展、健康、创新、公共治理、区域、农村和城市发展、社会和福利、税收、贸易等。

（一）收集信息、提供建议

经合组织监测趋势、收集数据、分析和预测经济发展，并在广泛的公共政策领域调查演变模式，通过知识和证据为决策提供更好的政策和标准制定；定期提供广泛领域的基本数据，如季度及年度国民经济核算、消费价格、贸易统计等。

（二）参与影响其他多边组织

经合组织以委员会为核心展开工作，引领300多个下属机构定期举行会议，分析数据并达成政策结论，参与并影响多个多边机制。

（三）制定标准并提供政策支持

经合组织专家委员会通过严格的循证过程制定相应标准，以最佳政策和实践为基础，并涉及各种利益相关者。其标准有助于促进全球公平竞争，深化国际技术合作，实施共同的政策目标，以提高公民福祉。

经合组织制定了包括公约、建议、准则和宣言在内的450多项国际标准，它们已成为保护公民的重要工具，同时使政府能够节省时间和金钱。

四、组织机构

经合组织的主要组织机构包括理事会、执行委员会和秘书处，还设有许多专业委员会和工作组等。

（一）理事会

理事会是经合组织的首要决策机构，负责监督和战略指导。它由成员国和欧盟委员会的大使组成，由秘书长担任主席。经合组织理事会每年举行一次部长理事会会议，成员国的政府、经济、贸易和外交部门的部长齐聚一堂，监督和确定工作重点，讨论全球经济和贸易环境，并进一步探讨预算或加入进程等问题。

（二）执行委员会

执行委员会负责研究处理理事会交办的各项工作。执行委员会提出解决方案，评估数据和政策，并审查成员国之间的政策行动。经合组织理事会每年选出14名成员国的代表组成执行委员会。

（三）秘书处

秘书处开展经合组织的日常工作，为理事会、执行委员会和其他机构服务。秘书处由秘书长领导，另设4名副秘书长。秘书处下设经济部、统计司、环境司等司或部。

五、发展成果

经合组织在分析和预测世界经济的发展走向，协调成员国关系，促进成员国合作，帮助成员国确认国内政策及其在区域组织、国际组织中的立场方面发挥了重要作用。

经合组织通过信息交流和经验分享，帮助成员国改善了经济政策、提高了竞争力、促进了投资和创新。经合组织通过制定国际标准和指导方针，提高了国际贸易的透明度和公平性，推动了自由贸易的发展，促进了可持续发展。经合组织还关注社会政策和公共管理领域。经合组织的政策建议和指导方针被广泛应用于世界各国，对全球经济的发展产生了积极影响。

南方中心

一、组织概览

南方中心（South Centre）于1990年在原南方委员会基础上建立，1995年7月成为常设机构，是发展中国家建立的政府间国际组织。中国是南方中心创始成员国。

（一）成员国

南方中心共有55个成员国，均为发展中国家，分别为阿尔及利亚、安哥拉、阿根廷、巴巴多斯、贝宁、玻利维亚、巴西、布隆迪、佛得角、柬埔寨、中国、哥伦比亚、科特迪瓦、朝鲜、多米尼加、加纳、洪都拉斯、印度、印度尼西亚、伊朗、伊拉克、牙买加、约旦、利比里亚、马拉维、马来西亚、马里、毛里求斯、密克罗尼西亚联邦、尼加拉瓜、尼日利亚、巴基斯坦、菲律宾、塞舌尔、塞拉利昂、斯里兰卡、利比亚、巴勒斯坦、苏里南、乌干达、坦桑尼亚、厄瓜多尔、摩洛哥、委内瑞拉、埃及、加蓬、莫桑比克、纳米比亚、越南、津巴布韦、古巴、圭亚那、巴拿马、南非、苏丹。

（二）宗旨和目标

南方中心力图促进南南团结与合作，加强南北双方在平等、公平基础上的相互理解与合作。

（三）通讯信息

总部位于瑞士日内瓦；官网：http://www.southcentre.int。

二、主要功能

（一）促使南方在多样性中团结一致

南方中心旨在促进南方国家之间的共同利益，同时承认并反映其多样性。为此，南方中心致力于促进南方国家和人民之间的相互理解。它还鼓励发展中国家参与有关南南问题和北南问题的国际论坛。

（二）通过合作实现南方进步

南方中心致力于让南方的智慧和能力为进步和发展服务。中心通过南南合作和南北合作促进南方各国的发展与进步。

三、组织机构

南方中心的组织机构由代表理事会、董事会和秘书处构成。其中，代表理事会由各成员国的代表组成，是中心的最高权力机构；董事会由代表理事会任命的主席及九名董事组成，负责监督指导中心工作；秘书处是中心的行政机构。

四、发展成果

南方中心开展以保护和促进发展中国家发展利益相关的各种国际政策领域的研究和分析；帮助南方国家形成共同的观点，并在与国际发展相关的重大政策问题上开展合作；在其能力和任务范围内响应南方集体实体（如不结盟运动）的政策咨询以及技术和其他支持请求。南方中心在多个国际组织中享有观察员地位。南方中心为发展中国家的发展和世界民主化进程作出了重要贡献。

葡萄牙语国家共同体

一、组织概览

葡萄牙语国家共同体（Community of Portuguese Language Countries, CPLC）简称"葡语国家共同体"，是以葡萄牙语作为官方语言的国家间成立的多边论坛组织。葡语国家共同体正式成立于1996年。

（一）成员国

葡语国家共同体有9个成员国：安哥拉、巴西、佛得角、几内亚比绍、莫桑比克、葡萄牙、圣多美和普林西比、东帝汶、赤道几内亚。

（二）宗旨和目标

葡语国家共同体力图在相互支持、相互尊重的基础上进行政治协商和在经济、文化教育等领域开展合作，并促进葡萄牙语的研究和传播。

（三）通讯信息

总部位于葡萄牙首都里斯本；官网：https://www.cplp.org。

二、发展历程

葡语国家共同体在1983年出现雏形，1989年由巴西总统正式提议成立。在巴西的推动下，1994年2月，安哥拉、佛得角、几内亚比绍、莫桑比克、葡萄牙、圣多美和普林西比的外长决定向各自政府提议创立葡语国家共同体。1996年7月17日，葡语国家共同体正式成立。此后，葡语国家共同体的发展程度不断提高，2002年葡语国家共同体增加了部门部长级会议和合作联络点会议两个机构，2005

年将独立存在的国际葡萄牙语学院纳入组织管辖，2007年建立葡语共同体议会。葡语国家共同体不断扩张，2002年东帝汶独立之后加入共同体，2014年赤道几内亚加入共同体。

三、主要功能

（一）协调葡语国家共同外交立场

葡语国家在政治外交磋商方面致力于通过葡语国家共同体这一机制实现协调一致，在共同体这一机制框架下同进退以增强其在国际社会当中的影响力。共同体与联合国、粮农组织、世卫组织等多边组织进行合作，保障了共同体成员国的共同利益与诉求。在区域论坛和政治与经济类的国际合作当中，葡语国家共同体越来越被视为增强成员国谈判潜力的因素。

（二）促进葡语国家间、区域组织间的交流合作

葡语国家共同体积极促进共同体成员国的内部合作，其合作领域涵盖了经济贸易、人员流动、人道主义援助、科教文卫事业、司法移民合作等领域。葡语国家正努力通过九国间的定期协商与其他行动者的联系，力图在商业合作领域实现较大突破。同时，葡语国家分布广泛又都参与了所在区域的一体化进程，具备多重身份，有利于实现跨区域交流合作与区域组织间的对话联系。

（三）推动葡萄牙语交流传播

葡语国家共同体认识到通用性语言传播和使用在国际社会中发挥着越来越重要的角色，并通过设立专门的国际性培训机构促进葡萄牙语在区域的推广使用。

四、组织机构

葡语国家共同体的组织机构由最高决策机构与执行机构两部分组成，其中，最高决策机构是国家元首与政府首脑会议，部长理事会、常设协调委员会、部门部长级会议、葡语共同体议会、合作联络点会议、执行秘书处以及国际葡萄牙语学院是执行机构。

（一）国家元首与政府首脑会议

国家元首与政府首脑会议是葡语国家共同体的最高决策机构，每两年召开一次，通过高层峰会实现修改组织指导方针、授权执行机构、制定组织机制、任免组织高层。

（二）部长理事会

部长理事会是葡语国家共同体的执行机构，每年召开一次会议，由各成员国外长组成。部长理事会的职责是协调上下级组织活动、制定与实施具体政策、监督政策运作、批准机构预算、向国家元首与政府首脑会议推荐执行秘书长人选、选举国际葡萄牙语学院执行主任、召集有利于促进组织目标的会议。其同样以协商一致原则作为运作机制，理事会主席采取轮值制。

（三）常设协调委员会

常设协调委员会是葡语国家共同体的执行协调机构，每月召开一次会议，由各成员国的外交人员组成。常设协调委员会的主要职责是跟进执行秘书处履行共同体的决议，跟进国际葡萄牙语学院的活动，保障各类活动与共同体大政方针一致。其通过协商一致原则的运作机制运行，由部长理事会轮值主席国协调委员会日常工作，委员会能够成立专门工作组。

（四）部门部长级会议

部门部长级会议是葡语国家共同体的政府间执行协调机构，由成员国政府各部门部长与国务秘书组成。部门部长级会议的主要任务是在部长级或同级别上协调有关共同体成员政府间的合作行动。

（五）葡语共同体议会

葡语共同体议会是葡语国家共同体的议会间执行协调机构，由成员国的议会代表组成。议会大会负责审议共同体内部的法律条文、法定宗旨等事项，并就协调委员会的方向和战略提出意见与建议。

（六）合作联络点会议

合作联络点会议是葡语国家共同体的综合协调机构，汇集了成员国以及组织内部各方负责协调合作的单位，并就社区内与发展合作相关的所有事项向其他机构提供咨询意见。

（七）执行秘书处

执行秘书处是葡语国家共同体的主要执行机构，同时是共同体的常设机构。执行秘书处的职责是实施部长理事会与常设协调委员会的决议和政策，规划和保证执行共同体项目，负责共同体机构会议的会务工作，跟进共同体其他倡议。执行秘书处的主要领导是执行秘书长，其对外代表共同体。执行秘书长任期两年，根据成员国字母升位顺序轮流任职。

（八）国际葡萄牙语学院

国际葡萄牙语学院是葡语国家共同体的附属机构，负责葡萄牙语教育教学工作，并致力于在国际范围内推广葡萄牙语。

五、发展成果

（一）组织建设不断完善

葡语国家共同体成立之初，只有国家元首与政府首脑会议、部长理事会、常设协调委员会、执行秘书处四个机构，为了强化共同体对内以及对外合作、贯彻组织宗旨，其在组织建设方面不断完善，迄今为止新增加了包括部门部长级会议在内的四大机构，合作机制较为完备。

（二）共同体进退一致

葡语国家共同体成立已有近30年，其成员国内部在外交政策方面协调一致，取得了包括联合国在内的跨区域性国际组织与区域组织的承认。其以自身名义积极参与国际治理，与其他国际组织签署了30多项合作协议、公约、谅解备忘录、决议或议定书。

（三）成员国广泛合作

葡语国家共同体成员国间的合作涉及方方面面，成员国之间签署了超过30个协议类文件，涉及科教文卫、公共行政、国家安全、经济贸易各个领域。葡语国家共同体也与外国投资者进行积极合作。

（四）葡萄牙语获得推广宣传

葡语国家共同体利用国际葡萄牙语学院与葡萄牙语大学协会、欧洲科英布拉大学集团、巴西英布拉大学集团合作，积极推动文化教育交流项目，更好地传播了葡语国家的文化传统和价值认同，葡萄牙语获得推广。

全面禁止核试验条约组织筹备委员会

一、组织概览

全面禁止核试验条约组织筹备委员会（Preparatory Commission for the Comprehensive Nuclear–Test–Ban Treaty Organization，CTBTO）成立于 1996 年，总部设在奥地利维也纳。它是一个临时组织，任务是建立《全面禁止核试验条约》的核查制度，为该条约的生效做准备，并促进该条约的普遍性。

（一）成员国

所有条约签署国均为筹备委员会成员。截至 2024 年 4 月，共有 187 国签署条约，其中 178 国已批约。中国是筹备委员会首批成员国之一。

（二）宗旨和目标

根据设立筹备委员会的附件，其主要目的是为有效执行《全面禁止核试验条约》进行必要的准备，并为条约生效时举行的条约缔约国第一届会议做准备。

（三）通讯信息

全面禁止核试验条约组织筹备委员会设在奥地利维也纳；官网：http://www.ctbto.org。

二、发展历程

全面禁止核试验条约组织筹备委员会于 1996 年 11 月 19 日根据联合国签署国会议通过的一项决议成立。《全面禁止核试验条约》第二条规定建立一个全面禁止核试验条约组织，以实现条约的目标，确保条约的实施，并作为其成员的论坛。

由于这些活动将非常广泛并且必须在条约生效时全面运作，因而签署条约的国家决定建立一个临时组织筹备委员会。该委员会将奠定所需的基础并建立全球核查制度以监测条约的遵守情况。委员会第一次会议由联合国秘书长于1996年11月20日召集。因此，1997年3月18日筹备委员会与奥地利签订了东道国协定，该协定于1997年11月1日生效。

三、主要功能

筹备委员会的职责重点是促进《全面禁止核试验条约》的签署和批准，以便条约能够尽快生效。

筹备委员会的另一项职责是建立全球核查制度，以监测全面禁止核试验的遵守情况，该制度必须在条约生效时投入运作。这项艰巨的任务涉及在世界各地建立321个监测站和16个放射性核素实验室。它还包括国际数据中心的临时运作，以及在发生疑似核试验时准备现场视察。

四、组织机构

筹备委员会由全体会议和临时技术秘书处组成。

全体会议由三个小组协助。A工作组主要负责处理预算和行政事项，如年度预算、财务和工作人员条例和细则以及法律问题；B工作组负责处理核查问题的审查；咨询小组由签署国专家组成，他们具有公认的地位，在国际级的财务事务上具有丰富的经验。两个工作组都提出提案和建议，供筹备委员会审议和通过。咨询小组就财务、预算和相关行政事项向委员会及其附属机构（即两个工作组）提供咨询。

临时技术秘书处协助委员会开展活动，负责为国际监测系统提供技术和法律援助，并负责国际监测系统台站的监督、管理和维护，以及台站数据的接收、分析和处理。

五、发展成果

全面禁止核试验条约组织筹备委员会现拥有来自70多个签署国的约260名多

学科专业和支持人员。为了建立和加强与科学界的关系，支持筹备委员会定期邀请国际科学界举行会议。近年来，筹备委员会持续开展各种禁止核试验能力建设，主要集中在科学能力储备方面。一是开展波形台站操作员技术培训；二是进行国家数据中心分析人员能力培训工作，同时达到储备人才的目的；三是召开国际监测技术研讨会；四是积极开展现场视察技术培训和现场视察演练。除了推动条约主要的核不扩散和裁军目标，国际监测系统还在科学和民用应用中发挥着重要作用，包括提供关于海啸、地震和核事故准确及时的数据。该组织支持发展中国家参加禁止核试验组织的工作，举办了国际一级的讲习班、研讨会和其他培训活动。

桑戈委员会

一、组织概览

桑戈委员会（Zangger Committee，ZAC），又被称为"核出口国委员会"，是一个旨在防止核扩散的技术性非正式组织。桑戈委员会成立于1970年，由一些签署了《不扩散核武器条约》同时具备核供应能力的国家组成，通过"触发清单"实现对核供应管控，以达成该组织遏制核扩散的目的。

（一）成员国

截至2024年1月，桑戈委员会共有39个成员国：阿根廷、澳大利亚、奥地利、比利时、白俄罗斯、保加利亚、加拿大、中国、克罗地亚、捷克、丹麦、芬兰、法国、德国、希腊、匈牙利、爱尔兰、意大利、日本、哈萨克斯坦、韩国、卢森堡、荷兰、新西兰、挪威、波兰、葡萄牙、罗马尼亚、俄罗斯、斯洛伐克、斯洛文尼亚、南非、西班牙、瑞典、瑞士、土耳其、乌克兰、英国、美国。

（二）宗旨和目标

根据《不扩散核武器条约》第三条第二款，桑戈委员会制定向未参加该条约的无核国家出口核材料、设备和技术的控制条件和程序，防止和遏制核扩散。

（三）通讯信息

桑戈委员会联系地址：Embassy and Permanent Mission of Denmark, Vienna Führichgasse 6, A-1010 Vienna, Austria；电子邮箱：loucal@um.dk；官网：http://www.zanggercommittee.org。

二、发展历程

桑戈委员会成立于1971年，由来自瑞士的克劳德·桑戈担任主席，并负责起草"触发清单"，以限制核原料和设备向无核国家出口。该清单于1974年9月公布并被不断更新和修订。桑戈委员会的发展历程基本就是"触发清单"随着技术进步而变动管制范围的历程。

1977—1996年，"触发清单"在核能生产技术和设备等方面的管制范围内增加了重水生产设备、气体离心机同位素分离工艺，并对锆、同位素分离设备、气体扩散法工艺进行"澄清"，在1996年进一步对敏感度低的"触发清单"项目进行了确认。此后，桑戈委员会的核心内容"触发清单"变动内容较小。桑戈委员会在1996年之后的主要工作即为对"触发清单"的内容进行"澄清"。

桑戈委员会在防止核扩散方面还与其他原子能组织积极合作，每五年接受《不扩散核武器条约》审查一次，同时作为核供应国集团的观察员组织出席全体会议，并与国际原子能组织来往密切。

三、主要功能

桑戈委员会的主要功能即为通过制定修改"触发清单"解释《不扩散核武器条约》的第三条第二款。桑戈委员会除了对清单内容进行管制，还制定了出口的保障和指导原则"共同谅解"的要求。该准则规定了三个供应条件：非爆炸性使用保证；原子能机构保障，即缔约国向任何无核国家提供清单规定项目，则该项目应当受到国际原子能机构保障监督；再转让规定，即接收国在再出口管制物资时适用同样的出口条件。

四、组织机构

桑戈委员会属于非正式的技术性组织，其对成员国不具备约束力，无相应机制督促成员国强制遵守，组织机构较为简单，通过成员国每年5月与10月召开两次非正式会议实现交换信息、对出口许可问题进行商议，并于每年4月在成员国之间秘密交换"年度报告"。年度报告的主要内容是关于向非《不扩散核武器条约》缔约国的无核国家进行核物资出口的相关信息。

桑戈委员会设主席一名，其任期无上限，负责主持会议进程。委员会还设置"主席小组"与秘书处辅助主席主持会议，修订"触发清单"，筹备《不扩散核武器条约》审议会议工作。

五、发展成果

作为一个技术性非正式组织，桑戈委员会自1971年成立以来，已经成为核不扩散领域的重要组成部分。其于1974年通过的"触发清单"对《不扩散核武器条约》第三条第二款的内容进行了技术方面的具体规定，从而遏制了出口核项目由和平核能项目转化为军事核能项目的可能性，在促进组织目标实现的同时，保障了各国安全。当前，随着核技术使用情况的变化，桑戈委员会的"触发清单"根据不断变化的国际核安全局势对出口管制标准进行适时调整。

石油输出国组织

一、组织概览

石油输出国组织（Organization of the Petroleum Exporting Countries, OPEC）简称"欧佩克"。它是一个政府间国际组织。

（一）成员国

欧佩克有12个成员国：阿尔及利亚、刚果（布）、赤道几内亚、加蓬、伊朗、伊拉克、科威特、利比亚、尼日利亚、沙特、阿联酋、委内瑞拉。

（二）宗旨和目标

欧佩克力图协调和统一成员国石油政策，采取集体行动，同石油垄断国家进行谈判以维护自己的利益；维持国际石油市场价格稳定，确保石油生产国获得稳定收入。

（三）通讯信息

总部设在奥地利维也纳；官网：http://www.opec.org。

二、发展历程

（一）20世纪60年代

同为石油输出国的五个发展中国家联合起来成立欧佩克，共同致力于为该组织成员国在国际石油市场中谋求合法地位，以求打破当时号称"七姐妹"的国际石油公司对国际石油市场的垄断。欧佩克在这一时期完成了一系列的组织基础架构工作，明确了组织目标，设立了秘书处，并于1965年最终定址维也纳，同时通过了相关决议，持续开展与各大石油公司间的谈判，成员国数量也从最初的5个扩大到了10个。

（二）20世纪70年代

这10年欧佩克快速成长，引起世人瞩目。欧佩克成员国第一次首脑峰会于1975年3月在阿尔及利亚首都阿尔及尔召开。欧佩克成员国通过控制国内石油工业获得了国际市场原油价格的决定性话语权。

（三）20世纪80年代

20世纪80年代初，国际石油价格冲上最高位，随后又戏剧性地开始持续下跌，直至1986年爆发第三次石油危机。虽然80年代后期国际油价开始回升，但始终没有恢复到80年代初期的最高水平。欧佩克成员国在经历石油危机后也意识到通过协调统一的政策行动稳定国际市场油价的重要性。

（四）20世纪90年代

20世纪90年代初，由于中东地区局势问题，国际石油市场引发恐慌导致油价猛涨。欧佩克成员国通过提高各自石油产量，增加对国际市场石油供给，及时稳定了石油价格，从而有效避免了第四次石油危机。直到1998年亚洲经济危机前，国际油价在欧佩克努力下始终保持长期稳定的状态。

（五）21世纪前十年

在21世纪头几年，欧佩克继续努力帮助加强和稳定全球石油市场。2000年和2007年，欧佩克在加拉加斯和利雅得举行了第二次和第三次峰会，确立了稳定的能源市场、可持续发展和环境三大指导主题，并在2005年采取了全面的长期战略。

21世纪前十年，全球经济不稳是石油市场面临的主要风险。欧佩克继续参加联合国气候变化框架公约缔约方会议，进行对话和交换意见。

2016年12月，市场形势促使欧佩克成员国和10个非欧佩克产油国共同努力，重新平衡市场，降低库存水平，支持石油市场稳定。2019年，致力于合作、交流意见和信息的长期平台《合作宪章》成立。

（六）21世纪20年代

21世纪20年代石油市场需求直线下降，全球库存迅速填补和大规模波动。这促使欧佩克及其合作伙伴在《合作宣言》中加强合作努力，以恢复稳定，导致了石油市场历史上规模最大、时间最长的自愿生产调整。

三、主要功能

（一）分析预测石油形势和市场走向

欧佩克各成员国的代表（主要是代表团团长）在欧佩克大会上对其石油政策加以协调、统一，以促进石油市场的稳定与繁荣。他们明确经济增长速率和石油供求状况等多项基本因素，然后据此磋商在其石油政策中进行何种调整。

（二）影响国际油价定价

欧佩克协调和统一成员国的石油价格和石油政策，维护产油国的石油利益，在国际油价定价权中占据重要地位。

四、组织机构

欧佩克的主要组织机构包括大会、理事会和秘书处。

（一）大会

大会是欧佩克的最高权力机构，由各成员国向大会派出以石油、矿产和能源部长（大臣）为首的代表团，每年召开两次常会和不定期特别会议。大会奉行全体成员国协商一致的原则，负责协调各国石油政策、决定是否接纳新的成员国、审议理事会报告和建议等。大会主席在每次会议上选举产生，任职至每次会议结束。如大会同意，非成员国可作为观察员参加大会。

（二）理事会

各成员国提名一名代表并经大会通过的理事组成理事会，任期两年。理事会每年至少召开两次会议，负责管理欧佩克的日常事务、执行大会决议等。理事会主席由大会任命，任期一年。

（三）秘书处

秘书处是处理日常工作的常设机构，设在维也纳，在理事会的领导下开展工作。秘书处由秘书长、研究司、服务司、法律办公室、秘书长办公室和内部审计办公室组成。秘书长经大会协商一致任命，任期三年，原则上可连任一届。秘书处下设专门机构经济委员会，由其负责协助组织稳定国际石油价格。

五、发展成果

欧佩克设有配额机制和价格机制。欧佩克成立后，同外国石油公司进行了不断的斗争，夺回了石油的标价权，提高了征收的石油税率。同时，它促使产油国夺回了石油资源的控制权，部分或者全部收回了石油租让地，促进成员国的石油工业获得发展、经济实力大增，提升了成员国话语权和影响力。1976年，欧佩克成立国际发展基金，这是唯一一个由成员国专门向非成员国提供资金的全球授权发展机构。该机构与发展中国家伙伴和国际发展界合作，帮助全球中低收入国家实现经济增长和社会进步目标。欧佩克积极发展与其他国际组织和非成员国的合作。1991年，欧佩克与主要石油消费国共同创建"国际能源论坛"，定期就能源安全问题进行对话。

太平洋共同体

一、组织概览

1947年2月6日，当时在南太平洋地区有属地和托管地的美国、英国、法国、澳大利亚、新西兰和荷兰等六国政府签署了《堪培拉协议》，宣布成立南太平洋委员会，1998年更名为太平洋共同体（Pacific Community）。

（一）成员

太平洋共同体有27个成员：美国、法国、澳大利亚、新西兰、汤加、萨摩亚、斐济、巴布亚新几内亚、基里巴斯、瓦努阿图、密克罗尼西亚联邦、帕劳、库克群岛、所罗门群岛、瑙鲁、图瓦卢、马绍尔群岛、美属萨摩亚、关岛、法属波利尼西亚、新喀里多尼亚、瓦利斯和富图纳群岛、纽埃、托克劳、皮特凯恩群岛、北马里亚纳群岛、英国。

（二）宗旨和目标

太平洋共同体力图促进南太平洋各国（地区）的经济发展、社会福利和进步，与其他国际组织合作，向南太平洋岛国提供经济技术援助。

（三）通讯信息

总部设在新喀里多尼亚首府努美阿；官网：http://www.spc.int。

二、发展历程

1999年12月，太平洋共同体首届会议在法属波利尼西亚举行，通过了规定该组织机构设置和工作规则的《塔希提宣言》。此后，太平洋共同体会议每两年在法属新喀里多尼亚首府努美阿举行一次。2001年11月，太平洋共同体第二届会议举行，制定了2003—2005年的五项重大战略规划。2007年11月，太平洋共同体第五届会议暨该组织成立60周年会议举行，会议主题是"太平洋渔业的未来：做好规划和管理，实现食品安全、民生及经济可持续发展"。2019年6月17—21日，太平洋共同体政府及行政机构代表委员会会议、太平洋共同体第十一届会议举行，会议围绕"海洋科学：蓝色太平洋的可持续未来"进行了讨论。2021年11月30日至12月2日，太平洋共同体第十二届会议举行，恢复英国作为共同体成员的资格，并通过《太平洋共同体2022—2031年战略》。

三、主要功能

太平洋共同体主要在海洋资源开发、医疗卫生、社会组织、乡村发展、文化交流等方面为成员提供经济技术支持。

四、组织机构

太平洋共同体的组织机构主要包括共同体会议、总干事和副总干事等。

（一）太平洋共同体会议

自1998年更名以来，太平洋共同体每两年召开一届会议，制定相关政策并决定总干事人选。闭会期间，政府及行政机关代表委员会有权就重要事项做出决策。

（二）总干事和副总干事

共同体设置总干事1名、副总干事2名，有一个行政小组负责协助总干事和2名副总干事工作。2名副总干事分别是运营管理副总干事和具体项目的副总干事。运营管理副总干事下设财务、行政、人力资源、通信、出版、翻译、法务等部门。具体项目的副总干事下设7个司：地质科学司，经济发展司，社会发展司，渔业、水产养殖和海洋生态系统司，陆地资源司，公共卫生司，发展数据司。

（三）其他机构

共同体下设专门负责土地、海洋资源和社会事务的部门，它们在斐济苏瓦设有地区办事处，在多数岛国设有办事处，负责具体实施既定项目。此外，共同体还设有战略与政策规划署。

五、发展成果

自成立以来，太平洋共同体不断完善组织机构，提升机构自身计划与执行能力；扩大提供经济技术支持的范围；积极与欧盟、联合国开发计划署、世界粮农组织、世界卫生组织等国际组织以及各国通过多边组织加强沟通与协调。太平洋共同体的活动促进了南太平洋各国（地区）的经济发展、社会福利和进步，自身国际影响力逐步增长。

太平洋联盟

一、组织概览

太平洋联盟（Alianza del Pacífico）又名"拉美太平洋联盟"，是拉美地区的新兴经济组织，于2011年4月在秘鲁成立，2012年6月6日正式签署《太平洋联盟框架协议》。

（一）成员

太平洋联盟有4个成员国：智利、哥伦比亚、墨西哥、秘鲁；63个观察员国：哥斯达黎加、巴拿马、澳大利亚、新西兰、加拿大、乌拉圭、西班牙、日本、危地马拉、厄瓜多尔、萨尔瓦多、洪都拉斯、巴拉圭、多米尼加、法国、葡萄牙、中国、美国、韩国、土耳其、英国、德国、瑞士、荷兰、意大利、芬兰、印度、以色列、摩洛哥、新加坡、特立尼达和多巴哥、比利时、印度尼西亚、泰国、格鲁吉亚、奥地利、海地、瑞典、丹麦、匈牙利、希腊、波兰、挪威、捷克、斯洛伐克、乌克兰、罗马尼亚、埃及、阿根廷、斯洛文尼亚、立陶宛、克罗地亚、阿联酋、塞尔维亚、白俄罗斯、亚美尼亚、阿塞拜疆、菲律宾、哈萨克斯坦、巴基斯坦、爱尔兰、沙特、马耳他；1个联系国：新加坡；5个候选联系国：加拿大、澳大利亚、新西兰、韩国、厄瓜多尔。

（二）宗旨和目标

太平洋联盟力图实现成员国之间商品、服务、资本和人员的自由流动；促进成员国的经济可持续增长和发展，以及不断提升其整体竞争力；在联盟内部构建政治协调、经贸一体化和融入世界特别是亚太地区的共同平台。

（三）通讯信息

电子邮箱：comunicaciones@alianzapacifico.net；官网：http://alianzapacifico.net。

二、发展历程

2011年4月28日，秘鲁、智利、墨西哥和哥伦比亚在利马举行第一届首脑会议，会议通过了利马宣言，决定组建太平洋联盟。2011年12月4日，太平洋联盟第二届首脑会议在墨西哥的梅里达举行，会议发表《梅里达声明》，巴拿马作为观察员参加会议。2011年12月4日，太平洋联盟建立服务和投资联合混合委员会。2012年3月5日，四国首脑及哥斯达黎加和巴拿马总统举行了视频首脑峰会，讨论签署太平洋联盟框架协定的基本内容。2012年6月6—7日，太平洋联盟第四届首脑会议在智利举行，会议签署《太平洋联盟框架协议》，正式宣布太平洋联盟成立。在2012年6月举行的第四届首脑会议上成立了第5个技术小组。2013年5月，第七届首脑会议举行，会议宣布自当年6月30日起联盟内90%的货物贸易实现零关税，设立共同使馆及联合贸易办事处。2015年7月，第十届首脑会议举行，会议宣布框架协议及其附加协议、《设立合作基金协议》自当年7月20日起生效，标志着联盟成为国际法主体。2017年6月，第十二届首脑会议举行，会议决定设立联盟基础设施投资基金，削减成员国间养老基金投资壁垒。2022年1月，第十六届首脑会议召开，会议通过《马拉加湾宣言》和《促进文化和创新经济元首声明》。

三、主要功能

太平洋联盟一直致力于扩大成员国之间的贸易，推进自由贸易，推动地区经济增长和可持续发展，是实现拉美地区一体化的重要平台。太平洋联盟在努力建立同亚太经合组织的协商机制，加强同其他区域性组织的贸易合作。此外，太平洋联盟在推动学生和学术界交流方面发挥着一定作用。

四、组织机构

联盟的组织机构包括一套运行机制，首脑会议是最高磋商和决策机制，由轮值主席国在本国召开。各成员国以国名字母先后顺序轮流担任轮值主席国，任期一年。联盟尚未设立秘书处，已形成包括首脑会议、部长理事会（外交部长和贸易部长）、高级别工作组（副外交部长和主管贸易的副部长）及技术工作组的基本架构。

五、发展成果

（一）一体化成果显著

太平洋联盟已经成为拉美地区最具开放性的一体化组织。在贸易自由化方面，太平洋联盟成员国完成了有关市场准入、原产地规则、贸易壁垒、政府采购等技术性谈判。太平洋联盟计划于2030年完全实现区内贸易零关税的目标。在海关合作方面，联盟启动跨部门卫生检疫合作机制，积极推进投资、金融、通信、海空运输服务等多个领域的合作。在人员流动方面，联盟业已简化程序，计划出台互免商务和旅游签证的举措。

（二）外交成果显著

2013年5月，智利和哥伦比亚签署了关于在阿尔及利亚和摩洛哥设立共同使馆的协议；秘鲁和哥伦比亚签署了关于在越南设立共同使馆的协议；联盟还决定共同在土耳其、加纳和肯尼亚设立联合贸易办事处。同年11月，秘鲁和哥伦比亚签署了两国共用驻外使领馆馆舍的谅解备忘录。

（三）"内联外扩"成果显著

太平洋联盟从成立之初就突破了传统地缘因素，立足拉美，面向亚太，多次"扩员"吸收多国为候选成员，接纳多名观察员国。

亚欧会议

一、组织概览

亚欧会议（Asia–Europe Meeting，ASEM）成立于1996年，是亚洲和欧洲间重要的跨区域政府间论坛。

（一）成员

亚欧会议有53个成员：泰国、马来西亚、菲律宾、印度尼西亚、文莱、新加坡、越南、中国、日本、韩国、意大利、德国、法国、荷兰、比利时、卢森堡、丹麦、爱尔兰、英国、希腊、西班牙、葡萄牙、奥地利、芬兰、瑞典、欧盟委员会、柬埔寨、老挝、缅甸、塞浦路斯、捷克、爱沙尼亚、匈牙利、拉脱维亚、立陶宛、马耳他、波兰、斯洛伐克、斯洛文尼亚、蒙古国、印度、巴基斯坦、东盟秘书处、保加利亚、罗马尼亚、俄罗斯、澳大利亚、新西兰、孟加拉国、瑞士、挪威、克罗地亚和哈萨克斯坦。

（二）宗旨和目标

亚欧会议遵循以下原则：各成员之间对话的基础应是相互尊重、平等、促进基本权利、遵守国际法规定的义务、不干涉他国内部事务；合作应是开放和循序渐进的，后续行动应在协商一致的基础上进行；新成员加入须先获得所在地区支持，再由首脑会议协商一致决定。亚欧会议的目标是在亚欧两大洲之间建立旨在促进增长的新型、全面伙伴关系，加强相互对话、了解与合作，为经济和社会发展创造有利的条件，维护世界和平与稳定。

二、发展历程

1994年，新加坡最早提出召开亚欧会议、举行东亚与欧洲"最高层对话"的设想。1996年，首届亚欧首脑会议在泰国曼谷顺利召开，来自亚洲10国和欧盟15国的政府首脑、国家元首及欧盟委员会主席出席了会议。会后发表了《首届亚欧会议主席声明》。这次会议的成功召开，标志着以建立亚欧新型伙伴关系为目标的亚欧会议机制的创立。1998年4月，第二届首脑会议举行，核心议题是1997年亚洲金融危机，会议通过《亚欧合作框架》《贸易便利行动计划》《亚洲投资促进行动计划》等文件，成立"亚欧展望小组"。2004年10月，第五届亚欧首脑会议举行，会议通过《亚欧会议更紧密经济伙伴关系河内宣言》和《亚欧会议文化与文明对话宣言》等文件，并实现首次扩员。2008年10月，第七届亚欧首脑会议举行，与会领导人围绕政治、经济和社会文化三个领域进行深入讨论。2014年10月，第十届亚欧首脑会议举行，与会领导人就促进亚欧经济金融合作、亚欧携手共同应对全球问题、加强亚欧对话与合作、亚欧会议发展方向等议题进行了讨论交流。2021年11月，第十三届亚欧首脑会议举行，会议呼吁推动多边主义以应对国际和地区挑战，促进世界经济复苏和可持续包容性增长。

三、主要功能

（一）政治对话

亚欧会议成员在安全、裁军、军控、联合国改革等各个方面展开政治对话，以增进相互了解和信任。

（二）经贸合作

亚欧会议积极开展宏观经济和财政金融政策对话，促进亚欧地区经济和贸易的稳定增长。

（三）学术、文化、人际交流与合作

亚欧会议制定亚欧文化合作的中长期规划文件，使互联互通成为会议议题，促使成员在科技、教育、反恐、能源、环境等领域开展合作。

四、组织机构

亚欧会议活动机制包括首脑会议、外长会议及其他部长级会议、高官会议、协调员机制、议会伙伴会议等。

（一）首脑会议

首脑会议负责确定亚欧会议的指导原则和发展方向，每隔一年在亚洲和欧洲轮流举行。

（二）外长会议及其他部长级会议

外长会议负责亚欧会议活动的整体协调和政策规划，通过有关指导性文件并批准新倡议。外长会议每两年举行一次，与首脑会议错年举行。

亚欧会议定期或不定期举行经济、文化、科技、能源、环境、中小企业、信息通信技术等专业部长级会议，由其负责在各自领域落实首脑会议决定，制定合作规划，开展相关活动。

（三）高官会议

高官会议负责协调和管理亚欧会议各领域活动，为首脑会议、外长会议预做准备，包括审议新倡议和磋商文件，以及就共同关心的国际地区问题初步交换看法。高官会议通常在首脑会议和外长会议前不定期在亚欧之间轮流举行，每年举行两至三次。

（四）协调员机制

亚欧会议设有协调员，由亚欧各两个成员组成。协调员不定期举行会议，代表各自地区通报情况、汇总各方立场并进行协调。欧洲组协调员由欧盟和欧盟轮值主席国担任，亚洲组由东盟国家小组、东北亚和南亚国家小组各确定一名协调员。

（五）议会伙伴会议

议会伙伴会议由亚欧会议成员议会与欧洲议会组成，是非正式议会间论坛。

其任务是增进亚欧人民之间的了解，推动亚欧会议进程。

（六）其他机制

亚欧会议设有各成员工商界进行定期对话的机制工商论坛、成员民间团体自行发起并参与的非政府组织论坛人民论坛，讨论和平与安全、经济与社会、民主和人权等三大领域问题的劳工论坛。亚欧会议唯一的常设机构亚欧基金负责开展亚欧国家间学术、文化和人员交流活动，办事机构设在新加坡，资金为成员自愿捐献。

五、发展成果

亚欧会议形成以首脑会议、外长会议和高官会议为核心的政策指导和协调机制。亚欧会议先后召开了多次首脑会议、外长会议、高官会议、经济部长会议、财政部长会议等会议，通过了《2000年亚欧合作框架》《亚欧贸易便利行动计划》及《亚欧投资促进行动计划》等文件，成立了亚欧基金、亚欧展望小组、亚欧环境技术中心，设立了亚欧会议信托基金。此外，亚欧会议还开展了经济、政治、环境等领域的一系列行动，成员数量不断增加。亚欧会议推动了亚欧新型全面伙伴关系的深入发展，推动了世界多极化的发展。

亚太经合组织

一、组织概览

亚洲—太平洋经济合作组织（Asia–Pacific Economic Cooperation，APEC）简称"亚太经合组织"，成立于1989年11月，是一个由亚洲及环太平洋周边各国（地区）组成的区域经济合作组织，其内部结构松散，对成员不具备强效约束力。

（一）成员

亚太经合组织现有21个经济体成员与3个观察员组织。21个成员分别为：中国、澳大利亚、文莱、加拿大、智利、中国香港、印度尼西亚、日本、韩国、墨西哥、马来西亚、新西兰、巴布亚新几内亚、秘鲁、菲律宾、俄罗斯、新加坡、中国台北、泰国、美国和越南。3个观察员分别是东盟秘书处、太平洋经济合作理事会和太平洋岛国论坛秘书处。

（二）宗旨和目标

亚太经合组织致力于建设充满活力、和谐的亚太共同体，倡导自由开放的贸易和投资，促进和加快区域经济一体化，鼓励经济技术合作，加强人类安全，营造有利和可持续的商业环境，支持亚太地区的可持续经济增长与繁荣。

（三）通讯信息

秘书处位于新加坡；地址：新加坡恒梅径街35号；电子邮箱：info@apec.org；官网：http://www.apec.org。

二、发展历程

亚太经合组织主要经历了初步机制化建设阶段、实质性区域经济合作推进阶段、调整发展阶段、《茂物宣言》推进阶段等四个主要阶段。

（一）初步机制化建设阶段（1989—1994年）

1989年、1990年、1991年分别举行的部长级会议，初步建立起亚太经合组织的组织原则与框架。1992—1994年，亚太经合组织成员通过三次部长级会议与领导人非正式会议设立常设机构与咨询机构，各成员共同通过《茂物宣言》，为亚太贸易投资自由化制定时间表，标志着亚太经合组织的组织化、机制化开始。

（二）实质性区域经济合作推进阶段（1995—1996年）

在上一阶段机制化成果的基础上，亚太经合组织通过了包括《执行茂物宣言的大阪行动议程》等在内的贸易投资自由化具体规划文件，使得区域经济合作进入实质性合作推进阶段。

（三）调整发展阶段（1997—2004年）

亚太经合组织在1997年亚洲金融危机中受到重创，开始进入调整发展阶段。成员之间因为各自经济问题而对组织目标无力顾及，进入21世纪之后，这一状况有所好转。在2001年的上海会议上，成立了"反恐任务小组"，各成员之间的联系更加紧密，但距离《茂物宣言》的目标仍然遥远。

（四）《茂物宣言》推进阶段（2005年至今）

《茂物宣言》曾计划分别于2010年在发达国家与2020年在发展中国家实现贸易投资自由化。随着时间表的日益临近，亚太经合组织启动了对"茂物目标"的中期评估工作，于2005年提出《"茂物目标"实施进程的中期评估——实现"茂物目标"的釜山路线图》，为下一阶段推动贸易投资自由化指引方向。在亚太经合组织框架下的贸易投资自由化取得一定成果，成员平均简单关税税率由2004年的8%降低至2009年的6.6%。但随着2008年全球金融危机的影响，亚太经合组织再度进入瓶颈期，贸易投资自由化进程滞缓。

2014年，伴随全球经济逐渐复苏，"茂物目标"进程在北京会议上取得重要成果，会议发表《北京纲领：构建融合、创新、互联的亚太——亚太经合组织领导人宣言》，成为"茂物目标"的新里程碑。但此后全球经济下行压力增大，贸易保护主义使得各成员间贸易摩擦增加，尤其是中美贸易摩擦、日韩贸易摩擦等严重制约了"茂物目标"的推进进程。2020年，第二十七届亚太经合组织领导人非正式会议召开，会议通过《2040年亚太经合组织布特拉加亚愿景》，提出2040年建成开放、活力、强韧、和平的亚太共同体目标。

三、主要功能

（一）经济功能

亚太经合组织的主要功能即为在经济领域为成员提供交流平台，促进区域贸易投资自由化与便利化、推动经济技术合作。

（二）安全功能

鉴于2000年初的反恐形式，亚太经合组织在2001年的上海会议中成立"反恐任务小组"，亚太经合组织成为各成员在反恐安全方面的合作交流平台。

（三）公共卫生功能

亚太经合组织也曾为各成员间公共卫生事业的国际合作作出过贡献。2003年中国遭遇"非典"疫情，亚太经合组织面对"非典"跨国传播的风险发表了《亚太经合组织抗击非典行动计划》，使公共卫生进入亚太经合组织的讨论范围。

四、组织机构

亚太经合组织的决策机构是成员领导人非正式会议与部长级会议，在此之下设有亚太经合组织的执行机构与辅助机构。

（一）决策机构

亚太经合组织的决策机构是领导人非正式会议与部长级会议。领导人非正式会议是最高决策机构，每年在成员间轮流举办，会议通过领导人共同宣言为整个组织提供纲领性发展方向引导的同时具备一定的软约束性。会议每年召开一次，一般在每年9—11月择日举行。部长级会议是实际决策机构，负责为领导人非正式会议提供决策建议与承诺依据，对下属执行机构成果进行批示，在整体组织中起到纽带作用。部长级会议包括年度双部长会议和专业部长级会议。双部长会议在领导人非正式会议前举行，专业部长级会议定期或不定期举行。

（二）执行机构

亚太经合组织执行机构是高官会议以及其下属的专家组、委员会和工作组。其中，高官会议是执行机构核心，由成员大使级或司局级官员组成。高官会议负责执行决策机构决议，为决议提供现实依据，统领下属各单位组织执行任务。专家组、委员会、工作组则承担智库与具体执行机构的双重作用，协助高官会议对涉及的具体领域提供专业性建议，推动成员在具体领域方面的合作，监督具体领域工作实施状况。高官会议下设四个委员会，分别是贸易和投资委员会、经济委员会、经济技术合作高官指导委员会及预管和管理委员会。

（三）辅助机构

亚太经合组织的辅助机构由秘书处和独立专家小组构成。秘书处是常设辅助机构，负责为决策机构提供文件服务、为执行机构提供年度预算与监督其工作活动等。独立专家小组是咨询机构，由成员的前政府官员和首脑、经济学家和企业家组成。

五、发展成果

作为区域经济合作组织的典范，经过30多年的发展，在组织建设、经济技术合作、推进区域贸易投资自由化、贸易投资便利化等方面取得了一定成就。

（一）组织建设

亚太经合组织的组织建设不断臻于完善，从起初的部长级会议扩大到具有常设决策机构、执行机构与辅助机构的组织，同时成员基本涵盖了亚太地区的主要经济体。

（二）经济技术合作

亚太经合组织早在1996年就发布相关文件促进经济技术合作，并在2000年建立经济合作信息交流中心。在建立有效评估框架的基础上，2011—2018年亚太经合组织经济技术合作项目达到1061项。

（三）推进区域贸易投资自由化

亚太经合组织在1994年通过《茂物宣言》为贸易投资自由化设置时间表，组织内成员的平均关税水平从1989年的17%下降至2018年的5.3%，货物和服务贸易总额大幅增长，高于世界其他地区。

（四）推进贸易投资便利化

2001年，亚太经合组织在部长级会议中明确了贸易投资便利化原则。亚太经合组织于2002年开始推进"贸易便利化行动计划"，经过8年努力，区域交易成本下降10%。在这一基础上，2010年亚太经合组织提出《供应链连接性框架行动计划》以提高地区供应链总体绩效，在供应链绩效提供方面取得一定成效。

亚洲基础设施投资银行

一、组织概览

亚洲基础设施投资银行（Asian Infrastructure Investment Bank，AIIB）简称"亚投行"，是一家由中国发起倡议并筹建的政府间区域开发机构与多边开发银行。

（一）成员

亚投行共有110个成员，包括98个正式成员。其中，区域成员包括阿富汗、澳大利亚、阿塞拜疆、巴林、孟加拉国、文莱、柬埔寨、中国、库克群岛、塞浦路斯、斐济、格鲁吉亚、中国香港、印度、印度尼西亚、伊朗、伊拉克、以色列、约旦、哈萨克斯坦、韩国、吉尔吉斯斯坦、老挝、马来西亚、马尔代夫、蒙古国、缅甸、尼泊尔、新西兰、阿曼、巴基斯坦、巴布亚新几内亚、菲律宾、卡塔尔、俄罗斯、萨摩亚、沙特、新加坡、斯里兰卡、塔吉克斯坦、泰国、东帝汶、汤加、土耳其、阿联酋、乌兹别克斯坦、瓦努阿图、越南；非区域成员包括阿尔及利亚、阿根廷、奥地利、白俄罗斯、比利时、贝宁、巴西、加拿大、智利、科特迪瓦、克罗地亚、丹麦、吉布提、厄瓜多尔、埃及、埃塞俄比亚、芬兰、法国、德国、加纳、希腊、几内亚、匈牙利、冰岛、爱尔兰、意大利、肯尼亚、利比里亚、利比亚、卢森堡、马达加斯加、马耳他、摩洛哥、荷兰、挪威、秘鲁、波兰、葡萄牙、罗马尼亚、卢旺达、塞尔维亚、南非、西班牙、苏丹、瑞典、瑞士、多哥、突尼斯、英国、乌拉圭；12个意向成员为亚美尼亚、玻利维亚、科威特、萨尔瓦多、黎巴嫩、毛里塔尼亚、瑙鲁、尼日利亚、所罗门群岛、塞内加尔、坦桑尼亚、委内瑞拉。

（二）宗旨和目标

亚投行通过在基础设施及其他生产性领域的投资，促进亚洲经济可持续发展、创造财富并改善基础设施互联互通。亚投行与其他多边和双边开发机构紧密合作，推进区域合作和伙伴关系，应对发展挑战。

（三）通讯信息

亚投行位于中国北京；地址：中国北京市朝阳区天辰东路1号亚洲金融中心A座；官网：http://www.aiib.org。

二、发展历程

亚投行成立的时间并不漫长，其发展历程主要体现在项目投资与国际金融合作方面。

成立以来，亚投行的项目投资从能源、交通与城市建设起步，拓展到包含上述三者在内的水利、信息通信技术、金融机构建设、流动性促进项目、政策性融资、乡村基础建设等多个行业领域，全方位帮助了亚洲乃至世界范围内成员的基础设施建设。亚投行除了对专门国别进行投资之外，还有9个多国别受益的基金类项目，并为低收入国家准备门槛较低项目以提高其融资可能性。

国际金融合作方面，亚投行取得了穆迪公司、惠誉公司等国际金融评级机构的AAA级信誉评级，并同非洲开发银行等国际金融机构与联合国等国际组织合作，在气候变化、投资基准工具设置等方面作出贡献。

2015年6月29日，57个准创始成员的代表出席了《亚洲基础设施投资银行协定》正式签字仪式。2015年12月25日，亚投行协定生效条件达成，亚投行正式成立。2016年1月16日，亚投行正式开业，举行理事会和董事会成立大会，选举行长和各选区董事，审议通过银行业务、财务、人事等方面的重要政策文件。2018年4月18日，亚投行与非洲开发银行和非洲发展基金签署谅解备忘录，促进亚洲与非洲之间可持续经济发展合作。2018年12月20日，亚投行获得联合国常驻观察员席位，作为观察员参加联合国以发展为重点的工作审议。2020年9月，其出台中期发展战略（2021—2030年），将绿色基础设施列入重点业务领域，并设立气候融资目标。2022年10月26日，第七届理事会年会举行，亚投行成立融资伙伴关系局，以拓宽与全球发展领域机构的友好合作关系。

三、主要功能

亚投行努力推动区域内发展领域的公共和私营资本投资，尤其是基础设施和其他生产性领域的发展。其利用其可支配资金为本区域发展事业提供融资支持，包括能最有效支持本区域整体经济和谐发展的项目和规划，并特别关注本区域欠发达成员的需求。亚投行鼓励私营资本参与投资有利于区域经济发展，尤其是基础设施和其他生产性领域发展的项目、企业和活动，并在无法以合理条件获取私营资本融资时，对私营投资进行补充。亚投行为强化这些功能还开展了其他活动和提供了其他服务。

四、组织机构

亚投行的一切权力属于亚投行理事会，理事会下设董事会，亚投行行长向董事会负责并领导下设的各个部门。

（一）理事会

理事会是亚投行的最高决策机构，由理事会授予董事会处理亚投行具体经营事项的权力。理事会由各成员任命的一名理事与一名副理事组成，任期两年，每两年改选一次。

（二）董事会

董事会负责指导银行的一般经营业务，包括批准银行的战略、建立年度计划和预算、管理具体投资部门的政策、监督下属部门的管理经营。

（三）行长与高级管理层

亚投行行长负责在董事会指导下具体管理亚投行与领导员工。行长由亚投行股东选举产生，任期五年，有资格连任一次。行长主要通过亚投行高级管理层实现对员工的领导，管理层包括首席秘书官兼副行长、投资运营副行长、首席战略官兼副行长、首席行政官兼副行长、首席财务官、首席风险官与总法律顾问。

（四）国际顾问委员会

国际顾问委员会负责为行长与高级管理层提供银行在总体战略与部门政策方面的专业性咨询支持，每年召开两次会议，其中一次与亚投行年会同时召开。委员会成员任期两年。

五、发展成果

（一）成员数量迅速增加

亚投行从2016年创立之初的57个创始成员增长为110个成员，成员数量迅速增加。

（二）获得高信用评级

亚投行现今获得了包括标准普尔、穆迪、惠誉国际等顶级信用评级机构的AAA评级，且评级维持相对稳定。金融业界对亚投行的良好财务状况给予了较高的认可度，从而为其扩大在国际资本市场的存在铺平了道路。

（三）成为联合国常驻观察员

2018年，亚投行获得联合国大会、联合国经济及社会理事会的常驻观察员席位，标志着成为重要的国际发展组织。

（四）创建高效与问责的治理模式

亚投行能够为类似的国际发展组织提供治理模式的良好范例。亚投行高度重视对资金的管理，为此创设了问责框架，使亚投行在组织内部嵌入问责文化，并在此基础上发展起遵循透明、公开、独立和问责原则的监督机制，使其能够对成员的紧迫经济与社会需求迅速采取行动。

（五）推动基础设施建设发展

亚投行在利用成员官方融资渠道的同时积极动员私人资本开展融资业务，以促进对主要基础设施部门与非区域成员的股权投资，这些战略大多已经得到批准并正在实施。

（六）促进公共卫生事业

亚投行积极在国际公共卫生合作方面作出突出贡献，包括投资130亿美元用于建设新冠肺炎危机恢复基金帮助各成员应对病毒带来的经济冲击，并在这一基金的机制下设置特别基金窗口，为有资格获得支持的成员提供主权债务服务。

伊斯兰合作组织

一、组织概览

伊斯兰合作组织（Organization of Islamic Cooperation, OIC）是伊斯兰国家政府级的区域性政治组织，原名伊斯兰会议组织。其于1969年9月正式成立，2011年6月改名为伊斯兰合作组织。

（一）成员

伊斯兰合作组织有57个成员：阿富汗、阿尔巴尼亚、阿尔及利亚、阿塞拜疆、巴林、孟加拉国、贝宁、文莱、布基纳法索、喀麦隆、乍得、科摩罗、科特迪瓦、吉布提、埃及、加蓬、冈比亚、几内亚、几内亚比绍、圭亚那、印度尼西亚、伊朗、伊拉克、约旦、哈萨克斯坦、科威特、吉尔吉斯斯坦、黎巴嫩、利比亚、马来西亚、马尔代夫、马里、毛里塔尼亚、摩洛哥、莫桑比克、尼日尔、尼日利亚、阿曼、巴基斯坦、巴勒斯坦、卡塔尔、沙特、塞内加尔、塞拉利昂、索马里、苏丹、苏里南、塔吉克斯坦、多哥、突尼斯、土耳其、土库曼斯坦、乌干达、阿联酋、乌兹别克斯坦、也门、叙利亚（暂停成员资格）。另外，伊斯兰合作组织有12个观察员：波黑、中非、泰国、俄罗斯、"北塞浦路斯土耳其共和国"、联合国、不结盟运动、阿盟、非盟、经合组织、摩洛民族解放阵线、伊斯兰合作组织国家议会联盟。

（二）宗旨和目标

伊斯兰合作组织努力促进各成员之间的团结，加强它们在经济、社会、文化、科学等方面的合作；努力消除种族隔离和种族歧视，反对一切形式的殖民主义；支持巴勒斯坦人民恢复其民族权利和重返家园的斗争；支持所有穆斯林人民保障其尊严、独立和民族权利的斗争；呼吁各成员通过政府间合作遏制和根除

"伊斯兰恐惧症"。

（三）通讯信息

秘书处设在沙特吉达市；官网：http://www.oic-oci.org。

二、发展历程

1969年9月，24个伊斯兰国家首脑在摩洛哥举行首次会议，就成立伊斯兰会议组织达成初步协议。1970年3月，在吉达举行第一次伊斯兰国家外长会议，筹组伊斯兰会议组织常设机构秘书处，12月卡拉奇外长会议通过伊斯兰会议组织宪章。1970年5月27日，伊斯兰会议组织正式成立。2011年6月28日，伊斯兰会议组织第三十八届外长会议通过决议，宣布伊斯兰会议组织正式更名为"伊斯兰合作组织"。迄今为止，该组织共召开过15次伊斯兰国家首脑会议例会和特别会议；共召开过50次外长会。2024年8月29—30日，伊斯兰合作组织外长会议第50次会议举行，与会各方讨论了巴以冲突等议题。

三、组织机构

伊斯兰合作组织的组织机构主要包括首脑会议、外长会议、常设秘书处、常设委员会、分支机构、专门机构和附属机构等。

（一）首脑会议

首脑会议是最高权力机构，参与者为伊斯兰国家的元首和政府首脑，每三年召开一次，可以随时召开特别首脑会议。

（二）外长会议

外长会议负责审查首脑会议中进度报告的执行情况，并做出决定，确立伊斯兰首脑会议的政策。每年在成员间轮流举行一次外长会议。

（三）常设秘书处

常设秘书处是行政机构，负责执行首脑会议和外长会议的决定。

（四）常设委员会

四个常设委员会包括耶路撒冷委员会、新闻及文化事务委员会、经贸合作常设委员会、科学技术合作委员会。

（五）分支机构

伊斯兰合作组织设有许多分支机构，包括伊斯兰国家统计、经济、社会与培训中心，伊斯兰历史、艺术与文化研究中心，伊斯兰科学技术与发展组织，伊斯兰贸易发展中心，伊斯兰艺术职业培训与研究中心，国际伊斯兰文化遗产保护委员会，国际伊斯兰教法学会，伊斯兰团结基金和巴勒斯坦基金会。

（六）专门机构

伊斯兰合作组织下设多个专门机构，包括伊斯兰开发银行，伊斯兰教育、科学和文化组织，国际伊斯兰通讯社，伊斯兰国家广播联盟和国际新月伊斯兰委员会。

（七）附属机构

伊斯兰合作组织的附属机构有伊斯兰首都和城市组织、伊斯兰体育团体联盟、伊斯兰海运商联盟、国际阿拉伯伊斯兰学校联盟等。

四、发展成果

首先，伊斯兰合作组织推动并明确了巴勒斯坦问题的地位和性质。伊斯兰合作组织明确了耶路撒冷只是整个巴勒斯坦问题的一部分，并在会议中一再声明了巴勒斯坦问题的重要性，这在一定程度上使阿拉伯国家对这一问题重新定位。其次，伊斯兰合作组织推动了巴勒斯坦民族权力机构与以色列对话以及在国际舞台上逐步取得合法地位的过程。最后，伊斯兰合作组织在一定程度上推动了伊斯兰国家之间的团结，协调了成员之间的行动，在反对帝国主义、霸权主义和犹太复国主义等非伊斯兰世界的斗争中发挥了重要的作用。

政府间发展组织

一、组织概览

政府间发展组织（Intergovernmental Authority on Development, IGAD）又称"伊加特"，其前身是1986年成立的东非国家政府间抗旱与发展组织，1996年改为现名。

（一）成员国

伊加特有8个成员国：埃塞俄比亚、吉布提、肯尼亚、苏丹、南苏丹、索马里、乌干达、厄立特里亚。

（二）宗旨和目标

伊加特旨在成为在政治、经济、社会、人道主义事务、环保等领域进行全面合作的地区组织。其三大战略目标是：保护环境，确保粮食安全；维护和促进地区和平、安全和人道主义事业；加强经济合作，实现区域经济一体化。

（三）通讯信息

秘书处设在吉布提首都吉布提市。

二、发展历程

1986年1月，政府间抗旱与发展组织成立。1996年3月，政府间抗旱与发展组织更名为政府间发展组织。截至2024年12月，伊加特召开多次首脑会议、特别首脑会议和部长理事会特别会议。在伊加特的调解下，2005年1月9日，苏丹北南双方在内罗毕签署《全面和平协议》，结束了长达21年的战争。2011年11月，伊加特在亚的斯亚贝巴召开特别首脑会议，正式接收南苏丹为其成员国。2013年底南苏丹冲突爆发后，伊加特积极调解，推动南苏丹冲突各方于2015年8月签署《解决南苏丹冲突协议》。2017年3月，伊加特在肯尼亚首都内罗毕召开索马里难民问题特别峰会。2024年1月，伊加特召开特别首脑会议，推动埃塞俄比亚和索马里两国通过对话缓和矛盾。

三、主要功能

伊加特力图成为在政治、经济、社会、文化教育、人道主义事务、基础设施、环保等各领域进行全面合作的地区政治经济组织，其日常活动与作用为：协调成员国抵抗旱灾及相关自然灾害的努力，帮助成员国解决中长期复兴与重建所面临的困难；向国际社会通报本地区灾情，呼吁并动员所有必要资源，实施成员国制定的紧急、中期和长期方案；确认成员国提出的具有地区意义的方案，并帮助其获得资金；帮助成员国制定抵抗干旱与沙漠化的指导原则及行动方案，并跟踪方案的实施情况；强调地区和平稳定与经济发展，优先解决地区冲突问题。

四、组织机构

伊加特的组织机构主要包括国家元首和政府首脑会议、部长理事会、大使委员会和秘书处。

（一）国家元首和政府首脑会议

国家元首和政府首脑会议是最高决策机构，主要职责是促进地区政治、安全和经济合作。其每年至少举行一次会议，并可应成员国请求且经多数成员国同意，随时举行特别首脑会议。

（二）部长理事会

部长理事会负责制订组织方针和行动计划，批准拨款和预算。其每年至少举行两次会议，并可应成员国请求且获多数成员国同意，随时召开特别会议。所有决议原则上应经一致同意。部长理事会由成员国外长和一名联络部长（可由外长兼任）组成。

（三）大使委员会

大使委员会负责向执行秘书提供咨询，由成员国驻总部国家大使或特别代表组成。

（四）秘书处

秘书处是常设机构，负责处理日常事务。执行秘书由国家元首和政府首脑会议任命，任期四年。秘书处下设农业与环境保护部、政治与人道主义事务部、经济合作部三个办事部门。

五、发展成果

伊加特对次地区和平安全事态的快速反应能力建设，对整个非洲的安全治理有重要参考价值，在冲突早期预警与响应机制和能力方面的建设已经为非盟所接受并加以推广。伊加特坚持对次地区事务的共识决策方法，为整个非洲的集体身份认同建设提供了借鉴。伊加特在加强地区基础设施建设、改造成员国之间联系、推动成员国沟通交流方面也取得了一定成绩。

中非合作论坛

一、组织概览

中非合作论坛（Forum on China–Africa Cooperation，FOCAC）2000年10月于北京成立。

（一）成员

中非合作论坛成员包括中国、与中国建交的53个非洲国家以及非洲联盟委员会。与中国建交的这53个非洲国家为：阿尔及利亚、安哥拉、贝宁、博茨瓦纳、布基纳法索、布隆迪、佛得角、喀麦隆、中非、乍得、科摩罗、刚果（布）、科特迪瓦、刚果（金）、吉布提、埃及、赤道几内亚、厄立特里亚、埃塞俄比亚、加蓬、冈比亚、加纳、几内亚、几内亚比绍、肯尼亚、莱索托、利比里亚、利比亚、马达加斯加、马拉维、马里、毛里塔尼亚、毛里求斯、摩洛哥、莫桑比克、纳米比亚、尼日尔、尼日利亚、卢旺达、圣多美和普林西比、塞内加尔、塞舌尔、塞拉利昂、索马里、南非、南苏丹、苏丹、坦桑尼亚、多哥、突尼斯、乌干达、赞比亚、津巴布韦。

（二）宗旨和目标

中非合作论坛的宗旨是平等磋商、增进了解、扩大共识、加强友谊、促进合作，目标是进一步加强中国与非洲国家在新形势下的友好合作，共同应对经济全球化挑战，谋求共同发展。

（三）通讯信息

中方后续行动委员会秘书处地址：北京市朝阳区朝阳门南大街2号；官网：http://www.focac.org。

二、发展历程

自成立以来，中非合作论坛经历了三个阶段的发展。

（一）第一阶段（2000—2009年）

2000年10月10—12日，中非合作论坛——北京2000年部长级会议在北京召开，中非合作论坛正式成立。

2000年通过的《中非经济和社会发展合作纲领》指出，中国将帮助非洲提高出口多样化，改变非洲出口依赖初级产品、单一产品和原料的状况，为此将鼓励中国企业根据市场需求和自身条件优先进口非洲商品。2006年北京峰会承诺进一步向非洲国家开放市场，将零关税待遇受惠商品由190个税目扩大到440多个税目。正是在上述措施的推动之下，中国在2009年成为非洲最大的贸易伙伴，中非双边贸易额快速增长。

（二）第二阶段（2010年至2015年11月）

中非经贸合作在这一阶段得到进一步深化。在贸易领域、投资领域、基础建设领域，中非合作稳步、快速发展。

人文交流在第四届部长级会议后开始受到重点关注，中国在这一时期正式启动中非联合研究交流计划，并举办了中非民间论坛、中非智库论坛和中非青年领导人论坛。

（三）第三阶段（2015年12月至今）

从2015年约翰内斯堡峰会至今，经济合作进入产能合作、产业对接和共建"一带一路"新时期的同时，和平安全合作成为中非论坛的重要领域，治国理政经验交流成为新的亮点。

和平安全合作的重要性在2018年北京峰会上得到进一步凸显，安全共筑被列入中非命运共同体的"六大内涵"，和平安全被纳入"八大行动"。相关举措包括：设立中非和平安全合作基金，继续向非洲联盟提供无偿军事援助；支持萨赫勒、亚丁湾等地区国家维护地区安全和反恐；等等。

2021年11月29—30日，中非合作论坛第八届部长级会议在塞内加尔首都达喀尔举行，习近平主席提出"中非友好合作精神"，就构建新时代中非命运共同体提出四点主张，宣布中非合作"九项工程"。部长级会议通过《达喀尔宣言》《达喀尔行动计划（2022—2024年）》《中非应对气候变化合作宣言》和《中非合作2035年愿景》4份成果文件。

三、主要功能

（一）提供中国和非洲国家友好合作、共同发展的对话平台

中非合作论坛是连接中国与非洲大陆友谊与合作的桥梁。该论坛是中国和非洲国家就双方发展合作进行交流的对话机制，双方就教育、文化、公共卫生、和平安全等领域交流与合作。该论坛也是中非携手共谋发展、实现共同繁荣的重要平台，推动双方在经贸、投资、基础设施建设等领域的务实合作，见证了中非关系从传统的友好互助迈向全方位、宽领域、深层次的全面战略合作伙伴关系的历史性跨越。

（二）提升国际对非合作的均衡性和互补性

中非合作论坛尊重非洲国家探索适合本国国情的政治制度，支持非洲国家探索内生性的发展道路，倡导多元文化的包容互鉴，契合了非洲国家的发展需求。中非合作论坛促使国际对非合作更加均衡和互补。中非合作更强调合作能够转化为实质性成果，能够实现互利共赢。中非合作论坛的成功在很大程度上归因于其务实性和有效性。

（三）构建新型国际对非合作的重要动力

2006年中非合作论坛北京峰会成功举办之后，中国对非合作引起广泛国际关注。2008年10月，欧盟委员会发布《欧非中三方对话与合作》政策文件。中国在促进非洲发展方面的努力还促使联合国、世界银行等国际组织加强与中国的合作，它们高度重视并希望中国在事关非洲发展的重要领域发挥作用。

四、组织机构

中非合作论坛的主要组织机构有部长级会议、高官级后续会议及高官预备

会，以及中方后续行动委员会秘书处。

（一）部长级会议

部长级会议每三年举行一届，轮流在中国和非洲国家举行。中国和承办会议的非洲国家担任共同主席国，共同主持会议并牵头落实会议成果。部长级会议由外交部长和负责国际经济合作事务的部长参加。

（二）高官级后续会议及高官预备会

高官级后续会议及为部长级会议做准备的高官预备会分别在部长级会议前一年及前数日各举行一次，轮流在中国和非洲国家举行。两项会议均由各国主管部门的司局级或同等级别的官员参加。

（三）中方后续行动委员会秘书处

非洲驻华使节与中方后续行动委员会秘书处每年至少举行两次会议。2000年11月，中非合作论坛中方后续行动委员会成立，外交部长和商务部长为委员会名誉主席，两部主管部领导为主席。委员会下设秘书处，由外交部、商务部、财政部、文化和旅游部、中联部和国家国际发展合作署有关司局组成，外交部非洲司司长任秘书长。秘书处办公室设在外交部非洲司。

五、发展成果

（一）中非外交关系全面快速发展

在论坛机制的推动下，中非关系定位从2000年的"新型伙伴关系"发展到2024年的新时代全天候中非命运共同体，中国同所有非洲建交国的双关关系提升到战略关系层面。

（二）非洲国家自主发展的能力提高

中非合作论坛框架内，中国一直以推动非洲经济发展、加强非洲人力资源培训等方式提高非洲的自主发展能力。在经济领域，中国已经成为非洲发展的重要推动力。中国在2009年成为非洲最大贸易伙伴后，中非双边贸易继续稳步增长。

（三）引领国际社会对非合作的步伐

中非合作论坛成立后，无论其所倡导的平等相待、互利共赢和共同发展的理念，还是所推行的以经济合作为主导，政治、经济、社会和文化等领域全方位合作的模式，乃至所达到的推动非洲经济发展和提升非洲自主性的效果，均对国际社会对非合作产生了积极的影响，在某种程度上引领了国际社会对非合作。作为南南合作的标杆和跨区域合作的典范，中非合作论坛为其他国家对非合作提供了一套可供借鉴的合作机制。

中国—拉美和加勒比国家共同体论坛

一、组织概览

中国—拉美和加勒比国家共同体论坛（China-CELAC Forum，CCF）简称"中拉论坛"。2014年7月17日，中国—拉美和加勒比国家领导人首次会晤通过《中国—拉美和加勒比国家领导人巴西利亚会晤联合声明》，宣布建立中拉论坛。2015年1月8—9日，中拉论坛首届部长级会议在北京举行，标志着论坛正式启动。中拉论坛是由中国和拉共体成员国外交部牵头的政府间合作平台。

（一）成员

中拉论坛成员国包括中国和拉共体的33个成员。

（二）宗旨和目标

中拉论坛力图促进平等互利、共同发展的中拉全面合作伙伴关系发展。

（三）通讯信息

中拉论坛官网：http://www.chinacelacforum.org；中拉论坛网络秘书处官网：https://www.ccfcybersecretariat.com/。

二、发展历程

2015年1月8—9日，中拉论坛首届部长级会议在北京举行，会议通过《中拉论坛机制设置和运行规则》，确立中拉论坛的机构设置等事宜，标志着中拉论坛正式启动。2015年，首届中拉基础设施合作论坛、首届中拉科技创新论坛、中拉政党论坛首次会议、第二届中拉青年政治家论坛、第九届中国—拉美企业家高峰会、第五届中拉民间友好论坛等分论坛陆续举办。2016年，第二届中拉基础设施合作论坛、第三届中拉青年政治家论坛、第十届中拉企业家高峰会、第三届中拉智库论坛和首届中拉地方政府合作论坛成功举办，中方对拉重大融资安排有序推进。2018年1月19—22日，中拉论坛第二届部长级会议在智利圣地亚哥举行，会议通过《圣地亚哥宣言》《中国与拉共体成员国优先领域合作共同行动计划（2019—2021年）》和《关于"一带一路"倡议的特别声明》三个成果文件。2021年12月，中拉论坛第三届部长会议在北京以视频方式举行，会议通过《中拉论坛第三届部长会议宣言》和《中国—拉共体成员国重点领域合作共同行动计划（2022—2024）》两份成果文件。2022年，首届中拉交通合作论坛、第二届中拉减贫与发展论坛、首届中拉数字技术合作论坛、首届中拉灾害管理合作部长论坛、第四届中拉科技创新论坛、第八届中拉基础设施合作论坛、第三届中拉地方政府合作论坛、中拉武术训练营启动仪式暨第二届中拉武术交流论坛、第十五届中拉企业家高峰会、中拉青年发展云讲堂等活动成功举行。

三、组织机构

中拉论坛的主要机制包括部长（级）会议、中国—拉共体"四驾马车"外长对话、国家协调员会议（高官会）、各专业领域论坛和会议，以及中方后续行动委员会等。

（一）部长（级）会议

部长（级）会议每3年在中国和拉共体轮值主席国或中拉双方商定的其他成员国轮流举行，必要时可召开特别会议。其主要任务是研究讨论在区域及次区域层面加强中国和拉共体成员国互利合作事宜，审议通过相关决定和行动计划等成果文件。

（二）中国—拉共体"四驾马车"外长对话

中国和拉共体"四驾马车"外长通过在联合国大会期间会晤或互访等方式，就中拉论坛事务以及共同关心的国际和地区问题进行磋商。

（三）国家协调员会议（高官会）

国家协调员会议（高官会）负责筹备部长会议，落实部长会议决议，制定中拉论坛阶段性工作规划。该会议原则上每年至少举行一次，由中国和拉共体轮值主席国或中拉双方商定的拉共体其他成员国轮流承办。

（四）各专业领域论坛和会议

中拉论坛设有一系列专业领域论坛和会议，包括中拉农业部长论坛、中拉民间友好论坛、中拉企业家高峰会、中拉科技创新论坛、中拉基础设施合作论坛、中拉政党论坛、中拉地方政府合作论坛、中国—拉美环境与发展政策圆桌对话、中拉传统医学交流论坛、中拉武术交流论坛等。

（五）中方后续行动委员会

中方后续行动委员会主要负责中方内部的协调工作，推进中拉论坛部长（级）会议后续工作，目前共有50多家成员单位。该委员会由外交部、国家发展和改革委员会和商务部组成中方"三方领导机制"共同牵头。此外，委员会下设秘书处，由外交部牵头，负责内外联系和组织协调工作。

四、发展成果

中拉论坛成立以来，论坛机制运转顺利，引领中拉整体合作水平持续提高，助力中拉合作更趋均衡，现已成为中拉整体合作的主渠道，是中拉全面合作不可或缺的重要战略途径。

中拉论坛在成立之时就明确了三层合作机制，分别为部长（级）会议、中国—拉共体"四驾马车"外长对话及国家协调员会议（高官会）。中方还专门设立后续行动委员会，负责中方机构的协调。中拉论坛相继创设了涵盖政党、基础设施、农业、企业、科技创新、智库、法律、环境、地方政府合作、民间友好等领域的对话合作平台。中拉论坛各项机制运转顺畅，现已成为双方就论坛事务及共同关心的国际和地区问题保持磋商的主渠道之一，也是落实双方政治共识及合作规划的制度保障。

中国—中东欧国家合作

一、组织概览

中国—中东欧国家合作（Cooperation between China and Central and Eastern European Countries）是根据中国同中东欧国家的共同愿望打造的跨区域合作平台。

（一）成员

中国—中东欧国家合作的成员国包括中国和中东欧14国：阿尔巴尼亚、波黑、保加利亚、克罗地亚、捷克、希腊、匈牙利、黑山、北马其顿、波兰、罗马尼亚、塞尔维亚、斯洛伐克和斯洛文尼亚。奥地利、白俄罗斯、欧盟、瑞士、格鲁吉亚和欧洲复兴开发银行为其观察员。

（二）宗旨和目标

中国—中东欧国家合作以传统友好为底色，基于合作共赢、共谋发展的共同意愿，促进中国与中东欧国家的合作与发展。

（三）通讯信息

秘书处地址：北京市朝阳区朝阳门南大街2号；官网：http://www.china-ceec.org。

二、发展历程

从发展历程看，中国—中东欧国家合作大致经历了启动期（2011—2012年）、黄金期（2013—2017年）和深水期（2018年至今）三个发展阶段。

（一）启动期（2011—2012年）

中国与中东欧国家于2011年启动了经贸领域的正式对话，经过一年的酝酿，于2012年正式启动中国—中东欧国家合作机制。2011年召开的中国—中东欧国家经贸合作论坛，可以看作中国—中东欧国家合作启动的一部分，也是正式机制化前的重要预演。2011年6月，中国国务院总理温家宝访问匈牙利，迈出了中国与中东欧国家正式开展经贸合作的第一步。2012年4月，中国—中东欧国家合作正式启动，中东欧国家积极性很高。

（二）黄金期（2013—2017年）

中国—中东欧国家合作在这一阶段进入黄金发展期，双方合作推进的深度、广度和影响力都达到了较高水平。这一时期，中国—中东欧国家合作机制不断完善，涵盖旅游、基建、金融、农业、智库等领域的各种专业性合作平台陆续建立，参与的主体日益增多。同时，在双方政府的鼓励下，中国和中东欧国家人文交流发展迅速。2013年9月，习近平主席提出"一带一路"倡议，倡议将中东欧16国纳入"一带一路"沿线国家行列，激发了双方的合作潜力。

（三）深水期（2018年至今）

这一阶段双方在经贸和投资等领域的务实合作成果颇丰，但与此同时，中国与中东欧国家合作的内外环境发生了深刻变化，合作中出现的不确定因素增多，双方合作进入深水期。即便如此，中国与中东欧国家的合作仍在继续发展。

三、主要功能

中国—中东欧国家合作为中国与中东欧国家加强政治交往、促进经贸合作、进行人文交流提供了重要平台。

四、组织机构

中国—中东欧国家合作通过国家领导人引领、双方协调员（秘书处）协调等方式开展交流合作事宜。

（一）领导人会晤

《中国—中东欧国家合作布加勒斯特纲要》规定，每年举行中国—中东欧国家领导人会晤，确定双方合作的重要事宜。

（二）国家协调员会议

国家协调员会议每年举行两次，参加人员为中国—中东欧国家合作秘书处代表和相关中东欧国家的协调员。中国—中东欧国家合作秘书处设立于中国外交部，是中方机构，负责中方机构的内部协调，促进中国与中东欧国家主管部门的协作，落实中国—中东欧国家合作成果，规划中国—中东欧国家未来合作重点方向和领域，组织推进各项合作。相关中东欧国家分别指定国家协调员或专门机构负责与中国—中东欧国家合作秘书对接工作。2015年4月，设立"外交部中国—中东欧国家合作事务特别代表"。

（三）地方领导人会议

中国—中东欧国家地方领导人会议不定期举行，中外地方领导人、地方省市代表和企业家代表等参加会议，讨论中国—中东欧国家地方合作。常有中东欧国家领导人参与该会议。

（四）专业论坛

中国—中东欧国家合作每年都会举办各层级、多领域的专业论坛，进行沟通交流和推进具体合作。

五、发展成果

中国—中东欧国家合作已建立起以领导人会晤机制为引领，涵盖经贸、文化、教育、青年、农业、旅游、科技、卫生、智库、地方等多领域的合作架构，各领域合作成果丰硕，为深化中国与中东欧国家双边关系、丰富中欧关系内涵发挥了积极作用。

六、联合国区域委员会、主要自贸区和国家集团

澳大利亚集团

一、组织概览

澳大利亚集团（Australia Group）是一个跨地区的非官方组织，通过实行出口控制统一化来确保其出口不被用于化学或生物武器研发。

（一）成员国

澳大利亚集团成员国的数目已从1985年的19个扩大到2021年的43个，它们分别是：阿根廷、澳大利亚、奥地利、比利时、保加利亚、加拿大、克罗地亚、塞浦路斯、捷克、丹麦、爱沙尼亚、欧盟、芬兰、法国、德国、希腊、匈牙利、冰岛、印度、爱尔兰、意大利、日本、韩国、拉脱维亚、立陶宛、卢森堡、墨西哥、马耳他、荷兰、新西兰、挪威、波兰、葡萄牙、罗马尼亚、斯洛伐克、斯洛文尼亚、西班牙、瑞典、瑞士、土耳其、乌克兰、英国、美国。

（二）宗旨和目标

澳大利亚集团的宗旨在于帮助出口国或转运国最大程度上降低扩散生化武器的风险。为此，澳大利亚集团定期举行例会，成员国在会议上探讨如何通过出口许可措施来防止潜在的生化武器扩散分子获得研制生化武器所需的原料。

（三）通讯信息

官网：http://www.australiagroup.net。

二、发展历程

1984年，在联合国针对伊拉克的调查中发现，伊拉克用于研制化学武器的部分原材料来自合法的贸易渠道。这一情况引起了一些国家的警惕，一些国家针对可能被用于制造化学武器的化学品实施了出口管制。然而，各国自发展开的出口管制措施缺乏一致性和协调性，并不能完全奏效。为此，澳大利亚提出建议，邀请实施出口管制的国家举行一次会议，以协调各国的出口许可措施并增进相互合作。1985年6月，澳大利亚集团在布鲁塞尔成立，成立之初共有19个成员。会议一致决定，提高现有出口管制措施的成效、预防化学武器扩散是一项有价值的探索工作。自此，澳大利亚集团定期召开会议。目前，澳大利亚集团的年会在巴黎举办。集团所探讨的范围也不再限于出口管制，而是逐步深化，以应对层出不穷的各种新威胁、新挑战。20世纪90年代初，面对部分原料被转用于生物武器研制计划的相关证据，澳大利亚集团成员国决定对特定的生物用品采取出口管制措施。在一次次讨论中，澳大利亚集团所制定的出口管制清单也扩大了管制范围，将可用于制造或处理生化武器的技术和设备也涵盖在内。

三、主要功能

尽管澳大利亚集团的成员国并不承担任何具有法律约束力的义务，但集团还是在协调各成员的出口管制政策上发挥了一定作用。澳大利亚集团主要通过协调各成员的出口许可措施来实现自身目标。为此，澳大利亚集团主要进行以下活动。

第一，维护现有条约。澳大利亚集团的所有成员国都是《禁止化学武器公约》和《禁止生物武器公约》的缔约国，始终认为出口许可措施并不能取代《禁止化学武器公约》和《禁止生物武器公约》。因此，集团制定的政策和出口许可措施都是有助于协助实施《禁止生物武器公约》和《禁止化学武器公约》的。

第二，制定出口管制领域的新"清单"。澳大利亚集团通过多次会议协商制定了"一般管制清单"。同时，集团通过内部磋商，随时对清单进行调整，以确保其持续有效性。

四、组织机构

澳大利亚集团是一个跨地区的非官方组织，其成员国并不承担任何具有法律约束力的义务。因此，澳大利亚集团的组织机构松散，其成员国提供经费，澳大利亚政府以非正式身份担任主席。

五、发展成果

澳大利亚集团成立至今，成员国由起初的19个发展到43个，集团所探讨的范围也不再限于出口管制，而是逐步深化，以应对层出不穷的各种新威胁、新挑战。各成员国遵守《禁止生物武器公约》以及《禁止化学武器公约》的不扩散规定，制定一般管制清单并及时更新，确定高效的出口许可机制的建立，不仅有助于加强《禁止化学武器公约》的不扩散目标，同时促进了以和平为目的开展的化学原料贸易。

独立国家联合体

一、组织概览

独立国家联合体（Commonwealth of Independent States，CIS）简称"独联体"，是一个由苏联部分加盟共和国组成的地区性组织，成立于1991年12月8日。独联体成立的初衷在于维系苏联时期各国业已形成的联系，进一步发展和加强友好与互利合作关系，维护地区与自身的和平与安全事业。

（一）成员

独联体有9个成员国、2个观察员国与1个联系国。9个成员国：俄罗斯、白俄罗斯、哈萨克斯坦、塔吉克斯坦、乌兹别克斯坦、吉尔吉斯斯坦、亚美尼亚、阿塞拜疆、摩尔多瓦；2个观察员国：阿富汗、蒙古国；1个联系国：土库曼斯坦。其中，摩尔多瓦已于2023年启动退出独联体程序。

（二）宗旨和目标

独联体以所有成员国的主权平等为基础，为各成员国加强友好与合作服务。

（三）通讯信息

总部位于白俄罗斯首都明斯克；地址：明斯克基洛夫街17号；电子邮箱：cr@cis.minsk.by；官网：http://cis.minsk.by。

二、发展历程

总体来看，独联体的发展经历了三个时期：成立初期（1991—1992年）、壮大时期（1993—1996年）、相对衰落时期（1997年至今）。

（一）成立初期

1991年12月8日，苏联的重要加盟国俄罗斯、乌克兰、白俄罗斯签署《独立国家联合体协议》，宣布建立独联体，同月21日，除波罗的海三国与格鲁吉亚之外的11个苏联加盟共和国齐聚阿拉木图签署《阿拉木图宣言》，正式确认独联体的宗旨和原则。这一时期，各国刚刚从苏联加盟国的状态当中脱离，彼此之间在边界划定、苏联财产与武装分割、经济政策等一系列问题上存在矛盾，以至于发生武装冲突。独联体在成立之初的向心力与团结度都不足。

（二）壮大时期

1993年起，随着西方承诺的经济援助相继落空，各个独联体国家选择将外交重心转向独联体内部的交往，独联体的组织架构与内部机制在这一时期得到完善，独联体本身迅速壮大。1993年1月22日，俄罗斯、哈萨克斯坦、乌兹别克斯坦、吉尔吉斯斯坦、塔吉克斯坦、亚美尼亚和白俄罗斯七个独联体国家签订《独联体章程》，规定了成员国在形成共同的经济空间以及安全方面的合作，为后续的活动奠定基础框架，结束了独联体没有组织章程的状态。1993年9月至1996年1月，独联体成员国通过签署《独联体经济联盟条约》、建立关税同盟、成立独联体跨国货币委员会等方式极大强化了这一组织的一体化程度，成员国间的合作逐渐增多。

（三）相对衰落时期

独联体伴随着其成员国走过了独立初期较为困难的时期，在各加盟国的经济恢复、独联体各国外部环境相对改善、独联体各国内部矛盾加剧等因素的影响下，独联体自身不断发展的同时也面临挑战，已经从最初用于各国过渡缓和的"空架子"演变为包含多个次区域一体化机制的国家合作组织。

三、主要功能

（一）安全功能

独联体成立的初衷即在于以较为缓和的方式中断苏联时期各国的联系，防止社会动荡，同时维护共同安全利益，应对外部压力，因而安全功能是独联体的主要功能之一。独联体的安全功能主要体现在其主要成果《集体安全条约》与其派生的集体安全条约组织。最初《集体安全条约》的机制被视为独联体国家对抗外部军事威胁的军事联盟。随着国际形势的变化，集体安全条约组织的作用发生了变化和拓展，同时负责应对恐怖主义、核武器扩散等非传统安全问题。

（二）经济功能

由于苏联时期的各加盟共和国的分工差异，独联体各国之间存在经济合作的客观需求与历史传承，苏联解体后各国的经济状况、西方援助的落空为独联体经济功能的发挥提供充足动力。独联体的经济功能体现在《独联体经济联盟条约》及其后续关税同盟的组建，并通过欧亚经济共同体、欧亚经济联盟等次区域一体化组织加深各国合作，实现经济发展。

四、组织机构

独联体内部组织性较为松散，更接近国家间的论坛。独联体的主要组织机构包括执行委员会、国家元首理事会、政府首脑理事会、外交部长理事会、经济委员会、经济法院和跨国议会等。

（一）执行委员会

执行委员会是常设执行、行政与协调机构，负责组织国家元首理事会、政府首脑理事会、外交部长理事会、经济委员会和其他机构的工作。

（二）国家元首理事会

国家元首理事会作为最高机构，讨论和解决与成员共同利益相关的任何基本问题。国家元首理事会每年举行一次例会和一次非正式会议。

（三）政府首脑理事会

政府首脑理事会负责协调行政当局在经济、社会和其他共同利益领域的合作。政府首脑理事会每年举行两次会议，特别会议可在其中一个成员的倡议下召开。

（四）外交部长理事会

外交部长理事会是确保成员国在外交政策和人道主义活动方面就共同关心的问题进行合作的主要执行机构，代表国家元首理事会和政府首脑理事会做出决定，以及根据条例就其职权范围内的问题做出决定。

（五）经济委员会

经济委员会负责执行独联体框架内通过的协议、国家元首理事会和政府首脑理事会关于自由贸易区的形成和运作的决定等事项。经济委员会会议根据需要举行，但至少每季度举行一次。

（六）经济法院和跨国议会

经济法院、跨国会议是独联体成员间的协调机构。

五、发展成果

独联体近年来凭借有所发展的合作机制，在安全与经济领域取得了一定成果。

（一）安全成果

在传统安全方面，《集体安全条约》组织的军事化程度显著提高。2009年6月，在俄罗斯主导下，该组织成员国共同组建了一支1.5万人的快速反应部队，标志着《集体安全条约》组织成员国拥有了应对安全威胁的快速反应机制。在非传统安全领域，独联体下属《集体安全条约》组织的成员国通力合作，打通国界壁垒，在成员国对应职能部门之间构建通畅的沟通渠道，形成统一的反恐中心。

（二）经济成果

独联体在经济方面取得的主要成果即为欧亚经济联盟的建立与壮大，虽然当前欧亚经济联盟在提振成员国经济方面并未出现明显效用，但其涵盖了近两亿人的庞大市场，且具有丰富的油气资源储备，经济前景未来可期。

二十国集团

一、组织概览

二十国集团（Group of 20，G20）作为一个国际经济合作论坛，于1999年12月16日在德国柏林成立，属于布雷顿森林体系框架内非正式对话的一种机制。

（一）成员

二十国集团的成员包括加拿大、美国、英国、法国、德国、意大利、日本、巴西、俄罗斯、印度、中国、南非、墨西哥、阿根廷、土耳其、沙特、韩国、印度尼西亚、澳大利亚、非洲联盟以及欧洲联盟。

（二）宗旨和目标

二十国集团旨在促进工业化国家和新兴市场国家就国际经济、货币政策和金融体系的重要问题开展富有建设性和开放性的对话，为有关实质问题的讨论和协商奠定广泛基础，以加强国际金融体系架构，促进经济的稳定和持续增长。

（三）通讯信息

官网：https://www.g20.org。

二、发展历程

1998年的亚洲金融危机不仅打击了亚洲新兴市场经济国家，也波及了美欧等发达国家。1999年6月的七国财长会议提出，"共同努力建立一个非正式机制，以便各个地区重要的国家在布雷顿森林体系的框架下展开对话"。同年6月，在德国科隆召开的八国集团峰会同意了七国集团财长会议的提议。9月，七国集团财长会议在华盛顿举行，决定于12月在德国柏林举行会议，邀请世界上各个地区重要国家的财政部长和中央银行行长参加，在布雷顿森林体系的框架下建立新的非正式对话机制，标志着二十国集团的诞生。2008年11月，集团通过《华盛顿声明》，在五个领域达成共识，通过47条金融领域改革行动计划。2009年4月，集团同意为国际货币基金组织等多边金融机构提供总额1.1万亿美元的资金，首次提出把对冲基金置于金融监管之下，并建立金融稳定委员会。2009年9月，集团确立二十国集团作为国际经济合作主要论坛的地位，确定世界银行和国际货币基金组织两大金融机构量化改革目标，形成峰会机制（2011年起每年举行一次）。2016年9月，二十国集团领导人第十一次峰会在中国杭州举行，发表《二十国集团领导人杭州峰会公报》和28份具体成果文件。2024年11月18—19日，二十国集团领导人第十九次峰会在巴西里约热内卢举行，主题是"构建公正世界和可持续星球"。

三、主要功能

（一）经济领域

二十国集团为世界经济的宏观协调增加了一个可行选择，使得世界经济的决策权更加平衡，能够为更多的新兴市场国家提供公开发言和政策协调的平台。

（二）政治领域

二十国集团的出现有可能推动国际政治的集团化。未来国际游戏一个重要的趋势就是在二十国集团框架内形成若干国家集团，这种集团化的趋势有别于历史上相互对立和敌视的政治集团，代之以充分的开放性和灵活性，这将对未来的国际关系产生复杂影响。

四、组织机构

二十国集团采用协调人和财金渠道双轨筹备机制，按照协商一致原则运作，无常设机构，但设有领导人峰会等机制。二十国集团轮值主席国每年在成员国之间轮换，负责与其他成员国协商并应对全球经济的发展。

（一）领导人峰会

二十国集团的核心和运行基础是每年召开的二十国集团领导人峰会，领导人峰会是二十国集团的最高层。

（二）财长和央行行长会议

财长和央行行长会议讨论的议题为二十国集团领导人峰会上做出的最重要决定，每年举行一次。

（三）议长和其他部长级会议

议长和其他部长级会议为了适应二十国集团不断扩大的议题而设置，也是直接为领导人峰会做准备的。有些部长级会议是定期举行，有些是因为特别事件而举行。

（四）协调人会议

协调人会议履行领导人私人代表的职责，每年召开数次，协商领导人峰会的具体事宜，同时对议长和其他部长级会议的召开有着一定的影响。

（五）研讨会、专家组

研讨会、专家组讨论、协调各成员的分歧，执行各种会议的决定。它们数量繁多，任务庞杂。

五、发展成果

在成立之初的近十年里，二十国集团扮演着全球金融市场秩序的维护者和金融市场波动稳定器的角色。2008年的全球金融危机彻底改变了二十国集团的地位和作用，各国领导人共商应对危机的策略，逐渐形成了机制化的运作方式，二十国集团从边缘地位跃升至全球经济治理的核心平台。

二十国集团的议题范围不断扩大，从最初的财政金融议题逐渐扩展到贸易、难民、气候变化等多种多样与经济治理相关的议题。二十国集团不仅关注短期政策刺激，更着眼于中长期治理机制的构建，意味着从危机应对机制向长效治理机制的转型。在全球经济治理中，二十国集团推动国际金融体系改革，通过增加新兴经济体的份额和投票权，增强了这些机构在全球经济治理中的代表性和有效性。二十国集团努力促进贸易与投资自由化、便利化，推动全球经济增长，加强了对全球经济的治理与协调。

核供应国集团

一、组织概览

核供应国集团（Nuclear Suppliers Group，NSG）是一个技术机构，成立于1975年，是一个由有核供应能力国家组成的集团，寻求通过实施核出口和核相关出口两套准则，为不扩散核武器作出贡献。

（一）成员

核供应国集团有48个成员：阿根廷、澳大利亚、奥地利、白俄罗斯、比利时、巴西、保加利亚、加拿大、中国、克罗地亚、塞浦路斯、捷克、丹麦、爱沙尼亚、芬兰、法国、德国、希腊、匈牙利、冰岛、爱尔兰、意大利、日本、哈萨克斯坦、韩国、拉脱维亚、立陶宛、卢森堡、马耳他、墨西哥、荷兰、新西兰、挪威、波兰、葡萄牙、罗马尼亚、俄罗斯、塞尔维亚、斯洛伐克、斯洛文尼亚、南非、西班牙、瑞典、瑞士、土耳其、乌克兰、英国和美国。桑戈委员会主席与欧盟委员会为其观察员。

（二）宗旨和目标

核供应国集团的宗旨是"确保主要核供应国协调和加强核出口控制，防止核领域敏感物项的扩散"。核供应国集团确保为了和平目的的核贸易不会助长核武器或其他核爆炸装置的扩散，并确保核领域的国际贸易与合作不会在这一过程中受到不公正的阻碍。

（三）通讯信息

官网：http://www.nuclearsuppliersgroup.org。

二、发展历程

1974年11月，为保障核技术的和平应用，核供应国集团在伦敦创立。1978年，国际原子能机构出版核供应国集团准则，适用于为和平目的进行的核转让，以帮助确保此类转让不会转用于未受保障的核燃料循环或核爆炸活动。1992年，核供应国集团决定制定与核有关的两用设备、材料和技术的转让准则。2000年，核供应国集团参加国政府为《不扩散核武器条约》审议大会编写了关于核供应国集团情况的综合文件。2008年，核供应国集团主席（德国）召开维也纳核供应国集团特别全体会议，参加国政府通过了与国际原子能机构保障的印度民用核计划有关的民用核合作政策声明。2017年核供应国集团伯尔尼全体会议核准修订关于加强与非参与国、过境国和转运国、多边区域性论坛、其他国际贸易机构和工业界的外联活动原则。

三、主要功能

核供应国集团通过"核转让准则"及"与核有关的两用设备、材料、转件和相关技术的转让准则"实施出口控制，要求进出口国接受国际原子能机构全面保障监督作为核出口条件，严格控制敏感核物项及技术的出口。

四、组织机构

核供应国集团议事规则采取协商一致的方式，在共识的基础上开展工作。其组织机构包括全体会议和"三驾马车"等。

（一）全体会议

全体会议可决定就诸如审查核供应国集团准则、附件等问题设立技术工作组。除此之外，其还可以授权主席与感兴趣的国家开展以促进遵守准则为目的的外联活动。每年举行一次全体会议。全体会议下设咨询组、信息交流会、许可证审批和执法专家会等。

1. 咨询组

咨询组负责就与核供应准则及其技术附件有关的问题进行磋商，每年至少举行两次会议。

2. 信息交流会

信息交流会在核供应国集团全体会议之前举行，是常设机构，向全体会议报告工作，主要就出口控制领域的经验和信息进行交流。

3. 许可证审批和执法专家会

在信息交流会要求下，许可证审批和执法专家会讨论与有效许可证审批和执法实践相关的问题。

（二）"三驾马车"

核供应国集团当值主席、前任主席和下任主席组成核供应国集团的"三驾马车"。

五、发展成果

核供应国集团自成立以来，始终将《不扩散核武器条约》的缔约国身份作为接纳新成员的重要标准。成员自愿同意改变其国内法律、条例和程序，以便出口或进口核材料和有关的两用技术。这些变化不是基于具体的核供应国集团条约，也不是基于一套程序，而是基于商定的一套准则和产品清单。各国为了符合准则而改变自己的国内机构。核供应国集团为核不扩散与核技术贸易的安全发展作出了巨大贡献，随着其地位的不断提升，越来越多的国家申请加入核供应国集团。

金砖国家

一、组织概览

金砖国家（BRICS）原指巴西（Brazil）、俄罗斯（Russia）、印度（India）、中国（China）四个国家的英文名称首字母组成的缩写词，因与英语单词"砖"（Bricks）的拼写和发音类似，故而得此名称。2010年南非加入金砖国家，其英文名称定为"BRICS"。

（一）成员国

金砖国家有11个成员国：巴西、俄罗斯、印度、中国、南非、沙特、埃及、阿联酋、伊朗、埃塞俄比亚、印度尼西亚。

（二）宗旨和目标

金砖国家遵循开放透明、团结互助、深化合作、共谋发展的原则和"开放、包容、合作、共赢"的金砖国家精神，致力于构建更紧密、更全面、更牢固的伙伴关系。

二、发展历程

2006年，巴西、俄罗斯、印度和中国四国外长举行首次会晤，开启金砖国家合作序幕。2009年6月，金砖国家领导人在俄罗斯叶卡捷琳堡举行首次会晤，金砖合作升级至峰会层次。2011年4月14日，金砖国家领导人第三次会晤在中国海南三亚举行，南非作为新成员首次参加峰会，金砖国家英文名称确定为"BRICS"。

2023年8月24日，金砖国家领导人第十五次会晤特别记者会宣布，邀请沙特、埃及、阿联酋、伊朗、埃塞俄比亚正式成为金砖大家庭成员，其成员资格将从2024年1月1日起生效。2025年1月，印尼正式加入金砖国家。

三、主要功能

金砖国家合作机制成立以来，合作基础日益夯实，合作领域逐渐拓展，已经形成以领导人会晤为引领，以安全事务高级代表会议、外长会晤等部长级会议为支撑，在经贸、财金、科技、农业、文化、教育、卫生、智库、友城等数十个领域开展务实合作的多层次架构。金砖国家合作机制成为促进世界经济增长、完善全球治理、推动国际关系民主化的建设性力量。

四、组织机构

金砖国家目前没有设立秘书处，主要通过领导人会晤、外长会晤、安全事务高级代表会议、协调人会议和专业领域部长级会议等会议机制进行合作。领导人会晤机制包括领导人会晤和全球发展高层对话会。外长会晤机制包括外长正式会晤和外长联大会晤（南非主办）。协调人会议每年举行若干次。专业领域部长级会议机制包括财长和央行行长会议、卫生部长会议、应对气候变化高级别会议、环境部长会议、文化部长会议、教育部长会议等。

五、发展成果

经过十余年的发展，金砖国家合作模式日渐成熟，合作领域不断拓宽，成员国之间交流与合作更加深入，成为推动全球经济发展、政治多极化和参与全球治理的重要力量。金砖国家通过历次会晤，就改革国际金融体系、提高发展中国家在国际经济体系中的地位、反对保护主义、稳定国际金融体系、加强金融监管等重要议题进行了深入交流与探讨，就能源、经贸等特定领域进一步强化合作机制达成共识，取得了丰硕成果。

联合国非洲经济委员会

一、组织概览

联合国非洲经济委员会（United Nations Economic Commission for Africa, ECA）是联合国经济及社会理事会下属的五个区域委员会之一，是联合国负责非洲地区经济事务的一个区域性职能部门。

（一）成员国

联合国非洲经济委员会共有53个成员国：阿尔及利亚、安哥拉、贝宁、博茨瓦纳、布基纳法索、布隆迪、喀麦隆、佛得角、中非、乍得、科摩罗、刚果（布）、科特迪瓦、吉布提、埃及、赤道几内亚、厄立特里亚、埃塞俄比亚、加蓬、冈比亚、加纳、几内亚、几内亚比绍、肯尼亚、莱索托、利比里亚、利比亚、马达加斯加、马拉维、马里、毛里求斯、毛里塔尼亚、摩洛哥、莫桑比克、纳米比亚、尼日尔、尼日利亚、卢旺达、圣多美和普林西比、塞内加尔、塞舌尔、塞拉利昂、索马里、苏丹、斯威士兰、坦桑尼亚、多哥、突尼斯、乌干达、刚果（金）、赞比亚、津巴布韦和南非。

（二）宗旨和目标

联合国非洲经济委员会努力倡导并参与促成各成员国一致行动的措施以发展非洲经济，提高非洲经济活动的能力和成员国的生活水平，保持和加强非洲国家彼此间及其与世界其他国家间的经济联系。

（三）通讯信息

秘书处位于埃塞俄比亚首都亚的斯亚贝巴。

二、主要功能

联合国非洲经济委员会的主要任务是，促进其成员的经济和社会发展，推动区域一体化，促进有助于非洲发展的国际合作。联合国非洲经济委员会现在的主要功能是推进2030年可持续发展议程和2063年议程的任务，集中在召集功能、智库功能和业务功能上。

召集功能是指提供专门的区域政府间和多利益攸关方平台，让成员国、区域机构和开发银行拥有强大的自主权，从而形成商定的发展政策框架、标准和行动计划，从而加强区域和次区域层面的多边主义。智库功能是指开展多部门研究和分析，促进可持续发展三大支柱的整合，促进同行学习、创新思维和公共政策的宣传，同时促进部门间联系和协同增效。业务功能是指在国家一级与联合国系统合作，在与制定准则和分析工作有关的领域向成员国提供基于需求的直接支持，在国家一级提供政策咨询。

三、组织机构

联合国非洲经济委员会的组织机构主要有部长会议、秘书处、项目司和亚区域办事处等。

（一）部长会议

部长会议是最高决策机构，由成员国负责经济、财政或计划的部长参加，原则上每年举行一次，审议相关工作和批准工作计划与政策。

（二）秘书处

秘书处负责日常工作。秘书处由一名执行秘书领导，并由两名副执行秘书协助。

（三）项目司

非洲经济委员会下设6个实务项目司，分别是发展政策和管理司、经济和社会政策司、性别与发展司、信息促进发展司、可持续发展司及贸易和区域一体化司，各司负责自己领域内的工作。

（四）亚区域办事处

联合国非洲经济委员会还设有帮助落实工作项目和开展支助外展工作的5个亚区域（东非、西非、北非、中非、南部非洲）办事处。

四、发展成果

联合国非洲经济委员会在政策分析和宣传、推动伙伴关系、技术援助、通信和知识共享、亚区域活动资助方面做了大量工作，取得了许多成果。

1.政策分析和宣传

联合国非洲经济委员会所有工作的中心是与政策相关的分析研究工作。它开展政策分析，鼓励采取措施推动非洲的经济和社会发展，从而成为重大发展问题的政策倡导者。它还针对内部赞助者和外部赞助者进行政策宣传，其中一个重要内容是宣传推进区域合作和一体化。非洲经济委员会所从事的政策分析工作的成果之一是非洲经济年度报告。作为一个重要的政策对话文件，该报告每年都对非洲各经济体的经济业绩和经济可持续能力进行评估。

2.推动伙伴关系

联合国非洲经济委员会加强与各种赞助者的伙伴关系。它帮助非洲国家在围绕非洲发展面临的各种重大挑战方面建立共识；于1999年设立非洲发展论坛，为制定推动非洲发展的议程提供了一个极好的平台；加强和经济合作与发展组织的合作，举行磋商会议；召集联合国驻非洲机构区域磋商年会，为信息共享和加强非洲国家间的合作提供了一个论坛；努力确保各类民间组织参加其所有重要会议。

3.技术援助

联合国非洲经济委员会依靠自身的分析工作人员和区域顾问群体，在性别与发展、促进发展的信息和通信技术、千年发展目标与减贫、公共财政管理、贸易促进与磋商、水资源方面为非洲各国和各区域经济共同体提供技术援助。

4.通信和知识共享

联合国非洲经济委员会采用印刷材料和电子文本传播与政策有关的知识，开发无线电节目和光盘只读存储器等增值产品，增强非洲各新闻机构包括媒体从业人员的能力，还寻求与学术界、研究机构等的合作以进行知识分享。

5.支持亚区域活动

联合国非洲经济委员会帮助统一各经济部门执行的国家政策，努力协调非洲亚区域工作。联合国非洲经济委员会通过促进合作、分享资源和知识等工作，为非洲国家提供了发展和合作的平台，不仅加强了非洲国家之间的联系，也增强了非洲国家与国际社会的合作，促进了非洲的发展与稳定。

联合国拉丁美洲和加勒比经济委员会

一、组织概览

联合国拉丁美洲和加勒比经济委员会（United Nations Economic Commission for Latin America and the Caribbean，ECLAC）又称"拉加经委会"，成立于1948年，1984年改为现名，是联合国经济及社会理事会下属的五个区域委员会之一。

（一）成员

拉加经委会有43个正式成员：德国、安提瓜和巴布达、阿根廷、巴哈马、巴巴多斯、巴西、玻利维亚、伯利兹、加拿大、智利、哥伦比亚、哥斯达黎加、古巴、多米尼加、多米尼克、厄瓜多尔、萨尔瓦多、法国、格林纳达、危地马拉、圭亚那、海地、洪都拉斯、意大利、牙买加、墨西哥、荷兰、尼加拉瓜、巴拿马、巴拉圭、秘鲁、葡萄牙、圣基茨和尼维斯、圣卢西亚、圣文森特和格林纳丁斯、西班牙、苏里南、特立尼达和多巴哥、英国、美国、日本、乌拉圭和委内瑞拉。它还有13个准成员：安圭拉、阿鲁巴、英属维尔京群岛、蒙特塞特拉、荷属安的列斯、开曼群岛、特克斯和凯科斯群岛、波多黎各以及美属维尔京群岛。

（二）宗旨和目标

拉加经委会成立的目标主要是促进拉丁美洲的经济发展和社会发展，协调为此目的采取的行动，并加强地区国家之间和世界其他国家之间的经济联系。

（三）通讯信息

秘书处位于智利圣地亚哥。

二、发展历程

1948年2月25日，拉加经委会由经济及社会理事会第106（VI）号决议设立，同年开始运作。委员会的工作范围后来扩大到包括加勒比国家。1951年6月，委员会在墨西哥城设立拉加经委会次区域总部，以满足中美洲次区域发展的需要。1966年12月，拉加经委会加勒比次区域总部在西班牙港、特立尼达和多巴哥成立。此外，拉加经委会在布宜诺斯艾利斯、巴西利亚、蒙得维的亚和波哥大设有国家办事处，并在华盛顿特区设有联络处。

三、主要功能

拉加经委会作为联合国秘书处的一部分，它的主要任务是出台方案规划、监测各部门执行情况和提供议事规则，支持区域和次区域一体化合作进程。拉加经委会促进成员间的协调、合作、互补和协同以支持区域和次区域组织发展。同时，拉加经委会还作出实质性贡献，即在成员间进行辩论，制定区域内协定，并提供拉丁美洲和加勒比地区国家参与区域间和全球政治对话的利益和定位。拉加经委会通常同时编制两年期工作方案草案与战略框架。方案草案和战略框架主要内容包括逻辑框架、专题优先事项、子方案战略，以及两年计划和与其相关的产出和活动综合清单。工作方案草案提交委员会成员审议通过，并供拉加经委会会议审议和表决。

四、组织机构

拉加经委会的组织机构主要有秘书处、秘书办公室、司和办事处及其他辅助机构等。

（一）秘书处

秘书处由一名副秘书长级的执行秘书领导，负责向拉加经委会及其附属机构提供协助，收集经济社会资料，提供组织方案决策。副执行秘书协助执行秘书进行各种活动。

（二）秘书办公室

秘书办公室由拉加经委会秘书领导，拉加经委会秘书向执行秘书负责。

（三）司和办事处

拉加经委会下设方案规划和管理司，分区域总部和国家办事处，经济发展司，社会发展司，生产、生产力和管理司，环境和人类住区司，自然资源和基础设施司，统计和经济预测司，国际贸易和发展资金司，人口司，拉丁美洲和加勒比经济和社会规划研究所，文件和出版物司，行政司，由它们负责自身所在领域的工作。

（四）辅助机构

拉加经委会下设贸易委员会、中美洲经济合作委员会、加勒比发展和合作委员会、拉丁美洲经济和社会计划研究所等辅助机构，从事实际业务工作。

五、发展成果

虽然拉加经委会最初制定的政策基本上没有产生效果，但在随后的几十年中，拉加经委会的工作在拉丁美洲产生了深远影响。拉加经委会进行实地调查、研究、人员培训等，注重推进本地区的多边贸易和经济一体化，关心发展农业、实现工业化、促进国际贸易、改进运输系统、扩大就业和教育等问题，促进了拉美和加勒比国家经济与社会的发展，加强了各成员政府之间的相互协作与合作，促进了该地区各国与世界其他国家之间的经济交往。

联合国欧洲经济委员会

一、组织概览

联合国欧洲经济委员会（United Nations Economic Commission for Europe，ECE）成立于1947年，是联合国经济及社会理事会下属的五个区域委员会之一，是联合国负责欧洲地区经济事务的一个区域性职能部门。

（一）成员国

联合国欧洲经济委员会共有56个成员国：阿尔巴尼亚、安道尔、亚美尼亚、奥地利、阿塞拜疆、白俄罗斯、比利时、波黑、保加利亚、加拿大、克罗地亚、塞浦路斯、捷克、丹麦、爱沙尼亚、芬兰、法国、格鲁吉亚、德国、希腊、匈牙利、爱尔兰、冰岛、以色列、意大利、哈萨克斯坦、吉尔吉斯斯坦、拉脱维亚、列支敦士登、立陶宛、卢森堡、马耳他、摩纳哥、黑山、荷兰、挪威、波兰、葡萄牙、摩尔多瓦、北马其顿、罗马尼亚、俄罗斯、圣马利诺、塞尔维亚、斯洛文尼亚、斯洛伐克、西班牙、瑞典、瑞士、塔吉克斯坦、土耳其、土库曼斯坦、乌克兰、英国、美国、乌兹别克斯坦。

（二）宗旨和目标

联合国欧洲经济委员会是一个旨在促进成员经济整合与合作的多边平台，致力于促进成员的可持续发展和经济繁荣。

（三）通讯信息

秘书处位于瑞士日内瓦。

二、主要功能

欧洲经济委员会是来自北美洲、西欧、中欧和东欧的国家以及中亚各国聚会的论坛，便利各方共同探讨如何强化经济合作手段。

欧洲经济委员会的核心职能是制定公约、条例和标准，以消除障碍或简化手续、为消费者提供安全和质量保证、保护环境、促进贸易以及推动投资等。

欧洲经济委员会一直都在出版各种法律准则、规范和标准，为发展企业和促进中欧和东欧的商业和贸易提供了有用的信息。此外，欧洲经济委员会还为公营部门与私营部门提供了一个聚会沟通的论坛。

三、组织机构

（一）秘书处

欧洲经济委员会秘书处的职能有：向委员会及其附属机关提供实质性秘书处服务和文件；支持其成员国制定规范、标准和公约；就有关欧洲区域的问题和发展进行或发起委员会认为适当的调查和研究，交流最佳做法以及经济和技术专门知识；等等。执行秘书处对欧洲经济委员会的工作负责，领导委员会秘书处。副执行秘书协助执行秘书进行各种活动。

（二）执行秘书办公室

执行秘书办公室设主任一名，其向执行秘书负责。执行秘书办公室负责秘书处的行政领导、管理、政策指导和领导，包括协调委员会的工作；方案拟订和方案执行工作，监测和评价；监督和发展与各国政府的关系；与联合国总部协调和向相应机构提出报告；监督和发展与联合国其他实体和联合国以外的组织的关系；欧洲经济委员会的对外宣传和新闻提供。

（三）具体股和司等

欧洲经济委员会还设有方案规划、监测和评价股，执行办公室，技术合作股，环境、住房和土地管理司，运输司，统计司，贸易和木材司，可持续能源司，以及经济合作和一体化司，负责欧洲各领域经济合作的具体安排规划。

联合国西亚经济社会委员会

一、组织概览

联合国西亚经济社会委员会（United Nations Economic and Social Commission for Western Asia, ESCWA）简称"西亚经济社会"，是联合国经济及社会理事会下设的五个区域委员会之一，是联合国负责西亚地区经济社会的一个区域性职能部门。

（一）成员国

截至2023年8月，西亚经社会委员会共有21个成员国：巴林、埃及、伊拉克、约旦、科威特、黎巴嫩、阿曼、巴勒斯坦、卡塔尔、沙特、苏丹、叙利亚、阿联酋、也门、利比亚、摩洛哥、突尼斯、毛里塔尼亚、阿尔及利亚、索马里和吉布提。

（二）宗旨和目标

西亚经济社会委员会力图加强成员国之间以及与世界其他地区之间的经济联系和社会发展，促进该地区的经济发展和地区性融合，目前主要致力于该地区工农业、自然资源开发、运输、贸易等最紧迫的问题。

（三）通讯信息

秘书处设在黎巴嫩贝鲁特。

二、发展历程

联合国经济及社会理事会于1973年8月9日成立西亚经济委员会，即西亚经济社会委员会的前身，总部设在黎巴嫩首都贝鲁特，1985年7月26日改为现名。

西亚经济社会委员会常常举行各种活动：2009年2月9日在黎巴嫩贝尤特举办区域论坛，讨论冲突导致的安置问题及其影响；2015年5月5—7日在巴林召开阿拉伯可持续发展高级别论坛第二届会议；2020年1月22—23日在埃及开罗召开第五届阿拉伯互联网治理论坛；2022年3月15—17日在黎巴嫩贝鲁特召开2022年阿拉伯可持续发展论坛；等等。

三、主要功能

（一）政治功能

西亚经济社会委员会是分析区域和国家的经济、社会和环境趋势，促进区域间合作和充满活力的南南伙伴关系，进而推动建立区域一体化、制定区域规范和标准、交流经验和促进合作的独特政府间平台。

（二）经济功能

西亚经济社会委员会致力于通过区域和分区域合作及一体化促进西亚国家的经济和社会发展，刺激成员的经济活动，加强它们之间的合作和促进发展，使成员国公民获得更高层次的生活水平。

（三）助力落实联合国2030年可持续发展议程

西亚经济社会委员会牵头组织了阿拉伯可持续发展论坛，将论坛作为阿拉伯地区落实和审查2030年议程执行情况的主要年度区域机制，并成立可持续发展基金，巩固和维护阿拉伯区域在可持续发展问题高级别政治论坛上的发言权。西亚经济社会委员会就执行2030年议程的各个要素向各国提供技术支持、咨询服务、能力建设和智力支持。

（四）应对气候变化挑战

西亚经济社会委员会成立阿拉伯气候变化政策中心，处理气候变化对该区域可持续发展的影响。西亚经济社会委员会启动了气候可持续发展目标债务互换机制，以支持成员国努力应对气候融资、高债务负担和流行病的不利影响加剧的财政压力。它还运用综合水资源管理工具发展适应气候变化的能力，协助阿拉伯国家发展适应气候变化的能力。

（五）促进能源可持续发展

西亚经济社会委员会为成员国提供广泛的能源领域内的服务。在可持续发展机制方面，西亚经济社会委员会于2000年建立促进能源使用可持续发展的区域机制，将有关当局紧密联系起来，共同致力于加快可再生能源的传播和应用，以及开发促进经济和社会发展的高效技术。在减缓成员国贫困方面，西亚经济社会委员会对可再生能源进行调查研究，评估其发展潜力和市场前景，在农村地区广泛发动宣传，并示范可再生能源农村电气化系统，为应用可再生能源提供基础设施，并举办相关的能力培训班和研讨会。

四、组织机构

西亚经济社会委员会最高机构是委员会会议，下设部长级会议和高官会议。部长级会议下设附属机构，即执行委员会和专门附属委员会，后者包括统计、科技、能源等多个部门。西亚经济社会委员会常设机构为秘书处，由一名执行秘书领导。

（一）委员会会议

委员会会议是最高机构。自2006年以来，会议分两部分举行，一个是高官会议，另一个是部长级会议。部长级会议每两年举行一次。高官会议主要审议观察员国加入申请，与区域优先事项有关的实质性问题以及工作方案及进展等。部长级会议主要负责讨论未来发展的相关政策、决议，共商合作主体，引领发展大方向。

（二）秘书处

秘书处为日常办事机构，由一名执行秘书领导，向委员会会议负责，副执行秘书辅助执行秘书的工作。秘书处主要筹办讨论经济和社会发展的主要论坛等。

（三）委员会和专题组

部长级会议机制下设秘书处和10个附属机构，即执行委员会和12个专门附属委员会。具体来看，执行委员会与其他专门附属委员会协助拟订部长级会议方案计划，并充当成员国和秘书处实务专家之间的联系。统计委员会就成员国在发展其统计系统并使其适应国际标准方面的进展采取相关引导和辅助行动。技术委员会由成员国的高级别官员组成，旨在加强委员会成员与秘书处之间的互动和协商。能源委员会关切和推动能源部门对阿拉伯区域社会经济发展的关键贡献。社会发展委员会确定社会优先事项，并就促进阿拉伯区域社会发展的方案的执行情况采取后续行动。技术促进发展委员会跟踪技术发展及其本地化，以促进阿拉伯区域的社会经济发展。运输和物流委员会致力于加强阿拉伯区域一体化和促进各国和各区域之间的货物和旅客流动。水资源委员会主要针对阿拉伯区域缺水的问题聚焦水安全等关键领域。妇女委员会致力于赋予妇女权力，并使她们更多地参与阿拉伯区域的发展进程。贸易政策委员会审查贸易政策问题，以支持阿拉伯国家走上更大的区域一体化和可持续发展的道路。发展筹资委员会处理阿拉伯区域为可持续发展筹措资金的关键问题。对外贸易自由化和经济全球化委员会致力于确定阿拉伯国家在多边贸易协定和谈判方面的优先事项和关切事项。

五、发展成果

西亚经济社会委员会作为联合国系统的机构，目前已经形成完善且相对成熟的合作机构和决策程序。自成立以来，西亚经济社会委员会在推动区域一体化发展、开展经济技术合作、落实可持续发展倡议、促进能源保护与开发等方面不断取得进展，努力寻求在水、能源、工业、农业、技术等各个方面的统一政策，同时寻求资料库、数据和信息的统一，把它们提供和传送给各成员国，为促进西亚地区经济发展和共同繁荣作出了突出的贡献。经过40多年的发展，它已经演变为西亚地区重要的政府间经济社会合作组织。

联合国亚洲及太平洋经济社会委员会

一、组织概览

联合国亚洲及太平洋经济社会委员会（United Nations Economic and Social Commission for Asia and the Pacific，ESCAP）简称"亚太经社会"，是联合国经济及社会理事会下属的五个区域委员会之一，是联合国负责亚洲及太平洋地区经济社会事务的一个区域性职能部门。

（一）成员

亚太经社会有53个成员：阿富汗、澳大利亚、不丹、巴布亚新几内亚、巴基斯坦、朝鲜、斐济、菲律宾、柬埔寨、基里巴斯、老挝、密克罗尼西亚联邦、马绍尔群岛、孟加拉国、缅甸、马来西亚、马尔代夫、蒙古国、瑙鲁、尼泊尔、韩国、日本、所罗门群岛、斯里兰卡、泰国、汤加、图瓦卢、文莱、瓦努阿图、新西兰、西萨摩亚、新加坡、印度、印度尼西亚、伊朗、越南、中国、乌兹别克斯坦、哈萨克斯坦、阿塞拜疆、吉尔吉斯斯坦、塔吉克斯坦、土库曼斯坦、亚美尼亚、俄罗斯、帕劳、土耳其、东帝汶、法国、荷兰、英国、美国、格鲁吉亚。它有9个准成员：北马里亚纳群岛、库克群岛、关岛、中国香港、纽埃、美属萨摩亚、中国澳门、法属波利尼西亚、新喀里多尼亚。

（二）宗旨和目标

亚太经社会致力于通过区域和次区域合作促进亚太地区社会经济的发展，充当联合国在亚太地区的经济和社会发展事务的论坛。

（三）通讯信息

秘书处位于泰国曼谷。

二、发展历程

1947年3月28日，根据联合国经济及社会理事会相关决议，在中国上海成立亚洲和远东经济委员会。1949年6月，亚洲和远东经济委员会改称亚太经社会。1977年，亚太经社会在印度建立亚太技术转让中心，促进中小企业创新以融入全球价值链。1984年，亚太经社会太平洋行动中心在瓦努阿图维拉港成立，以支持实现联合国千年发展目标。1992年，亚太经社会第48届会议在北京举行，会议通过旨在加强区域经济合作的《北京宣言》。2010年，亚太经社会在韩国仁川设立东亚和东北亚分区域办事处。2018年，亚太经社会通过《2018—2030年空间应用促进可持续发展行动计划》。2023年5月15—19日，亚太经社会举行第79届年会。会议审查了联合国2030年可持续发展议程执行情况，充分肯定各成员的低碳转型举措，强调推进亚太区域可持续发展。亚太经社会始终在根据全球发展形势和地区特点，不断调整和改革。其推进区域经济社会发展的方向及合作思路不断演进，从最初的促进远东经济复苏，到推动亚洲工业化进程，再到将促进区域经济合作一体化和落实联合国2030年可持续发展议程。

三、主要功能

（一）政治功能

作为亚太地区唯一的政府间论坛，亚太经社会为亚太地区各国（地区）每年聚集在一起展开沟通对话提供了可靠稳定的平台。

（二）经济功能

亚太经社会作为联合国负责亚洲及太平洋地区经济社会事务的一个区域性职能部门，致力于在亚太区域和国家层面协助各国（地区）政府规划、制定均衡发展项目，刺激发展、改善社会经济条件和帮助建设现代社会基础的业务，最终帮助成员解决经济和社会发展问题。

（三）其他功能

亚太经社会各委员会会评审各自领域出现的最新趋势，推动地区交流与合作，并监督有关合作的执行情况。此外，亚太经社会还动员政府间机构推动经验交流、提供技术援助和咨询服务，收集、传播与社会和经济发展有关的数据和信息。

四、组织机构

亚太经社会最高决策机构是部长级年会，每年定期举行，部长级会议下设专题委员会；日常办事机构为秘书处。此外，亚太经社会有东亚和东北亚、北亚和中亚、太平洋岛国、南亚和西南亚以及东南亚五个次区域办事处。亚太经社会还有两类附属及相关机构。第一类为附属区域机构，包括亚太统计研究所、亚太技术转让中心、可持续农业扶贫开发中心、联合国可持续农业机械化中心、亚太信息通信技术发展培训中心和亚太灾害信息管理中心；第二类为已独立的相关区域组织，如湄公河委员会、台风委员会和热带旋风小组等。

（一）宏观经济、减贫与发展融资委员会

宏观经济、减贫与发展融资委员会的核心职能包括：就贫穷与发展所涉问题向亚太经社会、减贫问题委员会和减贫做法小组委员会提供性质服务；就区域的社会经济进步所涉问题进行分析调查和以政策为重点的研究，尤其注意宏观经济问题；每年编写一期《亚洲及太平洋经济和社会概览》，每两年出版一期《亚洲及太平洋发展杂志》，每年出版一期题为《发展论文》的专著，每次讨论一个专题等。

（二）贸易与投资委员会

贸易与投资委员会的核心职能如下：就贸易与投资所涉问题向亚太经社会、管理全球化委员会和贸易与投资问题小组委员会提供实质性服务；进行研究和分析性研究以协助发展中国家扩大并有效进行区域内的贸易，以及投资和企业发展领域的工作；协助发展中国家加强能力以便有效应付由于区域和全球发展和多边贸易谈判所产生的挑战和机会，包括加强其政策研究和联网能力等。

（三）交通运输委员会

交通运输委员会的核心职能如下：就运输和旅游业发展所涉问题向亚太经社

会、管理全球化委员会和运输基础结构和促进旅游业发展小组委员会提供实质性和秘书处服务；制定并执行国家、区域和区域间运输倡议，特别是亚洲公路、横贯亚洲铁路和联运的发展，以便于进入国内和全球市场，利用全球化提供的机会；支持国家建立国家规划和管理运输基础结构的能力；促进全面行动，去除机构壁垒，便利国际货物、旅客和车辆的运输，采用并发展联运和后勤服务，积极参与全球化进程等。

（四）环境与发展委员会

环境与发展委员会的核心职能如下：就环境与可持续发展所涉问题向亚太经社会、管理全球化委员会和环境与可持续发展问题小组委员会提供实质性服务；支持区域内执行可持续发展问题世界首脑会议的各项成果，特别是《约翰内斯堡执行计划》，着重于能源和水资源的可持续发展以及环境保护和管理；支持联合国《千年宣言》所载各项发展目标的实现，特别是与环境和水资源的可持续管理以及预防与水有关的疾病等的目标等。

（五）信息通信技术与科技创新委员会

信息通信技术与科技创新委员会的核心职能如下：就信息、通信和空间技术方面问题向亚太经社会、管理全球化委员会以及信息、通信和空间技术小组委员会提供实质性服务；协助成员和准成员执行重大全球会议的各项建议；加强国家能力来设计、建立并执行政策、战略和规章框架，以便利用信息和通信技术，并促成其发展和传播等。

（六）减灾委员会

减灾委员会的核心职能如下：关于减少和减轻多种灾害风险的政策选择和战略；灾害风险管理区域合作机制，包括空间和其他技术支持系统；多危害评估、备灾、预警和应对灾害风险等。

（七）社会发展委员会

社会发展委员会的核心职能如下：就新生社会问题所涉事项向亚太经社会、新生社会问题委员会、社会脆弱群体问题小组委员会和卫生与发展小组委员会提供实质性服务；对区域社会状况和趋势进行研究，协助成员解决重大的社会发展问题，包括社会政策和脆弱群体融入社会，人口与生殖健康动力、移徙、卫生与发展包括卫生安全以及性别与发展；提供咨询服务以加强社会发展政策、计划和方案，特别是下列问题：脆弱群体融入社会、人口与发展、卫生与发展、性别与发展等。

（八）统计委员会

统计委员会的核心职能如下：就统计资料和统计发展有关的问题向亚太经社会、减贫问题委员会和统计小组委员会提供实质性服务；协调区域内的国际统计工作，促使在联合国统计委员会和其他机构中代表区域的利益；应要求提供咨询服务和其他技术援助，举办技术研究会和讲习会，推动国际和区域统计标准的拟订、采用、调整和实施等。

（九）能源委员会

能源委员会的核心职能如下：协助制定战略，以实现国际商定的能源发展目标；促进成员之间的政策对话和联网，以建立加强能源安全的区域合作框架，以促进更多地利用可持续能源，包括普遍获得能源服务、提高能源效率和扩大可再生能源的使用，特别是通过数据和政策分析、信息交流和最佳实践；确定加强促进区域能源互联互通的政府间框架的政策选择，以便为区域经济合作和一体化建立支助机制等。

（十）秘书处

秘书处为亚太经社会常设办事机构，最高官员是执行秘书，由联合国秘书长任命，负责亚太经社会的所有活动及其行政工作，负责确保区域委员会在该区域的发展中发挥重要作用，并为发挥这一作用促使采取适当战略；与成员和准成员、联合国秘书处各部厅、各专门机构、政府间组织和非政府组织，以及其他适当的机构讨论委员会的实质性问题和关注事项；就有关委员会的事项向秘书长提供协助和意见，向他随时提供资料，并执行秘书长可能分配的任何特殊任务。亚太经社会现任执行秘书为阿里沙赫巴纳女士（Ms. Armida Salsiah Alisjahbana），印度尼西亚籍，2018年11月就任。秘书处具体职能包括：通过区域和分区域合作与一体化，促进经济和社会发展；作为联合国系亚太经社会区域内一般性经济和社会发展问题的主要论坛；拟订和推动与该区域的需要和优先事项相称的发展援助活动和项目等。

（十一）次区域办事处

亚太经社会下设东亚和东北亚、北亚和中亚、太平洋岛国以及南亚和西南亚四个次区域办事处，分别位于韩国仁川、哈萨克斯坦阿拉木图、斐济苏瓦和印度新德里。次区域办事处的核心职能包括：按照大会、经济及社会理事会和亚太经社会通过的有关规章和政策决定制定并执行各机构的工作方案；进行各机构专长领域的研究，拟订与各项研究有关的提案和建议，安排举办培训课程，分析资料并向委员会成员和准成员传播；制定并执行技术合作方案，建立各自工作领域的能力等。

（十二）附属及相关机构

亚太经社会附属及相关机构分别在组织和业务上同其保持联系，亚太统计研究所等6个附属区域机构每年向其大会提交工作报告。

五、发展成果

自成立以来，亚太经社会应成员要求，不断拓展其活动领域。目前，亚太经社会的活动范围逐步从区域贸易和投资等传统议题拓展到私有化和企业家精神、中小型企业、性别平权等方面。亚太经社会对以上优先领域做出的反应已收到初步成效。亚太经社会还通过提供咨询服务使各成员对电子商务等前沿发展领域的认识进一步提高。亚太经社会已成为亚太地区重要的政府间论坛，将亚太地区各国（地区）聚集在一起开会，推动和加强了亚太地区的合作。

七国集团

一、组织概览

七国集团（Group of Seven，G7）是主要工业国家讨论国家政治经济政策的论坛。该论坛每年在各成员国轮流举行一次，也被称为"西方七国峰会"。

（一）成员国

七国集团成员包括美国、英国、法国、德国、日本、意大利和加拿大。

（二）目标

七国集团的目标是共同研究世界经济形势、协调各国政策，重振西方经济，同时应对在环境气候、数字技术等方面的挑战，推动全球治理进程。

二、发展历程

为协调经济政策，1975年7月初，法国首先倡议召开由法国、美国、日本、英国和德国参加的最高级首脑会议。法国于1975年11月主办了为期三天的峰会，邀请五国集团和意大利，组成"六国集团"，重点讨论了几个主要的经济问题，包括石油危机、布雷顿森林体系的崩溃和持续的全球衰退。1976年，加拿大受邀参加峰会，在波多黎各多拉多举行的峰会成为当前七国集团的第一次峰会，七国集团框架由此形成。随着国际形势的发展，七国集团频频涉足政治议程，插手他国政治事务，活动范围从经济金融领域渗透进国际政治安全领域。

三、主要功能

（一）经济功能

七国集团成立的初衷是协调各国的政治经济政策，实现西方主要国家的经济复苏。因此，它的主要功能是围绕经济领域的。一是加强七国之间的经济协调与合作，促进世界上最具影响力的西方国家的经济增长，发挥世界经济发展引擎的作用，推动世界经济发展。二是通过抑制通货膨胀、克服经济危机、减少西方汇率波动、稳定国际金融市场、加强宏观调控等措施，一定程度上为各国经济发展创造良好的环境。三是对世界贫富差距、"数字鸿沟"等极端不平等的经济现象给予一定关注。

（二）全球治理功能

面对日益复杂和广泛的全球性问题，七国集团为了保持西方大国在世界上的主导地位，也重视全球治理的作用。七国集团倡导全球治理理念，在经济、政治、安全、人权、环境气候、核不扩散、恐怖主义等全球性问题上积极有所作为，以应对全球化的挑战，一定程度上有利于全球化的健康发展。

四、组织机构

七国集团是成员进行政策讨论与协调的多边论坛，组织松散，无常设机构，也无章程。七国集团设有主席国，由各成员轮值担任。其主要活动是七国集团元首会晤与七国集团外长会议。

五、发展成果

虽然缺乏法律或体制基础，但七国集团被认为具有较大的国际影响力。它促进或领导了几项重大全球倡议。随着有关跨国公司的问题在国际经济格局中愈加尖锐，主要国家的税率不同，许多跨国公司在不同的地方寻求避税。2021年6月5日，七国集团就税收计划达成了协议。近年来，七国集团峰会探讨的内容日益广泛，涉及包容性经济增长、疫情、两性平等和赋予妇女权利、世界和平与安全、未来工作机会、气候变化及海洋等议题。

同时，七国集团不断干涉他国内政，以意识形态划线，是逆时代潮流之举。

七十七国集团

一、组织概览

七十七国集团（Group of 77, G77）是发展中国家建立的政府间国际集团，成立于1964年。

（一）成员

截至2024年1月，七十七国集团共有134个成员：阿富汗、阿尔及利亚、安哥拉、安提瓜和巴布达、阿根廷、阿塞拜疆、巴哈马、巴林、孟加拉国、巴巴多斯、基里巴斯、伯利兹、贝宁、不丹、玻利维亚、波黑、博茨瓦纳、巴西、文莱、布基纳法索、布隆迪、柬埔寨、喀麦隆、佛得角、中非、乍得、智利、哥伦比亚、科摩罗、刚果（布）、哥斯达黎加、科特迪瓦、古巴、刚果（金）、吉布提、多米尼克、多米尼加、东帝汶、厄瓜多尔、埃及、萨尔瓦多、赤道几内亚、厄立特里亚、埃塞俄比亚、斐济、加蓬、冈比亚、加纳、格林纳达、危地马拉、几内亚、几内亚比绍、圭亚那、海地、洪都拉斯、印度、印度尼西亚、伊朗、伊拉克、牙买加、约旦、肯尼亚、科威特、老挝、黎巴嫩、莱索托、利比里亚、利比亚、马达加斯加、马拉维、马来西亚、马尔代夫、马里、马绍尔群岛、毛里塔尼亚、毛里求斯、密克罗尼西亚联邦、蒙古国、摩洛哥、莫桑比克、缅甸、纳米比亚、尼泊尔、尼加拉瓜、尼日尔、尼日利亚、朝鲜、阿曼、巴基斯坦、巴勒斯坦、巴拿马、巴布亚新几内亚、巴拉圭、秘鲁、菲律宾、卡塔尔、卢旺达、瑙鲁、圣基茨和尼维斯、圣卢西亚、圣文森特和格林纳丁斯、萨摩亚、圣多美和普林西比、沙特、塞内加尔、塞舌尔、塞拉利昂、所罗门群岛、索马里、南非、南苏丹、斯里兰卡、苏丹、苏里南、斯威士兰、叙利亚、坦桑尼亚、泰国、多哥、汤加、特立尼达和多巴哥、突尼斯、土库曼斯坦、塔吉克斯坦、乌干达、阿联酋、乌拉圭、瓦努阿图、委内瑞拉、越南、新加坡、也门、赞比亚、津巴布韦等。

（二）宗旨和目标

七十七国集团致力于在国际经济领域内加强发展中国家的团结与合作，推动建立国际经济新秩序，加速发展中国家的经济社会发展进程，促进南南合作。

（三）通讯信息

官网：http://www.g77.org。

二、发展历程

1964年6月15日在日内瓦召开的第一届联合国贸易和发展会议上，发达国家和发展中国家在一些重大问题上产生尖锐分歧。会上，77个发展中国家联合起来，发表了联合宣言，要求建立新的、公正的国际经济秩序，并以此组成一个集团参加联合国贸易和发展会议的谈判，自此称为"七十七国集团"。1979年，其成员已增加到120个，但仍沿用七十七国集团的名称。这反映了发展中国家为维护切身利益而走向联合斗争的共同愿望。2000年4月，七十七国集团在古巴首都哈瓦那举行首届南方首脑会议。会议发表《南方首脑会议宣言》以及《哈瓦那行动纲领》，并决定筹组"南方协调委员会"。七十七国集团为推动南南合作和南北合作作出了重要贡献。七十七国集团的资金主要源于成员自愿捐款，依靠联合国系统、人力和资源开展活动。

三、主要功能

七十七国集团为发展中国家旗帜鲜明地表述自己的正义主张，促进发展中国家集体的经济权益；在联合国体制内部，在有关国际经济一切重大问题的南北谈判中，增强发展中国家的"集体谈判能力"；在发展中国家之间，加强经济合作和技术合作。

同时，七十七国集团还有一些日常功能。七十七国集团就发展问题发表联合声明、行动方案和协定。七十七国集团还在联合国及其附属机构举行的会议上发言和谈判决议和决定。中国不是七十七国集团成员，但一贯支持其正义主张和合理要求，与其保持良好合作关系。

四、组织机构

七十七国集团没有预算，没有常设机构，没有正式的组织章程，是广大发展中国家之间一个松散的磋商机制。七十七国集团设有主席国，由来自亚非拉三大地区的成员按地区原则轮值担任，任期一年。纽约和日内瓦是七十七国集团两个主要活动中心，在维也纳和罗马等多边外交活动较多的地点均有分支。南方首脑会议是最高决策机构，迄今已举办两届。部长级会议是该组织的最高权力机构。

五、发展成果

七十七国集团成立多年来，已成为发展中国家在国际经济组织中共同利益的代表。它在促进南南合作、推动南北对话、维护发展中国家的正当权益以及改变不合理的国际经济秩序方面进行了不懈的努力，并取得了可喜的成就，在联合国贸易和发展会议主持的谈判中争取达成了一系列对发展中国家有利的国际公约和协定。

七十七国集团成立后，主要致力于维护发展中国家的民族独立和国家主权，争取经济利益，在一些涉及重大共同利益的问题上协调立场，发挥积极作用，使得"关贸总协定"不公平不合理的原有体制实现了局部的改进。

尽管七十七国集团结构松散，由于成员有着共同的利害关系，它们在同发达国家谈判时，往往能事先研究对策，统一步调，行动一致，以"一个声音讲话"，在联合国、工业发展组织等机构中尤为活跃，具有一定影响力。

区域全面经济伙伴关系协定

一、组织概览

2020年11月15日,《区域全面经济伙伴关系协定》正式签署, 该协议已于2022年1月1日起正式生效实施。

(一) 成员国

《区域全面经济伙伴关系协定》成员国包含东盟十国和亚太地区较为重要的5个国家, 即中国、日本、韩国、澳大利亚、新西兰、印度尼西亚、马来西亚、菲律宾、泰国、新加坡、文莱、柬埔寨、老挝、缅甸、越南, 共15国。

(二) 宗旨和目标

《区域全面经济伙伴关系协定》以建立"现代、全面、高质量、互惠的经济伙伴关系框架"为目标, 以促进区域贸易和投资增长, 并为全球经济发展作出贡献。

二、发展历程

从2012年11月提出至2020年11月正式签署,《区域全面经济伙伴关系协定》的谈判历时8年, 历经4次领导人会议、22次部长级会议和31轮正式磋商。从实际推进情况看,《区域全面经济伙伴关系协定》谈判大致分为三个阶段。

(一) 缓慢推进阶段 (2013—2015年)

2013年5月9日,《区域全面经济伙伴关系协定》第一轮谈判在文莱正式开启。直至2015年10月, 在韩国釜山进行的第10轮谈判才展开实质性磋商, 并就竞争政策、知识产权、经济技术合作、电子商务、法律与机制问题等举行了工作组会议。

（二）加速推进阶段（2016—2018年）

这一阶段举行了两次领导人会议和14轮谈判。2016年2月，各国在文莱斯里巴加湾举行了当年的首轮谈判。为了弥补上一阶段推迟的谈判进度，更因为2016年2月4日协定签署的刺激，成员国开始加速谈判进程，仅2016年就举行了6次谈判。

2017年11月14日，《区域全面经济伙伴关系协定》首次领导人会议在菲律宾马尼拉举行。此后一年，成员国相继在货物、服务、投资和部分规则领域议题谈判中取得积极进展，谈判任务完成度迅速提升。

（三）正式达成阶段（2019—2020年）

这一期间，《区域全面经济伙伴关系协定》举行了2次领导人会议和7轮谈判。2019年8月2—3日，协定部长级会议首次在北京举行，并在市场准入和规则谈判方面取得重要进展。同年11月4日，第三次协定领导人会议在泰国曼谷举行。会后发布的联合声明表明，除印度外的15个成员国已经结束全部20个章节的文本谈判。2020年11月15日，第四次协定领导人会议以视频形式举行，15国领导人共同出席并见证签字仪式，这一协议最终顺利达成。

三、主要功能

协定的正式签署，标志着全球人口最多、经贸规模最大、最具发展潜力的自由贸易区成立。它有助于统一亚太地区市场；提供制度保障，优化地区供应链；突出东盟中心地位，推进经济技术合作。

（一）有助于统一亚太地区市场

协定制定了统一的规则，有利于15个成员国形成一个巨大的统一市场，从而促进区域内商品、技术、服务、资本等各类生产要素的流动及人员跨境流动等。统一大市场的形成，还会进一步促进区域内贸易，产生经济一体化的经济效应，具有巨大的增长潜力。

（二）提供制度保障，优化地区供应链

协定整合和优化亚太地区原有的多个自由贸易区，形成区域内统一的规则体系，提升了对自由贸易区的实际利用率。这一制度环境为跨国企业优化资源配置、重构区域内分工体制和产业链提供了可能。

（三）突出东盟中心地位，推进经济技术合作

最终签署的协定延续了东盟构建自由贸易区对东盟成员差异性及灵活性的要求，具有极为鲜明的东盟式特色。而经济和技术合作是协定谈判的核心议题之一，其对区域共同均衡发展和利益平衡的强调，充分体现出缔约各方对发展的重视。协定的经济和技术合作旨在缩小缔约方间的发展差距，并从协定实施中实现互惠最大化。

四、组织机构

《区域全面经济伙伴关系协定》的组织机构主要包括支持机构、部长级会议、联合委员会及其附属机构等。

（一）支持机构

2024年12月9日，《区域全面经济伙伴关系协定》支持机构落成，为协定实施及相关机构运转提供充分的秘书和技术支持，进一步推动协定全面高质量实施。

（二）部长级会议

《区域全面经济伙伴关系协定》成员指定的高级官员每年召开部长级会议，考虑与协定相关的所有事项，以协商一致方式做出决定。

（三）联合委员会

《区域全面经济伙伴关系协定》成员指定的高级官员组成联合委员会，负责协定具体的执行，修改提案以及向附属机构转交事项、分配任务和委托职能。联合委员会每年召开一次会议，以协商一致的方式做出决定。

（四）联合委员会附属机构

联合委员会设立附属机构货物委员会、服务和投资委员会、可持续发展委员会以及商业环境委员会，各委员会由协定成员的代表组成。附属机构以协商一致的方式做出决定，按照联合委员会的指示或者协定成员商定的方式召开会议。

五、发展前景

协定的签署仅仅是亚太区域一体化的起点，协定的生效和后期的升级优化才是地区发展潜力得以释放的关键。尽管目前困难和变数依旧存在，但在各方推动下，协定还是有望以相对较快的速度发挥作用，为区域经贸注入新活力，使商品及服务贸易更加便利，产业链、供应链更加融合，区域投资更加活跃。在改善贸易投资环境、促进区域价值链发展、缓解外部压力、推动经济复苏的同时，为区域经济一体化、全球贸易自由化和基于规则的多边贸易体制注入极为重要的信心与动力。

全面与进步跨太平洋伙伴关系协定

一、组织概览

《全面与进步跨太平洋伙伴关系协定》（Comprehensive and Progressive Agreement for Trans–Pacific Partnership，CPTPP）是美国退出《跨太平洋伙伴关系协定》（TPP）后该协定的新名字。2021年9月16日，中国正式申请加入《全面与进步跨太平洋伙伴关系协定》。

（一）成员国

《全面与进步跨太平洋伙伴关系协定》有12个成员国：日本、澳大利亚、加拿大、新西兰、墨西哥、智利、秘鲁、新加坡、文莱、马来西亚、英国和越南。

（二）宗旨和目标

协定致力于维护开放市场，增加世界贸易，为不同收入水平和经济背景的人民创造新的经济机会；促进缔约方之间进一步的区域经济一体化与合作；为加快区域贸易自由化和投资增加机会。

二、发展历程

2015年10月，美国、日本及加拿大等12个国家达成《跨太平洋伙伴关系协定》。2017年1月23日，美国总统特朗普上任后签署行政令，正式宣布美国退出该协定。2018年3月8日，参与"全面与进步跨太平洋伙伴关系协定"谈判的11国代表在智利首都圣地亚哥举行协定签字仪式。2018年12月30日，《全面与进步跨太平洋伙伴关系协定》正式生效。

2020年12月8日，韩国总统文在寅表示，考虑加入《全面与进步跨太平洋伙伴关系协定》。2021年2月1日，英国正式申请加入《全面与进步跨太平洋伙伴关系协定》。2021年9月16日，中国正式申请加入《全面与进步跨太平洋伙伴关系协定》。2024年12月15日，英国成为第12个成员国。

三、主要功能

《全面与进步跨太平洋伙伴关系协定》的实施将对国际贸易规则和世界经济合作产生重要影响，主要体现在以下三个方面。

第一，关税大幅下调，带动区域货物贸易大幅增加。《全面与进步跨太平洋伙伴关系协定》实施前后，成员的零关税比重将发生较大变化。大幅度降低关税势必会对成员之间的贸易往来产生积极影响，大幅降低货物贸易成本，极大促进各成员间货物贸易的发展。

第二，服务业更加开放，数字贸易更加规范。在服务贸易、数字贸易方面，《全面与进步跨太平洋伙伴关系协定》制定了更高规格、更加全面的贸易标准，这使协定成员在服务贸易、数字贸易领域的开放程度进一步扩大，同时为各成员的服务发展提供了更为广阔的市场。

第三，降低投资壁垒，区域相互投资大幅增加。根据协定条款，成员间的相互投资壁垒大幅降低，相互投资频率和规模将进一步增加。同时，随着投资环境的不断改善，在稳定、透明、可预见和非歧视的保护框架下，非成员对成员的投资也将进一步增加。

英联邦

一、组织概览

英联邦（Commonwealth of Nations）成立于1931年，是主要由曾是英国殖民地的独立主权国家（包括属地）所组成的国家联盟。英联邦的成员在经济上联合在一起，互相之间有一定的贸易安排。英联邦没有特殊的权力，是否加入英联邦由每个国家自己决定。

（一）成员

英联邦由56个在非洲、亚洲、美洲、欧洲和太平洋的独立主权国家（包括属地）组成，成员大多为前英国殖民地或者保护国，现任英联邦元首则身兼包括英国在内的15个英联邦王国的国家元首，此15国构成了一个现代版的共主联邦。英联邦成员包括：博茨瓦纳、喀麦隆、加蓬、冈比亚、加纳、肯尼亚、斯威士兰、莱索托、马拉维、毛里求斯、莫桑比克、纳米比亚、尼日利亚、卢旺达、塞舌尔、塞拉利昂、南非、多哥、乌干达、坦桑尼亚、赞比亚、孟加拉国、文莱、印度、马来西亚、马尔代夫、巴基斯坦、新加坡、斯里兰卡、安提瓜和巴布达、巴哈马、巴巴多斯、伯利兹、加拿大、多米尼克、格林纳达、圭亚那、牙买加、圣卢西亚、圣基茨和尼维斯、圣文森特和格林纳丁斯、特立尼达和多巴哥、塞浦路斯、马耳他、英国、澳大利亚、斐济、基里巴斯、瑙鲁、新西兰、巴布亚新几内亚、萨摩亚、所罗门群岛、汤加、图瓦卢、瓦努阿图。

（二）宗旨和目标

英联邦致力于促进成员之间的合作、交流和共同发展。

（三）通讯信息

秘书处位于英国伦敦；官网：http://thecommonwealth.org。

二、发展历程

在第一次世界大战中，大英帝国的国家实力受到严重削弱，开始走向衰落。第一次世界大战期间，由于英国的各殖民地参加了战争，并且在战后参与签署了"凡尔赛和约"并成为"国联"成员而拥有了一定的独立性和国际地位，英国对殖民地的控制力大为减小。1926年，在英国帝国会议上，英国枢密大臣贝尔福勋爵发表了帝国内部关系委员会起草的一份报告（史称"贝尔福报告"），宣布各自治领地与英国"地位平等，以对英王的效忠和英联邦成员的身份自由结合在一起，但在内政和外交事务方面无任何隶属关系"。1931年，英国议会通过了《威斯敏斯特法案》，以法律形式确认了"贝尔福报告"，宣布各自治领承认英王为国家元首，英王任命总督为驻自治领的代表，但各自治领享有独立立法权。该法案标志着英联邦正式形成。随着历史的发展，一些过去不是英国殖民地的国家为了获得政治经济利益也选择加入英联邦。

三、主要功能

（一）经济社会领域

21世纪以来，英联邦越来越重视成员的经济和社会发展，主要精力放在了推动成员间的贸易往来，消除关税壁垒，努力平衡成员间的贫富差距，推动南北对话和南北合作。

（二）南北问题方面

1999年在德班举行的英联邦政府首脑会议的主题为"以人为中心的发展"。英联邦认识到全球化带来很多机遇，但同时给发展中国家带来很多不公，为了更好地应对全球化并将全球化带来的利益扩展至所有成员，此次会议决定为英联邦成员中的低收入国家减轻债务负担，使这些国家可以将资金用于本国发展上，还决定为这些国家的医疗和教育发展提供资金援助。

（三）全球问题领域

英联邦国家越来越关注全球气候问题、环境问题、资源短缺问题等。在社会领域，英联邦国家呼吁加强全球反对恐怖主义的国际合作，重视发展中国家的经济社会发展问题，积极推动南北对话。

四、组织机构

（一）英联邦政府首脑会议

英联邦政府首脑会议前身为帝国会议，1944年易名为英联邦总理会议，1975年改为现名。会议通常两年举行一次，以前一直在伦敦举行，1966年起轮流在各成员国举行，由东道国政府首脑主持。会议不通过决议，会议发表的总原则对成员无约束力。

（二）亚太地区英联邦政府首脑会议

1978年起每两年举行一次亚太地区英联邦政府首脑会议，讨论共同关心的地区性问题。

（三）英联邦部长会议

每年举行一次的有教育部长会议、卫生部长会议、司法部长会议和电信部长会议；不定期举行的有贸易和经济会议、青年会议、工业合作会议、农业会议等。

（四）英联邦秘书处

英联邦秘书处成立于1965年，负责组织成员间的协商和合作、交流情况等。秘书长每五年改选一次，可连任。

（五）英联邦基金会及其他组织

英联邦基金会成立于1966年，1983年改组成为国际基金组织。基金资金由成员政府提供，用于推动英联邦内专业及其他非政府间的更密切的合作。英联邦研究所主要靠英政府资助，通过举办展览和讲座、放映电影、开放图书馆等活动促进人们对英联邦的了解。此外，还有一些专业性组织，如英联邦议会协会、英联邦新闻联盟、英联邦广播协会、英联邦青年交流理事会、英联邦体育运动联合会和英联邦艺术协会等。

五、发展成果

英联邦包括所有发展层次的成员，既有工业发达的成员，又有众多发展中成员。它是南北对话的一个场所，通过各种各样的专业性组织向大批发展中国家提供技术和其他援助。

英联邦促进了成员间的合作与交流，帮助其维护了共同利益，推动了文化教育发展，增强了国际影响力。它还加强了成员之间的文化交流，推动了文化的多样性和包容性。同时，它为成员提供了一个在贸易、金融、教育等领域合作的平台，促进了资源的共享和优势互补。英联邦在当下的国际社会仍然具有一定的国际影响力。

中欧自由贸易区

一、组织概览

中欧自由贸易区（Central European Free Trade Agreement, CEFTA）启动于1993年1月1日。1992年12月21日，捷克、波兰、匈牙利和斯洛伐克的外长在波兰克拉科夫市的瓦维尔宫签署了建立自由贸易区的协定，以取代原有的维谢格拉德集团。1993年1月1日，中欧自由贸易区协定正式生效。

（一）成员国

自贸区成员国有13个：波兰、捷克、斯洛伐克、匈牙利、斯洛文尼亚、罗马尼亚、保加利亚、克罗地亚、阿尔巴尼亚、波黑、摩尔多瓦、黑山、塞尔维亚。

（二）宗旨和目标

中欧自由贸易区致力于加强成员国之间在经济领域的协调；推动地区经济合作关系，谋求共同发展；尽快消除成员国间的贸易障碍，实行自由贸易；通过相互配合，做出集体努力，尽快加入欧洲联盟。

二、发展历程

中欧自由贸易区取代了原有的维谢格拉德集团，在中东欧国家中发挥经济联系作用。为加强彼此间合作，减弱对外经济依赖，匈牙利、波兰和捷克斯洛伐克三国于1991年2月15日在匈牙利维谢格拉德城堡召开会议，共同商讨了面临的形势和将要采取的行动。1992年12月，三国外长根据维谢格拉德首脑会议精神，在波兰克拉科夫市会议上签署了中欧自由贸易协定，具体确立了中欧区域经济一体化机制。根据协定，该组织成员国对彼此间进口的商品取消一切关税和贸易数量限制，但各成员国仍将对其他国家保持关税主权和"限额"政策。建立中欧自由贸易区的协定计划为期8年，分三个阶段逐步放开。1994年11月25日，捷克、波兰、匈牙利和斯洛伐克的政府首脑在波兰的波兹南会晤，通过了关于加速贸易自由化的意向和向新成员开放的声明，决定提前一年，即在1998年前建成中欧自由贸易区，相互取消绝大部分工业品的关税，实现商检标准一致化，并初步成立联合清算银行。2006年12月，通过签署协定，一个统一的自由贸易协定取代了东南欧地区国家之间的双边自由贸易协定。

三、主要功能

从某种程度上来说，中欧自由贸易区是中欧国家加入欧盟的一个"跳板"。中欧自由贸易区加强了各成员国在经济领域的协调，密切了该地区的经济联系与合作。成员国想通过中欧内部贸易自由化程度的提高，逐渐达到加入欧盟的标准，最终加入欧盟，进一步实现发展经济、提升现代化水平的目标。

索　引

（以汉语拼音字母为序）